絕対読みたくなる日本歴史

你一定想看的日本史

日·本·史

作者 傅力

脆的，把日本史一次給理清楚！

每個事件都與中國、世界歷史對照
一目了然，給記憶一個重要的位址

U0079210

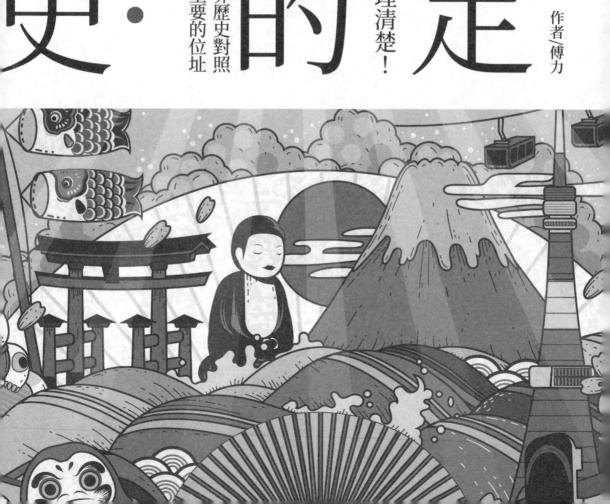

前言

　　日本是一個近在咫尺的鄰居，在文化上極大地受到了中國的影響，甚至它的人民也長著和我們非常相似的臉龐。但日本又是一個令人陌生的國家，它的民族性中有著極強的雙面性，日本人生性好鬥又溫和謙讓，既窮兵黷武也崇尚美感。在歷史中，日本曾犯下過愧對人類的戰爭罪行；在如今，它已是人類文明進步中不可小覷的一股力量。由於中國和日本在歷史上殘酷的戰爭交鋒，我們對它有著仇恨，也有好奇，有欣賞，但又抱著警惕。

　　或許你曾驚歎日本企業的匠人精神，或許你有過沉浸於和風文化的美妙體驗，但你不知道為何三島由紀夫會因信仰武士道而自殺，也不明白為什麼村上春樹寫道：「死並非是生的對立面，而是作為生的一部分存在。」其實，日本人並沒有那麼神祕，只需理性地瞭解日本從古至今的發展就可理解其獨樹一幟的民族性。

　　在古代，中國和朝鮮的移民給日本帶去了稻作農業，結束了古代日本人的游獵生活，文明之種開始在這個島國的土壤中發芽。大海不時為日本送來一些來自異域的文化，如朝鮮、中國、葡萄牙和荷蘭，一次次幫助著這個國家追趕上世界發展的腳步。

　　但也正是這片茫茫大海的阻隔，使得日本在13世紀成功抵禦了蒙古軍隊的入侵。沒有外族侵略加上緩慢的舶來文化滲透，日本人在吸收和轉化

中最終孕育出了擁有自己鮮明特色的民族文化。

　　到了19世紀中期，美國的海軍用黑船敲開了日本閉關鎖國的大門，日本人開始學習當時世界上最先進的政治制度和科學技術，用武力戰勝了俄國和清朝，一躍成為亞洲最先進的國家。不得不承認，是日本當年的進步和發展讓西方人開始正視亞洲人的存在。

　　然而深植於日本人心中的島國思維，在武力的催化下開始急速膨脹，被軍國主義所驅使的日本，在第二次世界大戰中犯下了罄竹難書的罪行。作為戰爭的代價，日本本土變成了一片廢墟，兩顆原子彈在這個國家的土地上空被引爆。不過二戰後的日本卻上演了一幕「經濟奇蹟」，迅速地從斷壁殘垣中拔地而起，建立了一個強大的國家。雖然一度被美國所接管，但日本的重建和騰飛並不是全盤西化的結果，日本傳統成功地融合進了他們社會中的每一個角落，並持續煥發著力量。

　　由於經濟的衰退，如今的日本在國際舞臺上已漸漸有些失勢，但在人文和科學領域，日本依舊保持著亞洲領先的地位。自1949年11月3日湯川秀樹獲得了日本人第一個諾貝爾獎後，至今已有27位獲獎者。進入21世紀後，日本人獲諾貝爾獎的次數僅次於美國，位居世界第二。瞭解日本的歷史或許能讓我們窺見其中的奧祕，為我們提供一些有價值的參考和借鑑。

　　除了發展和演變之外，日本的歷史中也充斥著祕密、陰謀、奇人、巧合和無奈。這本通俗史中沒有乾澀的經濟資料和政策解讀，而是用通俗的語言，以萬世一系的125位日本天皇為脈絡，講述日本歷史中的關鍵人物和有影響力的事件。

目錄

第一章

從神話中走來的古老民族

（遠古─西元710年）

日本的祖先究竟來自何處？是秦始皇時期的徐福所率領的三千童男女東渡的後人嗎？考古學研究證明了日本土地上最早的居民是繩文人，但他們並非是如今日本人的祖先。從中國和朝鮮渡海而來的彌生人才是日本人生物學意義上的祖先。在經歷了較為原始的彌生時代後，日本人進入了古墳時代和飛鳥時代。在聖德太子推行的改革以及中國隋唐兩朝文化的影響下，日本逐漸形成了由天皇來統治土地和人民的中央集權形式。

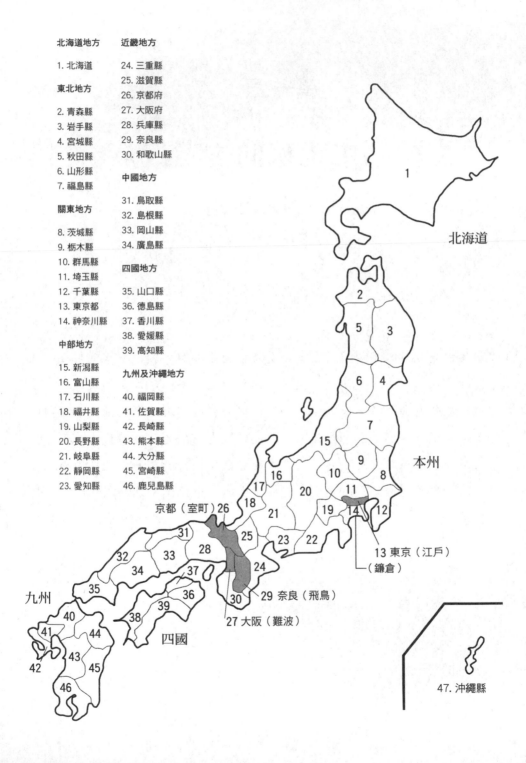

北海道地方　　近畿地方

1. 北海道　　24. 三重縣
　　　　　　　25. 滋賀縣
東北地方　　 26. 京都府
　　　　　　　27. 大阪府
2. 青森縣　　28. 兵庫縣
3. 岩手縣　　29. 奈良縣
4. 宮城縣　　30. 和歌山縣
5. 秋田縣
6. 山形縣　　中國地方
7. 福島縣
　　　　　　　31. 鳥取縣
關東地方　　 32. 島根縣
　　　　　　　33. 岡山縣
8. 茨城縣　　34. 廣島縣
9. 栃木縣
10. 群馬縣　 四國地方
11. 埼玉縣
12. 千葉縣　 35. 山口縣
13. 東京都　 36. 德島縣
14. 神奈川縣 37. 香川縣
　　　　　　　38. 愛媛縣
中部地方　　 39. 高知縣

15. 新潟縣　 九州及沖繩地方
16. 富山縣
17. 石川縣　 40. 福岡縣
18. 福井縣　 41. 佐賀縣
19. 山梨縣　 42. 長崎縣
20. 長野縣　 43. 熊本縣
21. 岐阜縣　 44. 大分縣
22. 靜岡縣　 45. 宮崎縣
23. 愛知縣　 46. 鹿兒島縣

京都（室町）26
13 東京（江戶）
（鎌倉）
29 奈良（飛鳥）
27 大阪（難波）

北海道

本州

九州

四國

47. 沖繩縣

來自神話的縹緲古神

東方一直是地球上的一個神祕方位，在西方人的眼中有著獨特的魅力。每一個古老的文明都有著屬於自己的傳說。日本是東亞的島國，全部的國土都被大海所包圍，無法和亞洲諸國進行陸路的交流。這樣的天然屏障，給予了這片土地上的人們充分的時間和空間來創造屬於自己的神話故事。

在日本的神話中，原來的世界是一個混沌，不分天地也不分陰陽。後來，世界中較輕的部分慢慢上浮成為天，較重的部分則慢慢下沉成為地，天地才初現。有了天地之後，就有了一個主宰天地的大神，叫做天之御中主神。之後神開始慢慢變多，這些神居住在天堂之中，在日本神話中被稱為高天原。他們都是未婚且無性別的獨神，而且不管世事，直到出現了男神伊邪那岐命和女神伊邪那美命。

伊邪那岐命和伊邪那美命從高天原來到了位於這個世界的一座天浮橋上，將一支矛插入橋下的水中來回攪動，當再一次提起矛的時候，從矛尖上滴下了一個水滴，這個水滴就凝固成了一座島嶼。

伊邪那岐命和伊邪那美命來到了這島嶼，修建了屬於他們自己的宮殿並居住於此。不知道過了多久，兩人都覺得自己已經長大成熟。但是伊邪那美命的身體上有一個位置還沒有長合，而伊邪那岐命的身體上卻多長出了一個部分。於是兩人彼此商量相

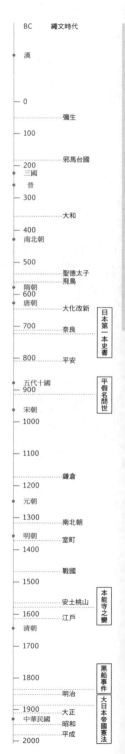

BC

耶穌基督出生　0—

君士坦丁統一羅馬
羅馬帝國分成兩部

波斯帝國　500—

回教建立

凡爾登條約

神聖羅馬帝國建立
1000—

十字軍東征

蒙古第一次西征

英法百年戰爭開始

哥倫布發現新大陸
1500—

英國大破無敵艦隊

發明蒸汽機

美國獨立
拿破崙稱帝
美國南北戰爭開始
第一次世界大戰
第二次世界大戰
2000—

互結合來生育國土。於是這兩個神一個自右向左，另一個自左向右繞著宮殿柱子走過去，到了中點的位置彼此相遇，便算結為了夫妻。

當兩神相遇時，女神先說道：「好一位英俊的男子！」男神答道：「好一位美麗的女子！」結婚儀式就結束了。不久之後他們就產下了一子，但這孩子根本不像他們的形貌，而是一隻醜陋的水蛭。他們拋棄了這個怪物之後又產下了一子，但依舊是個怪物。兩神不知道這是為什麼，只好去找天神幫忙。天神在占卜後告訴他們，這是由於他們在結婚的時候作為女子的伊邪那美命先說話，這樣不吉利，需要重新來一遍。

伊邪那岐命和伊邪那美命回到了自己的宮殿中，照以前的方法又重新繞柱走了一遍。不過這次在兩神相遇時，伊邪那岐命首先說道：「好一位美麗的女子！」緊接著伊邪那美命才說道：「好一位英俊的男子！」在重新舉行了婚禮之後，兩神順利產下了八個大島，分別是淡路島、伊豫島（如今日本的四國）、隱岐島、筑紫島（如今日本的九州）、伊伎島、對馬島、佐渡島和大倭豐秋津島（如今日本的本州）。之後兩神又生下了四個小島，一共組成了十四個島。

伊邪那岐命和伊邪那美命用矛尖上滴下的水滴，來製作島嶼。

所有的這些島嶼被稱作葦原中國。於是這個世界就分成了三個部分：天上的高天原、人世界的葦原中國以及處於地下的黃泉國。

　　生完了島嶼之後，兩神又生下了這個世間的第三代神，包括了河神、農業神等，一共三十五個。在生第三十五個火神的時候，伊邪那美命不幸被火神燒傷而死。伊邪那岐命看到自己的愛妻死去，悲痛萬分，一氣之下殺死了自己的孩子火神，隨後追隨愛妻去了位於地下的黃泉國。死去的火神的屍體又變成了山神、雨神等八個神。

　　來到了黃泉國的伊邪那岐命終於找到了伊邪那美命，悲傷地說：「我們所創造的國家還沒有完成呢，請你回到葦原中國來吧。」伊邪那美命憂傷地說：「我也想和你一同回去，但是你來晚了一步呀，我已經在黃泉國吃過了飯，沒有辦法再回到人世界了。」伊邪那岐命苦苦哀求，伊邪那美命只好說：「那我去和黃泉國的眾神商量一下吧，看他們是否能夠網開一面，你在這裡等我，千萬不要進來偷看。」說完後伊邪那美命走回了黃泉國的大門裡面。

　　伊邪那岐命等了好久，還不見伊邪那美命出來，漸漸地，他開始變得不耐煩起來。他把自己頭上戴著的多齒木梳拿了下來，把其中的一根木齒折斷後點燃當做火把，從黃泉國的大門向內窺視。這一看簡直把他嚇得半死，他看見裡面的伊邪那美命根本不是自己曾經認識的模樣。現在的她全身上下都已經腐爛，並且長滿了蛆蟲。

　　看到曾經美麗的妻子已經變成了這副模樣，伊邪那岐命拔腿就跑。伊邪那美命也因為丈夫的不守約定惱羞成怒，就派黃泉國的女鬼去追殺伊邪那岐命。前來追殺的女鬼被伊邪那岐命用計擊破後，伊邪那美命自己化身成八雷神，率領黃泉國的魔軍親自前

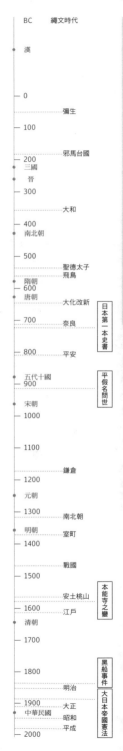

來追殺。伊邪那岐命逃呀逃呀，終於逃到了黃泉國和葦原中國的交界處比良坂，並在比良坂的路中間放了一塊巨大的石頭來阻擋伊邪那美命的腳步。

　　回到了葦原中國的伊邪那岐命覺得自己身上沾滿了黃泉國的污穢，打算進行祓禊儀式來去掉這些污穢之氣。他來到了筑紫島的入海口處，把身上的衣服脫下，把首飾也一件件摘去，裸著身子走進了海水中。這些衣服和首飾隨後變成了十二個不同的神。

被伊邪那岐命所洗落的污穢也變成了四位神。他在水底、水中和

水面洗刷身體的時候，又各生成了兩位神。最後當他洗乾淨了身

體，用清水洗左眼時生成了天照大神，洗右眼時生成了月亮神，洗鼻孔時生成了守護大海的須佐之男。最後生成的這三個神是伊邪那岐命最喜歡的孩子，就這樣，伊邪那岐命將晝國、夜國和大

海分別交由這三個孩子治理。

　　沒過多長時間，須佐之男和天照大神之間起了衝突。須佐之

男先是跑到了天上給姐姐天照大神搗亂，氣得天照大神把須佐之

男打得滿地找牙。須佐之男只好回到地上殺死了神獸八岐大蛇，並從它的腹部取得了神器草薙劍獻給了天照大神，才獲得原諒。

　　這次的衝突雖然以須佐之男的賠罪而化解，但卻種下了之後

一場大戰的種子。

　　須佐之男有一個孫子，叫做葦原醜男，他是統治本州西部

出雲國的大國主。在他的統治下出雲國變得繁榮昌盛。但是這卻

讓生活在天上的天照大神產生了妒忌，派了一堆神下來進攻出雲

國。葦原醜男抵擋不住，只好把國土獻給了天界。佔領了出雲國

後，天界並沒有停下腳步，繼續向東擴張著領土，直到把所有的

日本列島都囊括在自己的掌控之中。

　　一切平定後，天照大神從天界派了一個人下來統治這塊土

地，這個人就是神武天皇，也就是初代天皇。在傳說中他建立了最早的大和王權，是日本開國之祖。

關於神武天皇的身世記錄在《古事記》與《日本書紀》兩本書中。神武天皇的名字叫做神日本磐余彥，他是鸕鶿草葺不合命與玉依姬所生的五個孩子中的一個。而鸕鶿草葺不合命則是彥火火出見尊和海神之女豐玉姬的兒子。彥火火出見尊則是瓊瓊杵尊與木花開耶姬所生的兒子，他也是天照大神的孫子。

在傳說中，神武天皇在西元前660年開國，卸任於西元前585年，在位76年。不過這一段歷史僅僅出現在神話之中，人們無法確認真實歷史中是否真的存在過神武天皇。在史學界的主流意見中，神武天皇被認為是一個架空的天皇。

神武天皇除了被認為是天照大神的後裔，史學界還有著另一種非主流的觀點，認為神武天皇就是秦朝時被秦始皇派遣去海上尋找長生不老藥的方士徐福。如今在日本境內的徐福墓有數十座，均是附會這一說法而假立的。徐福上書秦始皇請求去海上尋求長生不老藥是在西元前219年，但神武天皇則是在西元前585年把皇位傳給了綏靖天皇。兩人之間有著約四百年的差距，不過這約四百年的差距也有著一種可能，那就是日本的神話刻意把神武天皇的在位時間提前了。

《天岩戶神話の天照大御神》春齋年昌・明治20年

這一種假設的主要證據在於由第2代天皇綏靖天皇到第8代天皇開化天皇，歷史

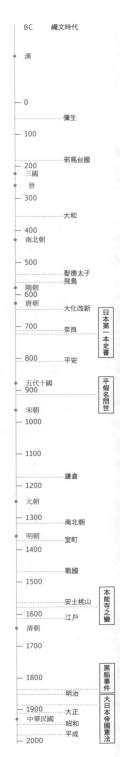

上只有誕生、即位，以及建宮、立后等記載，沒有治績紀錄，在日本歷史上稱作闕史八代。其中從第5代天皇到第8代天皇都超乎尋常的長壽，每人的年齡都超過110歲，其中第6代天皇孝安天皇竟然享壽136歲。所以有人認為這是古人為了填補神武天皇至崇神天皇之間的時間，滿足神武天皇於西元前660年開國的說法，才會出現這般不自然的長壽。不過認為徐福為神武天皇的這種觀點並不是從古就有的，在歷史上率先提出該觀點的是中國清代同治年間駐日公使館一等書記官黃遵憲。至今，這一觀點從未在歷史學界成為主流。

耶穌基督出生　0—

君士坦丁統一羅馬

羅馬帝國分成兩部

波斯帝國　500—

回教建立

凡爾登條約

神聖羅馬帝國建立
1000—

十字軍東征

蒙古第一次西征

英法百年戰爭開始

哥倫布發現新大陸　1500—

英國大破無敵艦隊

發明蒸汽機

美國獨立
拿破崙稱帝

美國南北戰爭開始

第一次世界大戰
第二次世界大戰

2000—

繩文時代：火鍋的誕生

　　對於過去的研究，除了神話和歷史，還有著一個更為理性的角度，那就是考古。在考古學上日本所處的第一個時期是日本舊石器時代，開始於人類移居日本。這一時期大約是在一萬六千年前，那時候由於冰期的關係，整個大陸都被巨大的冰河所覆蓋。據研究，當時日本的氣溫要比如今平均低攝氏7度，相當於現在西伯利亞的環境。由於冰川凍結，海水減少，當時的海平面比現在要低超過100公尺。日本地理上與亞洲大陸可能相連，即使不相連，對馬海峽也要比如今窄許多。但到了距今約一萬年前，第四紀冰期結束，氣候回暖，海平面上升，日本漸漸脫離了亞洲大陸，成為現在這樣的列島。在這一地區生活的人也被亞洲大陸所隔離，成為日本最早的住民。

　　在舊石器時代，日本人的主要食物是長毛象和大角鹿等如今已經滅絕了的大型動物。那時的日本人把磨尖了的石頭綁在骨器或木棒的前端作為槍或者矛來使用，過著一邊狩獵一邊遷徙的游獵生活。如今在長野縣北部的野尻湖考古發現了長毛象和大角鹿的頭骨和角，測定後認為距今5萬到3萬年前。由於這些化石的發現，野尻湖被認為是舊石器時代日本人的狩獵場所。

　　讓日本人從石器時代進入繩文時代的最大推手並不是人類社會的發展，而是因為冰期的結束導致的氣候暖化。由於氣溫的上升，日本海的面積大大增加，加上洋流的變化給日本帶來了暖

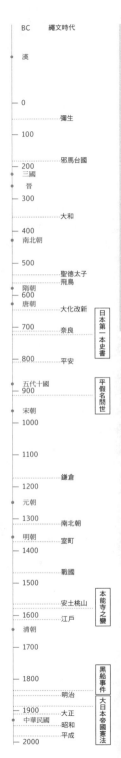

BC　繩文時代

漢

0

　彌生
100

　邪馬台國
200
三國
　晉
300

　大和
400
南北朝
500

　聖德太子
隋朝　飛鳥
600
唐朝　大化改新
700
　奈良

800　平安
五代十國
900
宋朝
1000

1100

　鐮倉
1200
元朝

1300　南北朝
明朝　室町
1400

　戰國
1500

　安土桃山
1600　江戶
清朝

1700

1800
明治
1900　大正
中華民國　昭和
　平成
2000

日本第一本史書

平假名問世

本能寺之變

黑船事件

大日本帝國憲法

BC

耶穌基督出生　0—

君士坦丁統一羅馬

羅馬帝國分成兩部

波斯帝國　500—

回教建立

凡爾登條約

神聖羅馬帝國建立
　1000—

十字軍東征

蒙古第一次西征

英法百年戰爭開始

哥倫布發現新大陸
　1500—

英國大破無敵艦隊

發明蒸汽機

美國獨立
拿破崙稱帝

美國南北戰爭開始

第一次世界大戰
第二次世界大戰

　2000—

繩紋時代中期的陶器，
出土於長七谷地貝塚

繩紋時代中期的陶器，
出土於三內丸山遺跡

流，大大改變了日本地區的環境。在日本海一側和太平洋一側，冬季的雨水都開始增加。這讓整個日本的環境變得溫暖而濕潤，慢慢地形成了和如今的日本很像的森林地貌。由於氣候的變化，人們的食物不再是長毛象、大角鹿這類大型的動物，轉而變成了一些中型的動物，比如野豬、鹿和鳥類。這些中型動物較之大型動物來說要靈敏得多，於是繩文時代的日本人發明了另一種工具：弓箭。隨著日本土地上森林面積的增加，其他的食物開始豐富起來，比如栗子、橡子、蘑菇和蕨菜。

　　同時由於氣候變暖，繩文時代的海平面要比如今的海平面更高，比如如今日本關東地區的一部分低窪地帶在繩文時代都被海水覆蓋著，在歷史上被稱作「繩文海進」。考古學家在靠近海的區域發現了繩文時代所遺留下來的水子貝塚，也就是由丟棄的貝殼和食物碎屑所形成的小堆，從而推測當時的日本人為了捕撈海產選擇了沿海而居，形成了村落。

　　這時的日本人已經不需要追隨獵物輾轉生存，可以長期定居一地。在1992年，青森市政府打算在市郊建一個棒球場，當測量

隊在考察這塊面積約5公頃的土地時，偶然發現了地表下僅幾公尺處的無數文物。他們請來專家用碳測時法做了鑑定，這些文物已有約5500年歷史。隨著越來越多的文物出土，這個被稱作青森三內丸山遺址的區域成為到目前為止發現的最大的繩文時代村落。遺址的跡象顯示，這裡的人類已持續居住了超過1500年，還有著廣泛的交易活動。

　　到了繩文時代，日本不僅僅從粗劣的打製石器時代進入了磨製石器時代，而且還出現了陶器。繩文陶器可以算得上是繩文時代最有代表性的器物。陶器的誕生和繩文人的生活方式有著非常密切的關係。對於那時的日本人來說，陶器最主要的作用就是當做鍋來用。這些繩文陶器都被製作成了細細長長類似花瓶的形狀，這種形狀的器物非常適合用側面來吸收篝火所產生的熱量。在繩文時代，除了狩獵得來的肉類，蘑菇、野菜和海藻之類的食物也已經成了常用的食材。繩文人在由海藻熬製的湯中放入植物性和動物性的食材，經過簡單的熬煮之後就能去除植物性食材中原本的澀味，讓食物變得更加美味。在那個時代，鹽也已經被廣泛地用於食物的調味。烹煮好的食物被盛在陶器之中，一大鍋端進當時用於居住而建造的豎穴裡，大家一起進食。所以有一種說法是，

現代復原的繩紋人所居住的豎穴

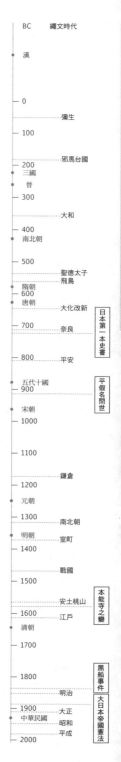

BC　繩文時代
漢

0
　　　　彌生
100

　　　　邪馬台國
200
三國
　晉
300
　　　　大和
400
南北朝
500
　　　　聖德太子
　　　　飛鳥
隋朝
600
唐朝　　大化改新
700
　　　　奈良
800
　　　　平安
五代十國
900
宋朝
1000
1100
　　　　鎌倉
1200
元朝
1300
　　　　南北朝
明朝　　室町
1400
　　　　戰國
1500
　　　　安土桃山
1600
　　　　江戶
清朝
1700
1800
　　　　明治
1900　大正
中華民國
昭和
　　　　平成
2000

日本第一本史書

平假名問世

本能寺之變

黑船事件

大日本帝國憲法

如今日本人所吃的火鍋，是源於遠古時期繩文人的烹調習慣。

　　無論繩文時代的陶器和火鍋有沒有關係，陶器的誕生大大改變了當時日本人的生活方式。有了陶器，人們開始有了煮食這一種新的烹飪方法，能夠利用蒸煮來去除一些食材的毒素和苦澀，大大增加了可食用食材的範圍。陶器還能夠用來存儲東西和運送物品。或許也是因為這些陶器，人們漸漸開始琢磨出了釀酒和醃製食物。

　　雖然我們現在對繩文時代的日本已經有了一些社會學上的瞭解，但是繩文人的起源在人類學中卻一直懸而未決，這是因為學者在考古中發現，繩文人和之後的彌生人在形體特徵上有著明顯的區別。根據日本遺傳學家神澤秀明的研究，繩文人與大洋洲的巴布亞人與美拉尼西亞人在遺傳因數上最為接近。也有學者透過牙齒人類學分析，認為繩文人是來自東南亞。不過無論哪一種說法，大家都認同現在的日本人並不是繩文時代日本人的直接後代。

耶穌基督出生　0—

君士坦丁統一羅馬

羅馬帝國分成兩部

波斯帝國　500—

回教建立

凡爾登條約

神聖羅馬帝國建立
1000—

十字軍東征

蒙古第一次西征

英法百年戰爭開始

哥倫布發現新大陸
1500—

英國大破無敵艦隊

發明蒸汽機

美國獨立
拿破崙稱帝

美國南北戰爭開始

第一次世界大戰
第二次世界大戰

2000—

彌生時代：真正祖先和女王卑彌呼

在西元前300～西元300年左右，大批東亞大陸的移民從朝鮮半島來到了日本，他們大部分是古代中國人和朝鮮人。新移民把很大一部分的繩文人趕往了蝦夷地（如今的北海道）和西南諸島、琉球等地，以至於這些地方依舊傳承和發展了與繩文時期類似的文化與人種。在日本本島，新移民和剩下的繩文人之間產生融合，使得日本進入新的時代。

對於這種新文化的考古由於發現地在東京都文京區彌生町，而被稱為彌生文化。人類學家經由體質人類學的研究發現，之前的繩文人身材低矮，面部寬闊，男性平均身高為155公分，女性為144公分。但在彌生時代的遺址中，人骨遺骸的平均身高為163公分，他們的身材和骨骼特徵與中國人和朝鮮人十分相似。所以在西元前300年到西元300年的這一段時間，日本本土的繩文人和從東亞遷徙的移民進行了一次巨大的融合，成了如今日本人人類學意義上的祖先。

稻作農業的傳入使得繩文時代的社會形態發生了很大的變化。稻作農業首先傳入的地區在九州的北部，如今位於佐賀縣唐津市的菜畑遺址，是日本最古老的水稻耕作遺跡。當時的彌生人用木板和木椿製作了水溝，讓水能夠灌溉到農田的每一處。在遺跡中還出土了火燒後碳化了的大米。

隨著稻作農業一同來到日本的還有不同的農具，基本是木製

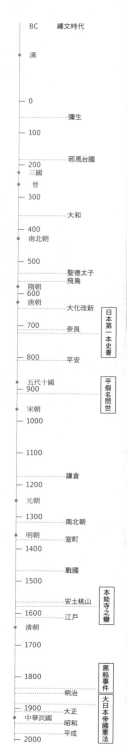

和石製的鋤和鍬。當水稻成熟後，彌生人就用石刀收割水稻，在脫殼後就可以食用了。不久之後，鐵器也從東亞大陸傳入日本。由於使用鐵器比使用石器的效率要高得多，稻作農業的發展進一步加速。與此同時，青銅器也隨著鐵器一併來到了日本，所謂青銅就是銅和錫的合金。不過和鐵器不同，青銅器更多是被作為祭祀道具。隨著糧食的產量開始漸漸變多，彌生人需要一個地方來儲存糧食，於是除了自己住的豎穴之外，他們建造了可以用於儲存糧食的干欄式建築。由於耕種的需要，部落也從丘陵地移向平原地帶發展。

　　繩文人接受稻作農業並不是因為自己被外來移民所脅迫，而是由於在繩文時代的後期，距今4000年左右，地球的溫度又開始緩緩下降。雖然下降的平均溫度不到攝氏2度，但是對於當時森林覆蓋的日本來說，影響可是非常巨大的。樹木的種子數量減少了許多，樹木的種類也發生了變化，原本還算食物充足的繩文人遭遇到了糧食危機。所以當時的日本人從移民那裡學會了稻作農業以及使用金屬器具，最終發展成農耕社會。

　　農耕社會的進一步發展就導致了國家的產生和戰爭的出現。當稻作農業的技術越來越精湛之後，人們就開始有了更多的剩餘糧食。由於人有能力高低之分，在一個較為富足的農耕社會中就會出現貧富差距，進而產生不同的社會階級。由於耕種在某些環節中是一種集體活動，以至於部落裡開始有了指揮的頭領。頭領為了提高耕種的效率，漸漸開始制定一些規則，以至於開始對他人的行為有了實質的掌控。擴展耕地可以獲得更多的糧食，在這一擴張過程中不同部落之間勢必要進行針對水源和土地等資源的爭奪，於是由頭領帶領的戰爭出現了。

　　如今位於鳥取縣的青谷上寺遺跡就是一個西元前200多年的

耶穌基督出生　0—

君士坦丁統一羅馬

羅馬帝國分成兩部

波斯帝國　500—

回教建立

凡爾登條約

神聖羅馬帝國建立
　　　　1000—

十字軍東征

蒙古第一次西征

英法百年戰爭開始

哥倫布發現新大陸
　　　　1500—

英國大破無敵艦隊

發明蒸汽機

美國獨立
拿破崙稱帝

美國南北戰爭開始

第一次世界大戰
第二次世界大戰

　　　　2000—

部落遺址。在這一遺址中發掘出了大約一百人的遺骸，人骨上還發現了刀傷和弓箭傷。部落之間的戰爭在分出勝負之後，戰勝的部落就統治了戰敗的部落，於是漸漸在吞併中形成最原始的「國」。

繩文人模擬相

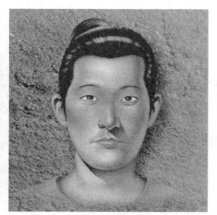

彌生人模擬相

關於彌生時代的記載雖然未見於日本的史料，但卻零星地散記在中國的史書中。日本的彌生時代，中國正處於秦漢王朝及三國時期。當時中國統稱日本人為「倭人」。《後漢書》和《三國志》中都記載了東漢桓帝和靈帝統治時期，北九洲地區三十餘國之間互相攻伐的事件。《魏志》倭人條中還記載了西元247年，邪馬台國與狗奴國之間發生的戰爭。西漢時期，北九洲地區分為百餘國，至東漢時期，只剩下三十餘國，而到三國時，僅在邪馬台國統轄下的竟有二十八國，敢於和邪馬台國分庭抗禮的已寥寥無幾。

讓人覺得不可思議的是，帶領著邪馬台國登上這一高峰時期的人物竟是一名女性：女王卑彌呼。西元2世紀後半葉開始，日本的眾多國家之間爆發了激烈的戰爭衝突。直到3世紀初，一名叫做

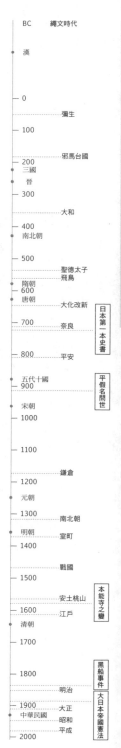

BC

耶穌基督出生　0—

君士坦丁統一羅馬

羅馬帝國分成兩部

波斯帝國　500—

回教建立

凡爾登條約

神聖羅馬帝國建立
1000—

十字軍東征

蒙古第一次西征

英法百年戰爭開始

哥倫布發現新大陸
1500—

英國大破無敵艦隊

發明蒸汽機

美國獨立
拿破崙稱帝

美國南北戰爭開始

第一次世界大戰
第二次世界大戰
2000—

卑彌呼的女性被立為王，才終結了戰亂。卑彌呼就是邪馬台國的女王。根據中國的史書中記載，卑彌呼擅長咒術，有一千個僕人服侍她，一共統治著將近二十多個小國家。女王卑彌呼數次向魏國朝貢，被當時的魏國承認為倭人的王，並且被賜予了一百枚銅鏡。在那個時代，鏡子是非常貴重的器物，並且是權力的象徵。根據記載，當時邪馬台國的人和南亞百越地區的人很相似，穿著貫頭衣、紋身、光腳。全國分大人、下戶、生口、奴婢四等。實行一夫多妻制，大人四、五婦，下戶二、三婦。

　　卑彌呼在邪馬台國統治了七十餘年，終身未嫁。她在位的時候深受人民的愛戴，人民為了紀念她修起了規模龐大的陵墓，並且讓數百名奴僕一起陪葬。不過在卑彌呼死後，邪馬台國的統治力量開始動搖，國內一開始立了男王，但眾人不服發生動亂，以致於死了千人。後來又立同族的臺與為女王，力圖復興。不過在西元266年之後，邪馬台國就不再出現於中國的史書之中。

　　在彌生時代，除了歷史中沒有記錄的闕史八代之外，還有著五位有史可考的天皇。其中第一位在史學上可考證的天皇是崇神天皇。他是闕史八代中最後一位開化天皇的次子，母親是皇后伊香色迷命，19歲時被封為太子，在位60年。歷史上留下了一個關於他利用祭祀來平息瘟疫的故事。

　　在崇神天皇登基的第5年，國內發生了非常嚴重的瘟疫，大半的民眾都因此喪生。由於瘟疫的橫行，有些民眾也因此開始揭竿而起。崇神天皇十分神傷，他覺得是自己的德行不夠，所以日夜反省，請罪於神明。在登基的第7年，崇神天皇眼看瘟疫還沒有平息，於是下詔道：「昔日朕的皇祖，開國創立天下之宏大基業，往後歷代的治世使之更加高偉，王朝之威日漸強盛，但不料，現今由朕來治理天下，卻時常有災害發生，恐怕是因為缺乏良好的

政策吧？難道是朕得罪了神明嗎？因此朕以燒裂龜甲之方法來占卜問神，好知道這一切的災害究竟是為何發生。」崇神天皇來到神淺茅原，打算會晤八十萬神明，並占卜問神。神明附身到崇神天皇曾姑母的身體中說道：「天皇為何憂心國家無法治理呢？若是能尊敬地祭祀我，國家自當平安順遂啊！」天皇聽到後忙問：「那請問說這話的是哪一位神明呢？」神明回答道：「我是倭國城內所居之神，名為大物主神。」天皇回到自己的行宮之後當晚做夢夢見一個人，自稱為大物主神，那人說道：「天皇不必為了治國之事而憂愁，國家無法順利治理，是我的意思，若是以我的兒子大田田根子來祭祀我，則天下太平，而海外之國亦會自動歸順。」沒多久，天皇又收到了三名臣子的上奏，說是做了一個一樣的夢，崇神天皇一看夢的內容竟然和自己的一模一樣。他不敢怠慢，立即昭告天下尋找那個叫做大田田根子的人，沒過多久就真找到了這個人。崇神天皇親自前去會見他，問道：「你的父親是誰？」大田田根子回答說：「父親是大物主神。」天皇大喜，遂用大田田根子來祭祀大物主神，肆虐了幾年的瘟疫總算得到了平息，國內民變也漸漸消停，糧食開始豐收，人們的生活又恢復了安定。

　　崇神天皇駕崩之後傳位於垂仁天皇，雖然垂仁天皇在位70年，活了140歲，但歷史上關於他的記錄卻很少，只知道他廢除了活人殉葬的習俗，改用以陶俑陪葬。在垂仁天皇在位期間，西方的文明史也跨過了西元0年的節點。

　　垂仁天皇駕崩後傳位於景行天皇，他也是個長命的天皇，活了130歲，在位71年。同樣的，關於景行天皇的事蹟大多也語焉不詳，在《日本書紀》中記載了他曾經率領著軍隊御駕親征九州的筑紫國。在景行天皇時期，更加有名的故事反而來自天皇的

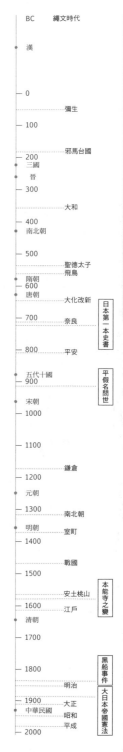

BC

耶穌基督出生　0—

君士坦丁統一羅馬

羅馬帝國分成兩部

波斯帝國　500—

回教建立

凡爾登條約

神聖羅馬帝國建立
　　　　　1000—

十字軍東征

蒙古第一次西征

英法百年戰爭開始

哥倫布發現新大陸
　　　　　1500—

英國大破無敵艦隊

發明蒸汽機

美國獨立
拿破崙稱帝

美國南北戰爭開始

第一次世界大戰
第二次世界大戰

　　　　　2000—

小兒子：小碓尊。根據《日本書紀》的記載，小碓尊身材魁梧，能獨自扛起一座鼎。而在《古事記》中，小碓尊的形象則要殘暴許多，由於景行天皇要求他和哥哥大碓尊一起用餐，大碓尊卻對此並不理會。一怒之下小碓尊趁著哥哥早上起床上廁所的時候抓住了他，隨後用手折斷了哥哥的腦袋和四肢，然後用草席裹住丟棄在路邊。景行天皇知道後十分驚恐，便命令小碓尊離開皇宮，前去西方討伐熊襲部落。小碓尊受命，將劍藏入懷中後出發執行詔命。他扮做美豔童女參加熊襲的酒宴，乘機刺殺熊襲首領，平復了叛亂，從此被尊稱為日本武尊。平叛結束的路上，日本武尊經過出雲國，打算殺掉出雲建。他在身上配了一把假刀，隨後假意和出雲建結交，一起在河邊洗頭。洗頭的時候日本武尊建議和出雲建交換佩刀，隨後又建議進行比武。由於出雲建此時拿的是一把假刀，因此在比試的時候怎麼都拔不出來，這時日本武尊拔出出雲建的刀，一刀砍死了對手。之後，日本武尊還東征毛人五十五國，西征眾夷六十六國，渡平海北九十五國。屢戰屢勝讓日本武尊變得更加自負，他聽說近江國的五十葺山有荒神，於是打算前去挑戰。在路途中他遇見了一條大蛇，他跨過了大蛇繼續

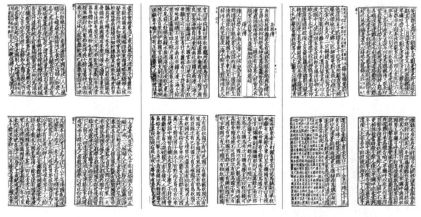

《魏志・烏丸鮮卑東夷傳》倭人條中對於邪馬台國的記載

前進，但是這條大蛇其實是神的化身。主神見他如此輕視神的化身，便降下冰雨，使他難以前行。日本武尊在大雨中勉強逃到山中，但身體已十分虛弱。最後他回到尾張國，轉而到伊勢國，不久便病死，死時才三十歲。

垂仁天皇駕崩後傳位於成務天皇，他是景行天皇在98歲時生的兒子，壽命也超過了百歲。他健全了地方行政體制，首次在朝廷上設立大臣，在地方上設置國、郡、縣、邑等行政區劃。因為沒有兒子，所以立了日本武尊的次子為太子，也就是第14任天皇：仲哀天皇。仲哀天皇做了13年的太子，但只當了8年的天皇就暴病身亡。傳說仲哀天皇的死和當時的神功皇后有很大的關係，都說仲哀天皇的暴病身亡都是因為神功皇后下毒，從此仲哀天皇的皇后開始了長達近70年的垂簾聽政。

這五位天皇以及神功皇后的事蹟主要是來自《古事記》及《日本書紀》的記載，不過**《古事記》和《日本書紀》的成書年份分別為711年和720年，很多事蹟即使在當時也已經不可考。**所以很大程度上這一時期的天皇可以說是為了完成天皇從神代到人代的過渡而虛構出來的人物。

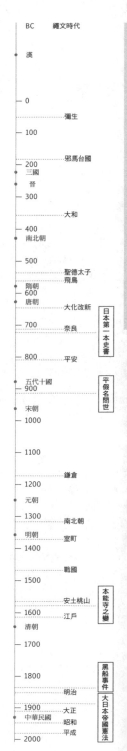

古墳時代：倭五王的謎團

BC

耶穌基督出生　0—

君士坦丁統一羅馬

羅馬帝國分成兩部

波斯帝國　500—

回教建立

凡爾登條約

神聖羅馬帝國建立
　　　1000—

十字軍東征

蒙古第一次西征

英法百年戰爭開始

哥倫布發現新大陸
　　　1500—

英國大破無敵艦隊

發明蒸汽機

美國獨立
拿破崙稱帝

美國南北戰爭開始

第一次世界大戰
第二次世界大戰
　　　2000—

　　繼彌生時代之後，日本進入了古墳時代，因當時九州東北地區的統治者大量營建古墳而得名，時間大約是在西元300年到600年。較之於彌生時代，古墳時代雖然離我們更近，但卻充滿了謎團。對於這個時代的前期，中國的史書中並沒有相應的記錄，而日本當時也沒有文獻資料。所幸那個時候的統治者喜歡安排自己的身後之事，因此古墳就成了考古學上解讀這個時代的唯一途徑。

　　在卑彌呼去世之後大約100年，在日本近畿地區到瀨戶內海地區開始出現了巨大古墳，被稱為「前方後圓墳」，這類古墳的占地面積往往比埃及金字塔還要大。這種古墳從近畿地區開始，逐漸向全日本推廣，在100年的時間內從九州地區傳到了東北。古墳的形態也不僅僅是前方後圓，慢慢出現了四方形、圓形等其他形狀。到了古墳時代後期，由於人們的物質生活變得更加富裕，一般村莊裡村長級的家族也會選擇建造古墳，他們大多選擇那些能夠俯視良田的臺地前端或江河湖海旁建造小型古墳。據考古學家估算，日本全境內古墳的數量應該超過16萬座。

　　說到古墳就不得不介紹一下古墳的裝飾物：埴輪。埴輪是一種用低於攝氏1000度的低溫燒成的陶器，它是古墳內的一種土偶殉葬品，類似於中國古代墳墓裡陪葬的陶俑。在垂仁天皇廢除了活人陪葬制度以後，埴輪成為一種流行的代葬物。到古墳時代中

後期，埴輪還發揮了裝飾墳墓的作用，使古墳更為壯觀。

　　古墳的出現代表了一件事情，那就是統治者的權力開始變得比以往更強大。以位於大阪府的大仙陵古墳為例，為了建造這巨大的古墳，假設每天驅使1500人一刻不停歇地勞作，也需要整整15年才可能建成，若是統治者沒有強大的權力，這樣的古墳不可能在日本遍地開花。若是對比古墳的規模，近畿地區的古墳在數量上和大小上都明顯強於別處，這也就意味著當時的日本以近畿地區為中心建立了聯合式的國家體，如今被稱之為「大和王權」。

　　這個時候隔海的中國和朝鮮半島的政治狀態也發生了非常大的變化，中國由於北方民族的侵入，開啟了動盪的南北朝時期。一旁的朝鮮半島，高句麗由於自己勢力的擴展，進攻了百濟。百濟不敵高句麗，只好聯合大和王權一起來牽制高句麗。大和政權便派兵來到了朝鮮，幫助百濟跟高句麗作戰。

　　到了西元5世紀，不少中國人和朝鮮人再一次移民日本，在當時被稱為「渡來人」。「渡來人」如同曾經的彌生人一樣帶來了新的文化和技術，尤其是新的制陶技術和冶鐵技術，讓日本在建築和器物的製造方面又向前跨進了一大步。現代日本的穿著、飲食、居住等文化的原型，在古墳時代都可以找到相應的影子。比如現在日本人所使用的碗，在那時是一種灰色硬質的陶器，叫做「須惠器」，兩者已經非常相似。到了古墳時代的中後期，大和王權和中國也建立了外交關係。在《宋書》、《梁書》和《晉書》中記載，大和王權在西元5世紀向南朝劉宋等中國南方王朝派遣使者以期獲得皇權的支援。前來的使者前後代表了贊、珍、濟、興、武五個王，史稱「倭五王」。

　　倭五王藉助中國皇帝的權威，把從中國得來的鐵器和技術

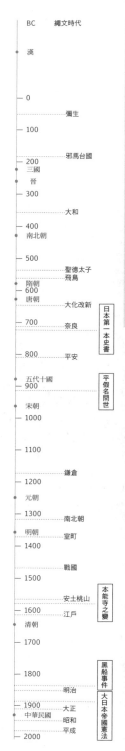

BC　　繩文時代
漢
0
　　　　彌生
100
　　　　邪馬台國
200
三國
晉
300
　　　　大和
400
南北朝
500
　　　　聖德太子
　　　　飛鳥
隋朝
600
唐朝
　　　　大化改新
700
　　　　奈良
800
　　　　平安
五代十國
900
宋朝
1000
1100
　　　　鎌倉
1200
元朝
1300
　　　　南北朝
明朝　　室町
1400
　　　　戰國
1500
　　　　安土桃山
1600
　　　　江戶
清朝
1700
1800
　　　　明治
1900
中華民國　大正
　　　　昭和
　　　　平成
2000

日本第一本史書

平假名問世

本能寺之變

黑船事件

大日本帝國憲法

BC

耶穌基督出生　0—

君士坦丁統一羅馬

羅馬帝國分成兩部

波斯帝國　500—

回教建立

凡爾登條約

神聖羅馬帝國建立
　　　　1000—

十字軍東征

蒙古第一次西征

英法百年戰爭開始

哥倫布發現新大陸
　　　　1500—

英國大破無敵艦隊

發明蒸汽機

美國獨立
拿破崙稱帝

美國南北戰爭開始

第一次世界大戰
第二次世界大戰
　　　　2000—

加以利用，然後將自己的影響力施加於地方的豪族，並對地方豪族進行支配。當時的地方豪族各自掌控著勢力範圍內的人口和土地。豪族的代表被稱作「氏上」，服從於大和王權。天皇則賜予氏上與其地位相符合的姓，這就是當時的姓氏管轄制度。

倭五王在現今學者的考證中，被認為是五位日本天皇，不過究竟倭五王是哪五位天皇現在史學上分成了不同的派別，還未有統一的論斷。其中身分最為確鑿的是被稱作「武」的雄略天皇。雄略天皇是第21代天皇，名為大泊瀨幼武，史書中所謂的「武」可能就是來源於其名字的末字。他在位期間曾進攻朝鮮，但是被高句麗擊退，因此於472年派遣使者出使劉宋，請求支持他在朝鮮所實行的政策。劉宋朝承認其為「安東大將軍」。在古墳出土的文物中有一些鐵質的長劍，劍身上刻著雄略天皇的王名，根據出土鐵劍的範圍可以推測在雄略天皇時代，大和王權的勢力範圍向東到了關東地區，向西已經到達了九州。

《宋書‧倭國列傳第五十七》記載道：「興死，弟武立，自稱使持節、都督倭百濟新羅任那加羅秦韓慕韓七國諸軍事、安東大將軍、倭國王。」這裡說明了「武」是「興」的弟弟，而雄略天皇和前一任安康天皇正好是兄弟關係。《宋書‧倭國列傳第五十七》記載「世祖大明六年，詔曰：『倭王世子興，奕世載忠，作籓外海，稟化寧境，恭修貢職。新嗣邊業，宜授爵號，可安東將軍、倭國王。』」其中「世子」一詞剛好也和安康天皇的身分很符合。安康天皇是允恭天皇的第二位皇子，在允恭天皇駕崩後，木梨輕皇子原本應該即位天皇，但是木梨輕行為暴虐，姦淫婦女，國人群臣皆不從，都打算擁立當時還叫穴穗皇子的安康天皇。木梨輕為了保住自己的皇位去進攻穴穗，穴穗也起兵反抗，最終木梨輕反被包圍。木梨輕皇子知道自己大勢已去，自殺

身亡。穴穗皇子於是成了第20代天皇，並且在即位後又殺掉了威脅自己皇位的叔叔大草香皇子，並將他的妻子搶來做自己的皇后。這也就是為什麼《宋書》中稱其為「世子」，於是倭五王中的「興」就被判定為第20代天皇：安康天皇。不過安康天皇即位不到3年，就被大草香皇子的兒子復仇刺殺而死。

　　《梁書‧倭國列傳第四十八》記載道：「濟死，立子興。」所以倭王「濟」就應該是安康天皇的父親，也就是第19代天皇：允恭天皇。

　　到現在為止，倭五王中的三位已經通過中國史料的佐證而確定身分，但是剩下兩位王的身分卻是眾說紛紜。《宋書》中沒有說明倭王「珍」和「濟」的關係，而《梁書》認為是父子；《宋書》和《梁書》又都認為倭王「贊」和倭王「珍」是兄弟關係。這樣的身分關係卻無法和《日本書紀》中的資料相印證，成了至今還未解決的問題。

　　在神功皇后垂簾聽政到允恭天皇之間還有著4位天皇，分別是應神天皇、仁德天皇、履中天皇和反正天皇。

　　應神天皇是第15代天皇，為仲哀天皇第四子，也是神功皇后唯一的孩子，在大部分的時間中他和垂簾聽政的神功皇后一起執政，在神功皇后過世之後，他登基成為天皇。在神道教中應神天皇被尊稱為戰神八幡神。他在執政期間接見了從百濟前來的使者，貢品中有兩匹馬、兩把刀和兩面鏡子，同時還有一個名叫阿直岐的人。阿直岐不僅懂得養馬，還會識字，於是應神天皇命他教太子讀書。阿直岐還向應神天皇推薦了一個名叫王仁的人，這個王仁被視為第一個把漢字和儒家學說帶入日本的人。

　　應神天皇死後，仁德天皇在原本的皇子讓位後登基成為天皇，一共執政了87年。他在執政期間和中國的劉宋交好，所以倭

君士坦丁統一羅馬

羅馬帝國分成兩部

波斯帝國 500—

回教建立

凡爾登條約

神聖羅馬帝國建立
1000—

十字軍東征

蒙古第一次西征

英法百年戰爭開始

哥倫布發現新大陸
1500—

英國大破無敵艦隊

發明蒸汽機

美國獨立
拿破崙稱帝

美國南北戰爭開始

第一次世界大戰
第二次世界大戰

2000—

五王中的「贊」有可能指的就是他。之前所提到的位於大阪府的大仙陵古墳就是他的陵墓。

第17代履中天皇僅在位不到6年，不過他在執政期間曾要求諸國開始修寫國史，可惜那時的國史資料均已散佚，以至於古墳時期的日本歷史只能依靠中國和朝鮮零星的史料來推測。之後的第18代反正天皇在位時間僅4年有餘，在歷史上也沒留下什麼文字記錄。

在倭五王之後，古墳時代還有11名天皇陸續執政，由於年代久遠和資料稀少，其中的大部分天皇只留下了簡單的介紹，不過其中也有幾位值得一說。

武烈天皇是第25代天皇，從諡號上可以看出他是個性格暴虐之人。根據《日本書紀》的記載，武烈天皇的暴虐程度可以和中國的桀、紂相比擬。他為了要知道未出生胎兒的模樣，曾經下令剖開孕婦的肚子。武烈天皇是仁德天皇一系子孫在自相殘殺之後的唯一倖存者，不過他並沒有子嗣，因此在他死後，天皇的位置只好由皇室旁支來繼承。在學術界也有人認為武烈天皇的暴虐，是後人為了將斷絕仁德天皇血脈之罪歸咎於他，而特地塑造出來的形象，繼任者受到中國文化中，庸君亡國理念的影響，刻意把這些暴虐的事情編織在他的身上。

由於武烈天皇沒有子嗣，天皇的繼位者是大和朝廷5代以前的旁系遠親、地方上的有力王族——繼體天皇。但是《日本書紀》一書的皇室譜系圖丟失一卷，導致繼體天皇的身分無法確認。近代一些學者研究聲稱繼體天皇與之前的大和朝廷並無血緣關係。也就是說自出身不明的第26代繼體天皇起，開始了大和朝廷新的天皇家族，所謂的天皇萬世一系的說法被否定，如今的日本天皇也是第26代繼體天皇的後代。

飛鳥時代：聖德太子改革與遣隋使

佛法傳入日本是在第29代欽明天皇時期。欽明天皇為繼體天皇與手白香皇女所生，在其即位第2年，位於朝鮮的百濟聖明王打起「復興任那」的旗號，與大和朝廷達成協議。欽明天皇向百濟派出援軍，但是戰況卻並不樂觀。打了十多年，在欽明天皇十五年時聖明王戰死，欽明天皇十七年，百濟放棄了平壤和漢城（今首爾）。欽明天皇二十三年，日本對新羅的討伐軍到達任那地區，中了埋伏，戰況十分不利，不得不退兵。同年高句麗也派軍參與了任那地區的爭奪。最終，任那於欽明天皇二十七年被新羅所滅。從此大和朝廷在朝鮮的影響力逐漸削弱。不過經由朝鮮，佛教傳入了日本，史稱「佛教公傳」。雖然在佛教公傳之前，就已經有很多從亞洲大陸遷移到日本的渡來人私下信仰佛教。但從欽明天皇開始，佛教得到了王室的承認，不過這一過程並非一帆風順。

當時百濟的聖明王派使節向欽明天皇贈送了一尊佛祖釋迦牟尼的金銅像和若干卷經論。欽明天皇對該如何對待佛教猶豫不決，這時以物部氏和中臣氏為首的朝臣們主張對佛教採取打壓的態度，理由是他們的土地上原本就有諸多神明，何苦要無端地信奉外來的神明呢？蘇我氏則主張弘揚佛法，認為佛教既然能從天竺流傳至百濟，再來到大和國，必有其可取之處。他將佛祖金銅像供奉在家中，又把飛鳥向原的私宅改為佛寺，舉家開始拜佛誦

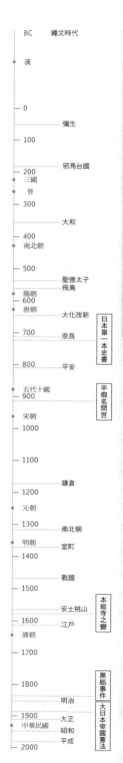

經。蘇我氏還出資廣修寺廟，但不幸的是大和國內此時爆發了瘟疫，人們覺得這是由於信奉了外神而得罪了本土的八百萬諸神。此時欽明天皇已逝，即位的是敏達天皇。他在宗教上更偏向於神道教。所謂神道教，起初並沒有正式的名稱，後來為了與「佛法」一詞分庭抗禮，於是便創造了「神道」一詞。敏達天皇看到瘟疫蔓延便下令禁止佛教，不過就在同年，天皇自己就死於瘟疫。

　　敏達天皇過世，用明天皇登基，物部氏的物部守屋和蘇我氏的蘇我馬子成了朝廷中最大的兩股勢力。用明天皇在即位第2年就因為患天花去世，朝中為皇位繼承爭執不休。物部守屋想要立與之交好的穴穗部皇子，蘇我馬子則希望擁立炊屋姬為女皇，並暗殺了穴穗部皇子，隨後把矛頭指向了物部氏，物部氏耗盡家財後依舊不敵蘇我馬子，走向了滅亡。

　　蘇我馬子立泊瀨部皇子為王，就是第32代天皇——崇峻天皇。此時的蘇我馬子達到了自己政治生涯的巔峰，崇峻天皇欲將之除去。蘇我馬子決定先下手為強，成功刺殺了崇峻天皇，隨後擁立炊屋姬為女皇，也就是第33代天皇——推古天皇。從此崇佛廢佛論爭完結，古墳時代也宣告結束。

　　推古天皇執政後，日本進入了飛鳥時代，因政治中心為奈良縣的飛鳥地方而得名。推古天皇在蘇我馬子的擁立下繼承天皇之位，但她和之前傳說中的神功皇后不同，實際執政者其實是她的侄子——聖德太子。

　　關於聖德太子的軼事有很多，聖德太子這個稱呼，實際上在他生前從來沒有使用過，直到他死去100多年後才在《懷風藻》中第一次出現。聖德太子的本名叫做廄戶，傳說是因為在馬廄前出生，所以取了這個名字。還有說法認為是聖德太子的母親穴穗部

間人皇女是在聖德太子外婆的娘家蘇我家生下聖德太子，當時蘇我氏當家的是蘇我馬子，廄戶就成了「在馬子家出生」的意思。而如今主流的說法是，聖德太子出生地的附近有個叫「廄戶」的地名，因此取名為廄戶。至於為什麼會在100年後把廄戶稱為聖德太子，恐怕是因為他作為最初在日本推廣佛教的聖人，在日後成了一個眾人信仰的對象。除此之外，聖德太子還有一個別名叫做「豐聰耳」，據說是因為他可以同時聽10個人說話而不會聽誤。

推古天皇登基的時代，一旁的中國正處於隋朝時期，一統中國後的隋朝開始進攻位於朝鮮的高句麗。由於隋朝的強大，大和政權感覺到了危機，於是打算利用外交的方式來解決這一困局。聖德太子派出了第一批遣隋使，試圖恢復從倭五王之後一度和中國中斷的交往。但當時的隋文帝以倭國政治制度落後為由拒絕了正式的國家交往。聖德太子收到回覆後雖然很氣憤，但也意識到自己國家的政治制度，在當時的世界上已經被當成了落後的象徵。於是他開始實行政治體制改革，在豪族中不再按照地位和血緣，而是選擇有能力的人授予官位，制定了冠位十二階制度。另外還制定了被稱為日本最早書面法律的《憲法十七條》，規定了豪族們作為官員應該遵守的條例，限制了強大豪族的專斷權，使其成為服從天皇的官員，建立以天皇為中心的國家體制。《憲法十七條》廣泛地引用了中國的儒學、法家、道家中的典故和成語。冠位十二等同樣也是引用了儒學的五德來區分官階。十二等的名稱分別為大德、小德、大仁、小仁、大禮、小禮、大信、小信、大義、小義、大智、小智。

聖德太子在做了這些之後，於推古天皇十五年再次派出了遣隋使者。小野妹子作為使者，在國書上寫道：「日出處天子致書日沒處天子無恙。」聖德太子在國書中把大和國最高統治者稱為

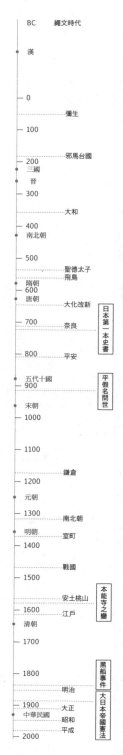

「天子」，這使隋煬帝大為不快，吩咐道：「蠻夷書有無禮者，勿復以聞。」回國後小野妹子向天皇述職時，聲稱將隋煬帝帶給倭王的國書不慎丟失，此時日本朝野有大臣建議天皇以丟失國書罪判處小野妹子流刑，好在聖德太子及時晉見天皇進行勸阻。關於小野失書之說歷史學家有過三種判斷：一是國書確實丟失了；二是因為國書載有隋朝廷對日本修書無禮的指責言辭，小野妹子擔心天皇看了後震怒，就故意毀掉，以免兩國交惡；三是國書並未丟失，小野妹子也祕密呈給了天皇。但天皇因國書上有不利之詞，擔心擴散後不利於外交，而令小野妹子託詞丟失。不過不管是哪種，小野妹子丟失了國書避免了當時隋朝和大和政權間的緊張關係。此時的隋朝正在和高句麗進行戰爭，發現與倭國再為敵並不是良策，隋煬帝隨後在次年首次派出了使者回訪大和國，開始了較為平等的交往關係。從此之後，隋朝的文化和政治制度傳入了日本。

　　不過隋朝並沒有延續太久，隋煬帝過度消耗國力，最後引發了隋末民變和貴族叛變，618年6月12日，李淵逼迫隋恭帝禪位，618年6月18日，李淵正式稱帝，建立唐朝，隋朝享國僅38年便宣告覆滅。不過唐朝與隋朝在文化、制度、社會特點上一脈相承。唐朝以隋朝實行的律令為基礎，進一步鞏固了中央集權，對於高句麗的戰爭也沒有停歇。在西元628年，推古天皇過世，聖德太子則在6年前也已經過世。按照推古天

出土於太田市飯塚町的披甲武士埴輪

皇的遺言，天皇應該由聖德太子的兒子、蘇我馬子的外孫山背大兄王繼位。但蘇我馬子的兒子蘇我蝦夷違背遺言，擁立敏達天皇之孫、押坂彥人大兄皇子的兒子田村皇子為天皇，即第34代天皇——舒明天皇。天皇即位後次年派遣犬上御田鍬和藥師惠日等人為第一次遣唐使前往唐朝。3年之後，大唐向大和國派遣高表仁為使者，送遣唐使等人回國。一同隨大唐使者回訪的還有在隋朝時期遠渡的僧人靈雲、僧旻、清安和留學生高向玄理。高表仁來到大和國後讓舒明天皇面朝北跪拜接受大唐的旨意，但遭到了拒絕，以至於高表仁憤然揮袖而去，不宣朝命。

舒明天皇在位13年後去世，由於他沒有在皇子中選定繼承人，導致日本皇室陷入了長時間的爭位危機。一年之後，各方終於達成妥協，由舒明天皇的皇后即位，也就是第37代天皇——皇極天皇。皇極天皇雖然看起來是多方妥協後的選擇，但實際上她是一個極有心計的女人。皇極天皇一開始並不是舒明天皇的皇后，而是嫁給了高向王。之後她用美色勾引了舒明天皇，被冊封為皇后。在她成為天皇的第二年，代替蘇我蝦夷執掌國政的蘇我入鹿進攻聖德太子之子山背大兄王，數日後山背大兄王自殺，蘇我入鹿一時權傾朝野。

蘇我入鹿的權力膨脹極大地威脅到了皇室，引來了皇極天皇之子中大兄皇子及其心腹中臣鐮足的極大不滿。在中臣鐮足的建議下，中大兄皇子迎娶了蘇我石川麻呂的兩個女兒蘇我遠智娘和蘇我姪娘，使蘇我石川麻呂加入了反蘇我入鹿的陣營。皇極天皇五年，藉著新羅、百濟、高句麗進貢的使者來到大和國之機，中大兄皇子與蘇我石川麻呂等人制定了在舉行三國進貢儀式之時刺殺蘇我入鹿的計畫。

進貢儀式開始，皇極天皇坐在寶座之上，眾臣列於兩旁，蘇

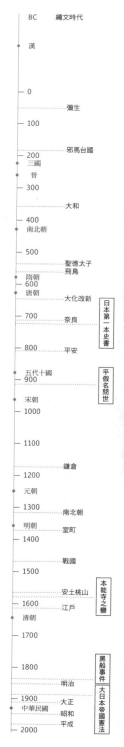

BC

耶穌基督出生　0—

君士坦丁統一羅馬

羅馬帝國分成兩部

波斯帝國　500—

回教建立

凡爾登條約

神聖羅馬帝國建立
　　　1000—

十字軍東征

蒙古第一次西征

英法百年戰爭開始

哥倫布發現新大陸
　　　1500—

英國大破無敵艦隊

發明蒸汽機

美國獨立
拿破崙稱帝

美國南北戰爭開始

第一次世界大戰
第二次世界大戰

　　　2000—

我石川麻呂和中臣鐮足安排了手持利劍的刺客藏身於大殿兩側的帷幔後邊。按照安排，當蘇我石川麻呂宣讀進貢禮品清單時刺客從帷幔中跳出將蘇我入鹿刺殺。但由於領頭的刺客一時懼怕蘇我入鹿的威嚴，蘇我石川麻呂快讀完禮品清單了，他還不敢實行刺殺，這讓蘇我石川麻呂不由得直冒冷汗，雙手顫抖。蘇我入鹿聽到蘇我石川麻呂的聲音有些異樣，於是問道：「為什麼發抖？這成何體統！」蘇我石川麻呂機智地回答說：「因為靠近天皇，畏懼天皇之威而流了冷汗。」中大兄皇子看情況不妙，從帷幔後躍出，舉矛刺入蘇我入鹿右肩。蘇我入鹿吃了一驚，正要反抗，中臣鐮足也從一旁衝了出來，揮劍砍斷蘇我入鹿的一條腿。蘇我入鹿用剩下的一條腿跳到皇極天皇面前問道：「臣不知罪，乞望陛下明示。」皇極天皇看著面前流血不止的蘇我入鹿，又望望中大兄皇子。中大兄皇子回答說：「蘇我入鹿企圖篡位，無惡不作，今按國法設計誅殺此賊。」皇極天皇與蘇我入鹿之間早有嫌隙，只是揮揮手，默默退殿了。朝廷侍衛官連子麻呂衝上前，將劍插入了蘇我入鹿的胸口。在蘇我入鹿被暗殺的次日，他的老父親蘇我蝦夷在自家的城寨放火自焚而死。至此蘇我氏在日本的歷史上走向了滅亡。

　　蘇我蝦夷死的次日，皇極天皇讓位於同母弟輕皇子，也就是第36代天皇——孝德天皇，皇極天皇被奉為上皇祖母尊。孝德天皇博覽中國典籍，對中國古代聖人的治國之道有很深的瞭解，在位期間推行政治、經濟改革，史稱**大化改新**。646年元月新政權以詔書形式頒布了《改新之詔》，較之聖德太子的改革，大化改新進一步對大和國的豪族、土地和人民進行了改革，廢除了世襲氏姓貴族的臣、連、國造、伴造等稱號，開始效仿隋唐的律令國家建設。律令中的「律」代表了犯罪和刑罰的規定。所謂的「令」

則相當於如今的行政法規，是統治組織運行的合理規定。自大化改新開始，**日本第一次使用了年號**，646年即大化元年，這一習慣一直延續至今。**大化改新後，大和國正式改名日本國**，意為「日出之處的國家」。

孝德天皇在在位的第9年年初時病重，白雉五年，皇極上皇與中大兄皇子一起探望患病的孝德天皇，數日後孝德天皇去世。此時61歲的皇極上皇再度登上皇位，成為第37代天皇——齊明天皇。

齊明天皇重登皇位後，日本遇到了一個前所未有的危機。在660年，唐朝和新羅聯合，滅掉了高句麗的盟國百濟，接下來又順勢滅了高句麗。這讓和百濟有著同盟之約的日本不得不為了幫助百濟復國，向朝鮮半島派兵，史稱「白江村之戰」。其間為了備戰，齊明天皇奔波巡查，以至於旅途勞頓一病不起。遠征軍出發之前，齊明天皇在朝倉橘廣庭宮去世。齊明天皇喪事完畢後，中大兄皇子並沒有立即登上皇位，而是以皇太子名義稱制，直到668年才即位，成為天智天皇（第38代天皇）。

在663年，一切備戰完畢，天智天皇派援軍二萬餘人，戰船一百七十艘，支援百濟。和日本對壘的是當時唐朝和新羅的艦隊，由於在技術和實力上差距太大，日本完敗。這一次敗北讓日本意識到，今後如何面對唐朝和新羅的威脅成了一件必須要考慮的事情。

繪著一般被認為是聖德太子人物肖像的一萬日圓鈔票

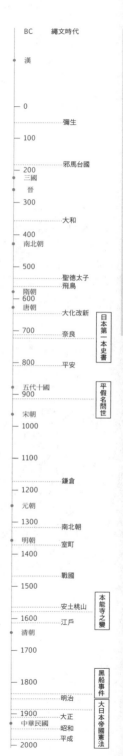

BC　繩文時代

漢

0

　　　　彌生
100

　　　　邪馬台國
200
三國
晉
300
　　　　大和
400
南北朝

500
　　　　聖德太子
　　　　飛鳥
隋朝
600
唐朝　　大化改新

700　　奈良

800　　平安

五代十國
900

宋朝
1000

1100

　　　　鎌倉
1200
元朝

1300　　南北朝
明朝　　室町
1400

　　　　戰國
1500

　　　　安土桃山
1600　　江戶
清朝

1700

1800
　　　　明治
1900　　大正
中華民國　昭和
　　　　平成
2000

日本第一本史書

平假名問世

本能寺之變

黑船事件

大日本帝國憲法

為此，一方面，天智天皇在西日本各地都修建起了要塞，還設置了水城、烽火和防人。在另一方面，他繼續推行大化改新，並且參考了唐令，把改革的成果以《近江令》的方式制定為國法。不過由於《近江令》並沒有留下原本，且在《日本書紀》以及其他同時代的古文獻中都沒有記載，所以學術界有人懷疑《近江令》是後人為了歌頌天智天皇而編造的功績。

不過無論如何，天智天皇在日本歷史上依舊是一位有所建樹的政治家。672年，大友皇子被立為皇太子，天智天皇也在病中走到自己生命的盡頭。

天智天皇作古之後，大友皇子與其叔父大海人皇子爭奪皇位。一面是天智天皇臨終前剛剛換上的皇太子大友皇子，另一面則是得到地方豪族相助而揭起反旗的天智天皇之弟大海人皇子。天智天皇去世後同年6月，大友皇子以修築山陵為名，在美濃和尾張招兵買馬，蓄勢待發。7月，大海人皇子打算先發制人，先遣人急赴美濃，聯絡各國郡司。然後自己率部眾二十餘人離開吉野，前往美濃。在美濃，聽從大海人皇子指示的部下已經召集了不滿朝廷的軍隊數萬人。大海人皇子收攏所有軍隊，於8月3日兵分兩路，進攻大和國、近江國。大友皇子一方立即向周圍的東國、吉備國和筑紫國要求增兵支援，但前往東國的使者被大海人皇子截殺，吉備國和筑紫國則無人響應。即使如此，大友皇子的手上依舊有著不少兵力。

兩軍交鋒，大海人皇子手下的大伴吹負不敵大友皇子的朝廷軍隊，一路敗走，直到來自美濃的援軍到達，大伴吹負才止住了頹勢。朝廷的軍隊想要乘勝追擊，但是由於指揮混亂，整個軍隊停滯不前。大海人皇子趁機反攻，連戰連勝，打敗了朝廷軍隊，大友皇子見大勢已去，只好自殺。這一事件被稱為「壬申之

亂」。由於弘文天皇到死前的統治時間只有半年，甚至沒來得及舉行即位儀式。因此弘文天皇曾經一度不被承認為日本的歷代天皇之一，他的事蹟甚至在歷史中被抹去。直到1870年，明治天皇才追諡大友皇子為「弘文天皇」，使他成為歷代天皇中的一員。

逼死了弘文天皇，天武天皇於630年即位，為第40代天皇。登基之後的天武天皇繼續加速推進中央集權律令國家體制的建設。當時百濟被滅國後，大量的百濟人來到了日本，並且帶來了百濟的一套行政制度。官員們開始使用竹簡，從現在出土的竹簡中可以看到「天皇」等字樣，說明當時天皇的稱號已經開始正式使用。同時，日本最古老的貨幣「富本錢」也在天武天皇十二年左右開始發行。

686年，天武天皇病重去世。在病重期間，他為了防止「壬申之亂」在自己死後發生，詔諭凡天下之事，不問大小，悉啟奏皇后及皇太子。

天武天皇死後經過了2年多時間的繁複葬禮才得以下葬，其間皇太子草壁皇子以領袖群臣的形象示人，意圖加強作為皇位繼承者的印象。無奈的是草壁皇子在689年不幸病故，作為天武天皇皇后的鸕野贊良，知道此時只有年僅7歲的輕皇子，不適合讓他直接登基，於是她決定由自己即位，成為第41代天皇——持統天皇。在689年，持統天皇頒布了《飛鳥淨御原令》，完成了真正意義上的法律的制定。這也可以說是日本感受到了唐朝和新羅的威脅後，想方設法增強國力的努力。

在694年，日本把都城從飛鳥遷往藤原京，藤原京是日本國內第一個按照棋盤形狀規劃的都城。以天皇的住所為中心，設有運行國家律令的中央政府和官廳，還設有市場。組成大和王權的畿內豪族們住在都城裡，成為侍奉天皇的官員。

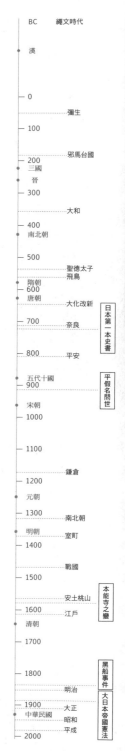

在697年，持統天皇讓位於15歲的輕皇子，即第42代天皇——文武天皇。持統上皇讓位後仍與文武天皇並座處理政務。文武天皇時代最大的政績是《大寶律令》的制定和施行，也被認為是持統上皇的意志。到飛鳥時代結束時，日本已經形成了天皇來統治土地和人民的中央集權形式。

耶穌基督出生　0—

君士坦丁統一羅馬

羅馬帝國分成兩部

波斯帝國　500—

回教建立

凡爾登條約

神聖羅馬帝國建立
　　　　1000—

十字軍東征

蒙古第一次西征

英法百年戰爭開始

哥倫布發現新大陸
　　　　1500—

英國大破無敵艦隊

發明蒸汽機

美國獨立
拿破崙稱帝

美國南北戰爭開始

第一次世界大戰
第二次世界大戰

　　　　2000—

第二章

天皇、武士、和風之美

（710年－1408年）

天皇掌握著日本的最高權力，但這一權力的頂點從奈良時代到平安時代慢慢地被攝政和關白所架空。為了對抗攝關家長期掌控朝廷，天皇開始實行院政，依靠自己招募的武士和攝關家分庭抗禮。武士系統的茁壯發展促使了幕府的成立，日本也因此進入了鐮倉時代。80餘年後，蒙古對日本進行了兩次失敗的入侵。雖然日本寸土未失，但外族的入侵卻加速了鐮倉幕府的倒臺，日本也隨即進入了室町時代，並且分裂成了南北兩朝。

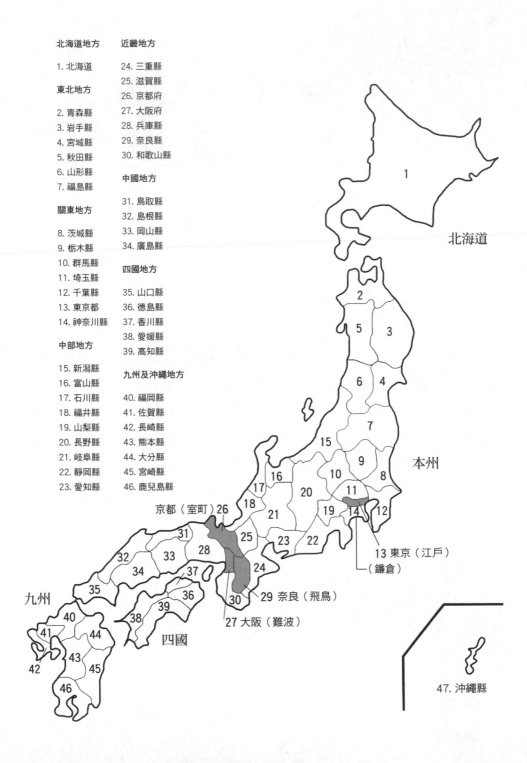

北海道地方

1. 北海道

東北地方

2. 青森縣
3. 岩手縣
4. 宮城縣
5. 秋田縣
6. 山形縣
7. 福島縣

關東地方

8. 茨城縣
9. 栃木縣
10. 群馬縣
11. 埼玉縣
12. 千葉縣
13. 東京都
14. 神奈川縣

中部地方

15. 新潟縣
16. 富山縣
17. 石川縣
18. 福井縣
19. 山梨縣
20. 長野縣
21. 岐阜縣
22. 靜岡縣
23. 愛知縣

近畿地方

24. 三重縣
25. 滋賀縣
26. 京都府
27. 大阪府
28. 兵庫縣
29. 奈良縣
30. 和歌山縣

中國地方

31. 鳥取縣
32. 島根縣
33. 岡山縣
34. 廣島縣

四國地方

35. 山口縣
36. 德島縣
37. 香川縣
38. 愛媛縣
39. 高知縣

九州及沖繩地方

40. 福岡縣
41. 佐賀縣
42. 長崎縣
43. 熊本縣
44. 大分縣
45. 宮崎縣
46. 鹿兒島縣

北海道

本州

京都（室町）

九州

四國

13 東京（江戶）

（鎌倉）

29 奈良（飛鳥）

27 大阪（難波）

47. 沖繩縣

奈良時代：女皇們的舞臺

藤原京是一個曇花一現的都城，在《大寶律令》頒布後的702年，持統天皇作古。僅過了5年，年僅25歲的文武天皇也駕崩，而此時文武天皇所生的首皇子只有7歲，無法登基統領日本，於是文武天皇的母親即位，成為第43代天皇——元明天皇。710年，元明天皇在藤原京以北建造了新的都城平城京並遷都，藤原京僅被使用了16年便遭廢棄，日本從此正式進入了奈良時代。

平城京的形態是一個邊長五公里的四方形，在棋盤型分佈的道路中央是朱雀大道。以朱雀大道為中心，左側被叫做左京，右側被稱作為右京，貴族的宅院和市場分佈於此。在朱雀大道北端的盡頭是朱雀門，大門的後側就是平城宮，裡面集中了天皇的皇宮和行政機構。實際上，平城京是以唐朝的都城長安為範本修建的。以棋盤形的道路規劃城市，把宮殿設在最北邊的布局方式，就和長安一模一樣。根據現在的估算，當時在平城京的人口差不多有5萬—10萬人之多，不過其中僅僅官員身分的人群就達到了7000餘人，其中身為貴族的最高權力人群大約是150人。在經濟政治方面，平城京也以唐朝為範本推進著國家的建設。政府模仿唐朝的貨幣，在日本發行了名為「和同開珎」的貨幣。在國家的管理上也以唐朝為範本，將全國分為五畿七道進行統治，其中五畿是平城京附近的5個類似首都圈的國家，剩下的日本就被分成了7個大國家，各國都設有國府作為政府機構。比如在九州就設置了

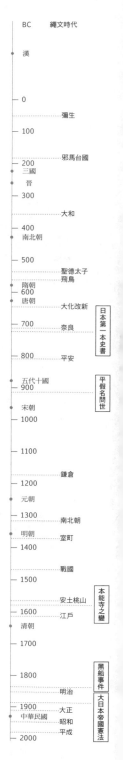

太宰府，用於統管整個九州，並且還負責與中國和朝鮮半島進行交流。

　　715年，首皇子長到了14歲，元明天皇將天皇的位置傳給自己的女兒冰高皇女，即第44代天皇——元正天皇。首皇子長到24歲時，元正天皇將天皇之位讓給他，成為第45代聖武天皇。聖武天皇非常信仰佛教，並且發現了佛教除了充當宗教信仰的另外一項妙用。在737年的夏天，當時把持朝政的藤原氏四卿感染瘟疫去世。藤原氏把持朝政的做派早已讓聖武天皇心有不滿，這次他正好藉機開始重用皇族橘諸兄和從唐朝留學回來的玄昉和吉備真備。740年，當時任大宰少貳的藤原廣嗣為了恢復藤原氏勢力，上書彈劾玄昉和吉備真備。聖武天皇沒有理會他的要求，藤原廣嗣於是在九州舉兵叛亂，打起了清君側的口號，由於長時間飢荒和瘟疫的原因，此時不滿朝廷的豪族及平民一擁而起，都加入了叛亂。朝廷立即率軍前去平叛，經過兩個月的時間，順利地把藤原廣嗣的烏合之眾打敗，藤原廣嗣也被處以死刑。平叛之後，聖武天皇想出了一個法子，他要求各國都建立國分寺和國分尼寺。寺廟中存滿了經書，每月要固定舉辦讀經的活動，他相信這樣就能讓佛來保佑國家，去除災難。他又下令興造東大寺金堂之盧舍那大佛像，整個建造工程動員了260萬人，即使到了現在還是日本最大的銅像。聖武天皇希望透過建造大佛來整合人心，團結國家。等到大佛建成舉行開眼儀式時，來自唐朝、朝鮮半島、印度和越南等國超過一萬名的僧侶出席了儀式。佛教此時在日本已極有勢力，國家負責廟宇一切的給養，但也因此導致了國庫空虛，消耗許多金錢和人力，上層社會的日本貴族雖然一直緊跟著唐朝的各種潮流，穿起了華美的服飾，但底層人民的衣著依舊保持著彌生時代的樣子。

耶穌基督出生　0—

君士坦丁統一羅馬

羅馬帝國分成兩部

波斯帝國　500—

回教建立

凡爾登條約

神聖羅馬帝國建立
1000—

十字軍東征

蒙古第一次西征

英法百年戰爭開始

哥倫布發現新大陸
1500—

英國大破無敵艦隊

發明蒸汽機

美國獨立
拿破崙稱帝

美國南北戰爭開始

第一次世界大戰
第二次世界大戰

2000—

749年，聖武天皇出家為僧，立自己和光明皇后的女兒阿倍內親王為第46代天皇，即孝謙天皇。奈良一朝七代天皇，一半以上時間為女皇臨朝，幾乎可以說是女人的天下。其中最值得一書的便是這位孝謙天皇。在政治上，這位女皇表現得中規中矩，並沒有太大的建樹，也沒有太大的過錯。她在位時正好是鑑真東渡來到日本，孝謙天皇篤信佛教，於是754年鑑真為孝謙天皇受戒。4年之後，一心向佛的孝謙女皇因為要侍奉生病的光明皇太后，將皇位讓給了皇太子大炊王，也就是第47代天皇——淳仁天皇，她自己則做了上皇，開始專心吃齋念佛。登基後的淳仁天皇重用藤原仲麻呂，而當了上皇的孝謙天皇則認識了一個叫做道鏡的看病禪師。藤原仲麻呂在藤原廣嗣之亂之後進入政界，因得到了光明皇后信任而有權勢。淳仁天皇即位後，給他賜名惠美押勝，官至太政大臣，賜封三千戶，功田一百町，可以私鑄錢。淳仁天皇漸漸成了藤原仲麻呂的傀儡，對他言聽計從。道鏡則是一個刻苦的僧人，憑藉著自己的努力，精通佛典，知曉醫學，甚至看得懂梵文。孝謙上皇遇見道鏡之後，竟然陷入一場轟轟烈烈的戀愛。二人同出同寢，宛如夫妻。道鏡在孝謙上皇的幫助下一步一步開始參與政事，這讓藤原仲麻呂非常不悅。

764年，孝謙上皇以督造東大寺的名義將吉備真備調回平安京，成為自己一方的軍事統領。同年，藤原仲麻呂實在按捺不住，打算舉起叛旗，借淳仁天皇的名號剷除孝謙上皇和道鏡。然而這一叛亂的計畫卻提前被孝謙上皇得知，她便先下手為強，把淳仁天皇的玉璽給收了過來，將淳仁天皇本人也控制起來。藤原仲麻呂逃出京城，但一路遭到吉備真備的重重阻攔。無路可逃的藤原仲麻呂叛軍與支持孝謙上皇的官軍在高島郡三尾埼進行決戰，藤原仲麻呂被捕，最後與妻子同時被斬。受到牽連的淳仁天

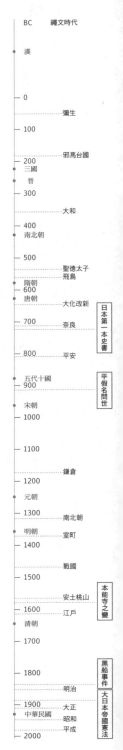

皇被迫退位，最終被流放於淡路國而死，史稱「淡路廢帝」，這讓他一直到明治維新時代，才被追封為正統天皇。

　　孝謙上皇重祚，是為第48代天皇——稱德天皇。稱德天皇說由於自己是出家人，所以國家的治理也必須由出家人來進行，於是道鏡堂而皇之地成了新一任太政大臣。766年，稱德天皇下詔授予太政大臣道鏡禪師以法王之位，待遇可以比擬天皇，一樣的乘

鳳輦，御錦袍，道鏡瞬間成了一人之下萬人之上的人物。此時的道鏡離權力巔峰僅僅只差了最後的一步。就在道鏡被封為法王的

第二年，一件影響整個日本歷史的大事發生了。

　　九州豐前國宇佐八幡神宮的神官傳來了神諭，說是「令道鏡即帝位，天下太平」。消息傳到京城，道鏡不僅沒有感到危機，反而以天皇繼承人自居。而這個神諭讓整個朝廷產生了極大不安，宇佐八幡神宮在當時是受到皇室極大崇敬的兩大神宮之一。

一條來自宇佐八幡神宮的神諭，足以改變政治的走向。當時九州

太宰府的長官，正是道鏡的弟弟弓削淨人，朝野上下紛紛猜測這

條神諭是道鏡一黨自編自導的戲劇。

　　稱德天皇雖然喜愛道鏡，也有心讓他來繼承天皇之位，但是

由於群臣的意見太大，她也不知道該如何決斷。思量之下，她終於想到了一個辦法，她找來自己的心腹法均尼，命她前去九州進行核實。法均尼是和氣廣蟲的法名，在孝謙天皇剃髮出家時，和

氣廣蟲自己主動剃髮追隨，成為其弟子，改名法均尼，這讓孝謙

天皇非常高興，逐漸將其視為心腹。之後的日子裡，法均尼獲得

了孝謙天皇的寵信。法均尼被召喚過來，聽了原委之後卻說因為

自己是女性，不便出行前去神宮。最終這一任務落到了法均尼的

弟弟，時任近衛將監的和氣清麻呂身上。臨行之前，稱德天皇和

法王對和氣清麻呂威逼利誘，說只要他能帶回來他們所期盼的神

諭，成就道鏡即位的願望，以後一定飛黃騰達。然而不知為何和氣清麻呂帶回來的神諭卻大大出乎道鏡和稱德天皇的預料，他帶回來的神諭中說：「天之日嗣必立皇緒，無道之人宜早掃除。」這不僅阻礙了道鏡稱皇的步伐，更加讓他顏面無光。因為此事，和氣清麻呂被流放到大隅國，並令其改名為別部穢麻呂；法均尼也受到牽連，被迫還俗，流放到備後國，改名為別部狹蟲。

　　宇佐八幡神宮神託事件沒過多久，稱德天皇得了天花，身體狀況一天不如一天。道鏡一黨眼見稱德天皇病重，知道若是此時再不放手一搏就再也沒有機會，於是密謀武裝政變，奪取皇位。稱德天皇得知這個消息後，思量再三，於病榻上發出敕令，將平城京禁軍事務交給左大臣藤原永手和右大臣吉備真備，這讓道鏡等人喪失了兵權。770年，稱德天皇去世，道鏡法王立即被貶下野，天智天皇之孫白壁王繼任皇位，是為第49代天皇——光仁天皇。

　　光仁天皇登基時已經62歲，他一路看著整個國家因為佛教而變得團結，又因為佛教而搞得烏煙瘴氣，所以上任之後便推翻了稱德天皇時期的佛教政治。光仁天皇在位10年，最後在病中將天皇之位傳給了第50代天皇——桓武天皇，並且將奈良時代畫上了句號。

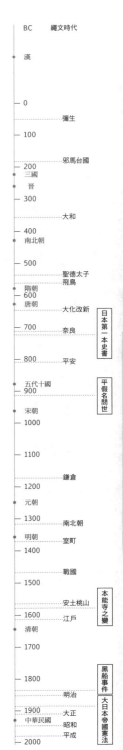

平安時代：遷都之路

耶穌基督出生　0—

君士坦丁統一羅馬

羅馬帝國分成兩部

波斯帝國　500—

回教建立

凡爾登條約

神聖羅馬帝國建立
　　　1000—

十字軍東征

蒙古第一次西征

英法百年戰爭開始

哥倫布發現新大陸
　　　1500—

英國大破無敵艦隊

發明蒸汽機

美國獨立
拿破崙稱帝

美國南北戰爭開始

第一次世界大戰
第二次世界大戰

　　　2000—

　　光仁天皇在位10年間推翻了稱德天皇時期的佛教政治，但無奈佛教的勢力已經無孔不入地滲入了平城京中，隨處可見的寺廟無時無刻不在影響著這個國家。續任的桓武天皇覺得佛教和政治的緊密聯繫使得律令政治制度的發展停滯不前，為了國家的發展必須破除這個魔咒。平城京此時作為都城還不到一百年，但桓武天皇在即位不久就決定放棄平城京，另建新都城。

　　他先決定在山背國的長岡，即現在京都的西南面，建造長岡京，這樣就可以遠離佛教勢力過強的奈良。桓武天皇這一遷都的想法得到了藤原氏的大力支持。784年，桓武天皇命令藤原種繼為造宮使，負責營建長岡京。次年，朝廷便遷往了新都。長岡京選址其實並不差，這裡是水路交通的要道，旁邊有著桂川、宇治川和澱川三條河流，非常適合作為都城發展。可惜，就在遷都沒多久，藤原種繼在長岡京巡視工地時遭到暗箭射殺。桓武天皇知道這是朝廷中反對遷都的勢力在作怪，於是開始藉機清掃反對遷都的守舊勢力，一來二去，最後發現自己皇位的繼承人早良皇子也參與了此事。桓武天皇在憤怒之下廢黜了他的太子位，並且將他流放淡路島，早良在被流放的路途中絕食而死。

　　早良自殺成為眾多不祥事件的開始，不久桓武天皇的皇妃和母親先後去世，新立的安殿皇太子也臥病不起。國內開始流行天花，老百姓病死無數。桂川、宇治川和澱川三條河流反覆暴發洪

水，以至於長岡京的建設不得不停止。不過桓武天皇並未因此放棄建造新都城的想法，在793年他採納了之前剷除道鏡時有功的和氣清麻呂的建議，在長岡京東北部的葛野修建新都平安京，並於第二年秋天遷都。選定平安京的理由是此地恰好遵循了風水中所謂四神相應的格局。此地東面有河，西面有路，南面臨湖海，北面靠山巒，正好對應了東青龍，西白虎，南朱雀，北玄武。平安京的建造格局和平城京很類似，都是參照了唐朝的長安城，唯一不同的是平安京中不允許平城京中的寺廟搬遷過來，僅在朱雀大道的兩側各修一座寺廟，名叫西寺和東寺。

桓武天皇在遷都的同時也進行了政治改革。曾經在設有國府的各國，定期前去赴任並施政的官員叫做國司，當時國司換任的時候都要由繼任者交給前任者證明政務交接完成的文件「解由狀」。但是每逢國司交替的時候，就很容易圍繞著大米等官糧的庫存量等問題發生爭端或者弊案。桓武天皇因此設置了勘解由使這一職位來監督政務交接，並嚴格監管國司。另外，為了減輕老百姓的負擔，桓武天皇還廢除了徵兵制和軍團，組織郡司等官員的子弟中擅長騎馬射箭的人成為「健兒」來守衛國府。

桓武天皇不僅憋足了勁修煉內功，還對外進行征戰，他在位期間進行了三次遠征蝦夷。蝦夷是北海道的古稱。所謂蝦夷人就是當時居住在東北地區的原住民，當時，蝦夷人被認為是未文明開化的野蠻人。787年，桓武天皇開始謀劃第一次征討蝦夷，他下令禁止和蝦夷比鄰的陸奧國進行雙方貿易，先從經濟上制衡。788年，朝廷將大量的軍糧運往多賀城，並動員東海、東山、坂東各國派遣士兵集結於多賀城。到了年末，桓武天皇派遣征東使團前往多賀城。到了789年，一切準備妥當，桓武天皇宣佈征討蝦夷，然而前線的將軍卻是無能之輩，蝦夷人以一千二百人的兵力，擊

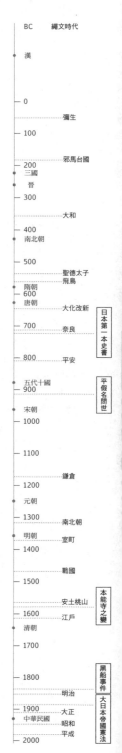

BC

耶穌基督出生　0—

君士坦丁統一羅馬

羅馬帝國分成兩部

波斯帝國　500—

回教建立

凡爾登條約

神聖羅馬帝國建立
1000—

十字軍東征

蒙古第一次西征

英法百年戰爭開始

哥倫布發現新大陸
1500—

英國大破無敵艦隊

發明蒸汽機

美國獨立
拿破崙稱帝

美國南北戰爭開始

第一次世界大戰
第二次世界大戰

2000—

潰了將近四千的朝廷軍隊，其中將近兩千人還陣亡了。第一次征討蝦夷宣告失敗。不過桓武天皇並沒有氣餒，沒過2年，他又派四人為副使組成新的征夷團隊，進行第二次征討蝦夷。這次桓武天皇一邊命令備戰，一邊利用官位和錢分化蝦夷內部。在內外兼施之下，蝦夷人吃了敗仗，並且一發不可收拾地走向下坡路。801年，桓武天皇又進行第三次征蝦夷戰爭，消滅大部分的蝦夷人，並建立了膽澤城。802年，又建了一座志波城。以這兩處為據點繼續征討剩餘的蝦夷游擊隊。最終蝦夷人的首領阿弓流為帶著剩下的500多人宣佈投降，自己成了俘虜被押到平安京，隨後被斬首示眾。

　　待到征討蝦夷完畢，桓武天皇已經70歲。他在位的二十多年時間裡，兩次遷都，三次大戰，加之延曆年間各種災害層出不窮，國力已被大大透支。這時桓武天皇原本還打算派人繼續向北征討更多的土地，但大臣中的藤原緒嗣說道：「方今天下所苦，軍事與造作也。停此兩事，百姓安之。」桓武天皇聽了之後雖然心猶不甘，但也不得不承認藤原緒嗣說的是事實，於是放棄了新的征戰計畫。不過桓武天皇的這種不甘也沒能持續多久，因為僅僅過了一年，他就生病去世了。

　　806年，桓武天皇駕崩，第51代天皇即平城天皇繼位。平城天皇雖然身體不好，但在太子時期就對女色非常沉迷，一度和藤原種繼的女兒藤原藥子以及藥子的女兒都有各種桃色故事。桓武天皇知道這件事情後把藤原藥子逐出皇宮。待平城天皇一即位，立即就將藤原藥子召回宮裡。藤原藥子的丈夫也就是桓武天皇的岳父藤原繩主則被封為太宰大貳，遠遠地打發到本九州地區。藤原藥子因為得寵，於是把自己的哥哥藤原仲成一起帶入宮中干預政事。3年之後，平城天皇因為身體病弱，在長期治療無果的情況下

讓位於胞弟神野親王，也就是第52代天皇——嵯峨天皇，自己則隱居在平城京。沒想到一禪讓之後平城上皇的身體竟好了起來，由於他此時還年輕，仍然對國政抱有濃烈的興趣，於是就以上皇的地位發佈政令，使得嵯峨天皇與平城上皇分別成為兩個朝廷。

畢竟嵯峨天皇這個皇位是禪讓得來的，所以他在一開始對平城上皇與藤原藥子等人還有所忍讓。但不料平城上皇竟然宣佈要遷都，說嵯峨天皇待的平安京不是正統的朝廷，平城京這裡才是正統。這道詔令一下，逼著嵯峨天皇下了狠心，首先逮捕了前來傳達平城上皇詔令的藤原仲成並處以極刑。平城上皇和藤原藥子得知消息後，放棄了平城京，動身前往東國，打算擇日舉兵。但嵯峨天皇早已派兵在奈良守候，阻其去路，折回平城京的平城上皇從此被幽禁，藤原藥子則在三個月後服毒自盡，這一事件在歷史中被稱為「藥子之變」。

「藥子之變」是一個女人誤國的故事。許久以來世人普遍認為藤原藥子是這起事件的主使人，而平城天皇則像是一個被美色蠱惑的糊塗蛋。然而事實上平城天皇在自己的3年任內對整個官僚系統做了很大的調整、合併。廢除了不少機能相似的冗餘機構，設立觀察使，干預地方事務，瞭解民間疾苦。如果不是一個想要有一番作為的天皇，很難會做出這

復原後的應天門

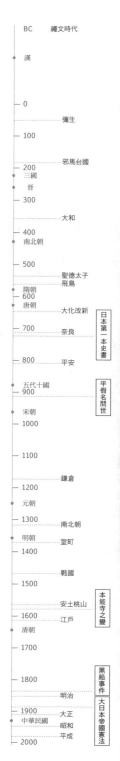

BC 繩文時代
漢
0
100 彌生
200 邪馬台國
三國
晉
300 大和
400
南北朝
500 聖德太子
隋朝 飛鳥
600 唐朝 大化改新
700 奈良
800 平安
五代十國
900
宋朝
1000
1100
1200 鎌倉
元朝
1300 南北朝
明朝 室町
1400
戰國
1500
安土桃山
1600 江戶
清朝
1700
1800
明治
1900 大正
中華民國 昭和
平成
2000

日本第一本史書
平假名問世
本能寺之變
黑船事件
大日本帝國憲法

類舉措。所以現代的歷史研究提出了不同的解釋，認為這一事件很有可能是嵯峨天皇所策劃的圈套，而藤原藥子因為已是有夫之婦還勾搭平成天皇，就成了一個非常有用的替罪羊。

嵯峨天皇站穩腳跟之後就不再隨意折騰國家，所以在他任上，日本的政局一直比較穩定，社會進入太平盛世。他做的事情中較有知名度的應該是為了減輕國庫開銷，將母系身分較低的32位皇子降為臣格，賜姓源氏。這就是日本歷史上第一次大規模的「臣籍降下」，也是日本源氏的發源之處。在未來，源氏將在日本的歷史舞臺上上演很多精彩的節目。由於嵯峨天皇在政治上實行無為而治，所以他的精力更多放在了自己的興趣愛好之上。他擅長書法，與空海和橘逸勢並稱為平安時代三筆，詩的造詣也不錯，如今還有流傳的詩文。823年，嵯峨天皇因在財政問題上與右大臣藤原冬嗣產生巨大分歧，乾脆把位置讓給第53代天皇——淳和天皇。10年之後，淳和天皇又將天皇之位讓給了第54代天皇——仁明天皇。即使到了仁明天皇的時代，嵯峨上皇依舊把權力牢牢地控制在自己手中。

攝關政治下的傀儡天皇

在平安時代，一方面，天皇是政治的中心，另一方面，貴族之間圍繞著天皇為了權力展開著智鬥和武鬥。發展到平安時代的中期，藤原氏逐漸掌握了朝中的權力。而藤原氏得勢的背後，有著其獨特的政治戰略，那就是婚姻戰略。藤原氏透過與天皇結成親戚關係，使得自己的地位變得不可動搖。

從藤原冬嗣開始，他讓自己的女兒順子成為正良親王的王妃，而正良親王日後就是第54代天皇——仁明天皇，兩人產下的兒子就是第55代天皇——文德天皇。842年，在嵯峨上皇死後，仁明天皇以謀反罪名，撤換原來的皇太子恆貞親王，改立自己的長子道康親王為皇太子。在這次政變後，藤原氏得勢，史稱「承和之變」。同時，藤原冬嗣的兒子藤原良房將自己的女兒明子嫁給文德天皇，他們的兒子在9歲時便即天皇位，也就是第56代天皇——清和天皇。藤原良房因此也就成了天皇的祖父，代替年幼的天皇聽政，將政權掌握在手中。

866年，一件對於藤原氏極為重要的大事件發生了，史稱「應天門之變」。這一年天皇處理政務用的朝堂院的正門應天門發生了原因不明的火災，官任大納言的伴善男誣告稱左大臣源信是縱火的主謀，時任太政大臣的藤原良房是源信的哥哥。這其實是因貴族的權力爭鬥而發生的衝突事件，此時的清和天皇17歲，他面對這樣朝綱動亂的大事件，能夠依靠的只有祖父藤原良房。

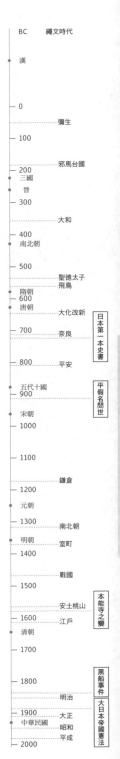

於是清和天皇向藤原良房下達聖旨，要求他「攝行天下之政」，因此，藤原良房就成了攝政。最後應天門事件中的源信被無罪釋放，伴善男父子被人揭發為縱火嫌犯，最終被判處流放。從此，身為名門望族的大伴氏走向沒落，藤原良房成功獨攬大權。之後，藤原良房的養子藤原基經成了關白，輔佐成人後的天皇。

　　透過攝政和關白掌握政治的實權，也就是代表了這個時期的攝關政治。在很長一段時間內，攝政和關白幾乎都被藤原氏獨佔，藤原氏不僅把持著朝政，也左右著天皇的人選。清和天皇在

876年讓位給自己的兒子，第57代天皇——陽成天皇。然而陽成天皇生性荒誕，他在宮裡養馬，還喜好捕蛙捉蛇、鬥犬鬥猿，乃至

於以殺人取樂。為此，皇舅藤原基經開始計畫廢立天皇，884年，他決定改立天皇的叔祖時康親王。由於婚姻戰略，時康親王的母親藤原澤子與藤原基經之母藤原乙春是姐妹的關係。之後，在藤

原基經的強勢主導下，以「賽馬」為由誘騙陽成天皇來到陽成院，逼迫他宣佈因健康理由退位，於是第58代天皇——光孝天皇

登基。

　　光孝天皇在位3年後去世，藤原基經又一次主導了天皇的人

選，安排了第59代天皇——宇多天皇即位。宇多天皇是光孝天皇

的第七個兒子，但一度臣籍降下，賜姓源氏，名為源定省。後來藤原基經看光孝天皇的身體不行，於是要求恢復了源定省的皇

族身分，並於隔日冊封其為皇太子，就在同一天光孝天皇撒手

人寰。

　　宇多天皇登基後不久發生了「阿衡事件」。宇多天皇在即位

時發佈了詔令，命藤原基經出任關白一職。藤原基經則按先例推

辭了一番。於是天皇命左大弁橘廣相作再發詔令，說道：「社稷

之臣，非朕之臣。宜以阿衡之任，為卿之任。」阿衡是中國古代

的官名，是中國殷商時期的賢臣伊尹擔任過的官。藤原基經認為阿衡這一職位雖然很高，卻無實際的權力，這讓他非常不悅。於是他因此拒不上朝，朝廷百官由於忌憚他的權勢，不少人也稱病不朝，使得朝廷政務停擺。最後宇多天皇只好下詔解釋並罷免橘廣相作才把藤原基經哄了回來。在藤原基經去世後，宇多天皇積極重用曾在阿衡事件中表示過異議的菅原道真，可見他對藤原氏操縱朝政也有所不滿。

藤原基經雖然去世，但他的兒子藤原時平依舊在朝中擔任左大臣，藤原氏對於朝政的把控依舊強勢。由於藤原時平的權勢在朝廷蔓延，其他貴族對天皇的政策也比較抵觸，897年宇多天皇決定讓位給13歲的敦仁皇太子，即第60代天皇——醍醐天皇，他自己則在仁和寺出家，稱宇多法皇。

醍醐天皇可以算是一個人生坎坷的天皇，他登基後藤原時平和菅原道真分別擔任朝廷的左右大臣。但是這兩人不和，在901年，藤原時平誣陷菅原道真想要廢立醍醐天皇。醍醐天皇聽信後將菅原道真貶黜，朝廷大權再次落入藤原氏手裡。菅原道真被貶到九州之後，於903年鬱鬱而終。自從菅原道真去世開始，醍醐天皇就開始倒楣。904年，平安京發生了水災與瘟疫；905年，彗星劃過天空，百姓騷動不安；909年，平安京再次發生了水災與瘟疫，藤原時平暴斃；912年，平安京發生大火；913年，旱災和暴風雨相繼來襲；915年，天花與赤痢流行，醍醐天皇自己也不幸染病；917年，再次發生旱災；918年，暴雨引發洪水；920年，咳嗽病流行；923年，咳嗽病再度流行，皇太子保明親王染病死去；925年，慶賴王剛剛被立為太子就去世。這麼多年的揹運讓醍醐天皇變得疑神疑鬼，坊間也早有傳聞說這是菅原道真的冤魂在作祟。930年，平安京的周邊發生旱災，醍醐天皇在清涼殿召集太

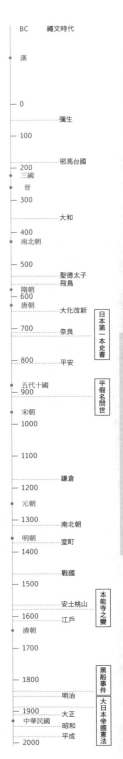

政官大臣們商討是否應該祈雨。午後，突然天空烏雲密佈，覆蓋整個平安京，霎時雷雨傾盆而下。醍醐天皇正在慶幸不用去祈雨了，但此時一個落雷不偏不倚擊中清涼殿，兩位大臣當場被雷擊斃。隨後落雷又打中不遠處的紫宸殿，三個大臣連同兩位近身侍衛均暴斃。醍醐天皇親眼見到大臣被雷擊身亡，原本就脆弱的神經又受到了驚嚇，從此一病不起。三個月後他宣佈讓位於八歲的皇太子寬明親王，也就是第61代天皇——朱雀天皇，一週後，醍醐天皇死去。

雖然藤原時平在909年暴斃，但藤原氏的影響力依舊藉由婚姻政治持續發揮著作用。朱雀天皇以及第62代天皇——村上天皇的母親叫做藤原穩子，而藤原穩子則是藤原基經的女兒。村上天皇又和藤原師輔的長女生下了第63代天皇——冷泉天皇和64代天皇——圓融天皇。藤原師輔的長子叫做藤原伊尹，他的女兒藤原懷子又和冷泉天皇生下了第65代天皇——花山天皇。藤原師輔的三男叫做藤原兼家，他的女兒藤原詮子又和圓融天皇生下了第66代天皇一条天皇。

成就藤原氏全盛時期的人則是藤原道長，他的正室為他生了4個女兒，他把長女藤原彰子嫁給一条天皇，並生下了第68代天皇後一条天皇和第69代天皇後朱雀天皇。藤原道長的次女藤原妍子則嫁給第67代天皇三条天皇為皇后。三女藤原威子和四女藤原嬉子則分別嫁給了後一条天皇和後朱雀天皇，也就是讓自己的外孫和自己的女兒結婚。其中藤原嬉子和後朱雀天皇又生了第70代天皇後冷泉天皇。這樣的複雜關係使得藤原氏在日本的權力堅若磐石。有一日藤原道長興致大發，賦詩道：「此世即吾世，如月滿無缺。」說的就是如今的日本就好像是我的天下，像滿月一般盈而無缺。

女生的國風之雅和男生的武士之魂

平安時代早期的文化一直都是向唐朝看齊，大方向是唐朝有什麼就學什麼。然而在8世紀的後期，唐朝因為內亂而國力衰退，到907年，朱溫逼唐哀帝李柷禪位，改國號梁，定都於開封，唐朝滅亡。同一時期，與日本建交的渤海國被契丹國所滅，新羅也分裂成了後三國。以此態勢為背景，日本也停止了遣唐使這類與周邊諸國的官方往來。中國和朝鮮半島對日本的影響減弱，使得日本逐漸形成了自己特有的文化。

現在日本語言中的平假名就是從這個時期發展而來。平假名是以中國傳入日本的漢字為基礎，為了書寫更加容易而簡化了筆劃。比如平假名的「あ」來自「安」，平假名的「け」則是來自漢字「計」。像這樣的平假名尤其被女性廣泛使用，使得書寫文章在女性之間流行起來。其中最著名的應該算是紫式部在約30歲時開始創作的《源氏物語》。這本小說描寫了容貌俊美的貴族光源氏以宮廷為舞臺，與眾多女性的戀愛故事。《源氏物語》在服侍天皇與貴族的女性之間迅速積累了大量人氣，這本小說的傳聞也傳到了藤原道長的耳朵裡。藤原道長為了提高自己女兒藤原彰子的修養，將紫式部選為教育主管，也就是藤原彰子的家庭教師。獲得了優良教育的藤原彰子終於被天皇所看中，順利產下了之後的後一条天皇。在平安時代，從藤原氏開始，在貴族社會間博得人氣的《源氏物語》以優雅的世界為題材，對日本人的審美

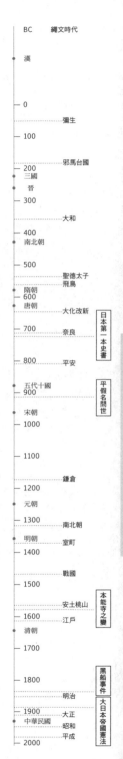

BC　縄文時代

漢

0

彌生

100

邪馬台國
200
三國
晉
300

大和

400
南北朝

500

聖德太子
飛鳥
隋朝
600
唐朝　大化改新

700
奈良

800　平安

五代十國
900

宋朝
1000

1100

鎌倉
1200
元朝

1300
南北朝
明朝　室町
1400

戰國
1500

安土桃山
1600
江戶
清朝

1700

1800

明治
1900　大正
中華民國　昭和
平成
2000

日本第一本史書

平假名問世

本能寺之變

黑船事件

大日本帝國憲法

BC

耶穌基督出生　0—

君士坦丁統一羅馬

羅馬帝國分成兩部

波斯帝國　500—

回教建立

凡爾登條約

神聖羅馬帝國建立
　　　　　1000—

十字軍東征

蒙古第一次西征

英法百年戰爭開始

哥倫布發現新大陸
　　　　　1500—

英國大破無敵艦隊

發明蒸汽機

美國獨立
拿破崙稱帝

美國南北戰爭開始

第一次世界大戰
第二次世界大戰

　　　　　2000—

與價值觀產生了巨大影響。和同時代的另一部日本文學經典，由清少納言所著的《枕草子》成為平安時代文學的雙璧。日本以唐文化為基礎，融入了日本的風土與日本人的思想習慣，在平安時代形成了一種嶄新的文化，這就是「國風文化」的由來。

　　從表面上看起來平安時代是一個優雅而和平的時代，但其實完全不是如此。如果說把繁華的文化看作表像的話，它的背後就是武士之間日復一日的爭鬥。

　　到了10世紀，日本政府的律令已經有些名存實亡，朝廷的支配權無法深入到地方，整個社會成為強者為王的自食其力時代，各地的叛亂層出不窮。朝廷為了鎮壓叛亂，派遣中央的下級貴族和地方擁有權勢者作為押領使和追捕使前去平叛。等他們平定叛亂後就在當地定居，開墾土地並且成為開發領主，然後建立起私人武裝，侍奉當地的國司，成為地方上的武士。另一種武士則是在京都，他們負責保衛皇宮和貴族宅邸，以及維持京都的治安，類似於現在的警察。這就是武士在地方和中央的不同起源。

　　比如桓武天皇的後裔平將門，是武士最初登上歷史舞臺的標誌性人物。桓武天皇的曾孫高望王被朝廷派遣到東國平叛，然後就順勢定居下來，成為開發領主。高望王的孫子平將門作為札根於此的武士和農民一起開墾新的土地，擴展了農地。但是在這個自食其力的時代中，開墾出的土地很有可能被其他人所強佔，所以開墾者必須要有能夠守衛土地的能力。於是平將門一夥人從砂鐵中冶煉出了鐵，不僅僅把鐵做成了耕作的農具，還製成了守護土地所需要的武器。在939年，平將門幫助藤原玄明起兵叛亂，反抗常陸國的國司。他們襲擊了常陸國的國府，將東國的國司一個一個趕了出去，然後在東國自稱為「新皇」，打算成為東國的支配者。同時西日本也發生了叛亂，伊予的藤原純友受命討伐西國

的海賊，但是藤原純友率領海賊襲擊西國各地，殺害國司，並燒光太宰府，公然反抗朝廷。這兩大叛亂在歷史中稱之為「承平・天慶之亂」。

　　朝廷的東西兩面被平將門和藤原純友同時夾攻，陷入絕境。萬般無奈的朱雀天皇只好破例發行了太政官符，提出了若是有人能夠討伐平將門，那就可以把這人封為貴族。在這之前，貴族的頭銜只能世代世襲，武士想進入貴族階層是一件可望而不可即的事情。回應太政官符號召的是藤原秀鄉和和平貞盛，以及東國的地方豪紳。到了940年，平將門被討伐戰死，平將門一黨皆被斬首，關東平定。不久之後，在西邊回應平將門作亂的藤原純友也被討平，由平將門掀起的「承平・天慶之亂」落下了帷幕。藤原秀鄉和和平貞盛因此被朝廷授予貴族之位。而這一事件則成為武士漸漸進入日本政治的契機。

　　武士制度在武士彼此的爭鬥之中逐漸向前發展，強力的武士統合起其他的武士，最終形成了武士團。他們搭建宅邸，率領家臣，成為一股不可忽視的力量。到了藤原道長活躍的11世紀，強力的武士團開始出現，其中清和源氏以及桓武平氏是其中最大的兩股力量。清和源氏中的源賴光和源賴信逐漸靠近攝關家，拜藤原道長為主公，藉以提高自己的聲望。1028年，關東又爆發了「平忠常之亂」，源賴信帶著兒子源賴義前去成功平叛，受封為相模國的相模守，把源氏的勢力擴展到東國。不久後，日本的東北部又出了亂子，安倍賴良割據了陸奧國，朝廷派源賴義前去平叛。經過了「前九年合戰」，源賴義剿滅叛軍，班師回朝。

　　「前九年合戰」結束後6年，後冷泉天皇結束了23年的執政，第71代天皇後三条天皇登基。雖然後三条天皇僅僅執政4年，但是在當世被稱為聖主，他勵精圖治、崇尚簡樸，起用賢能之士，

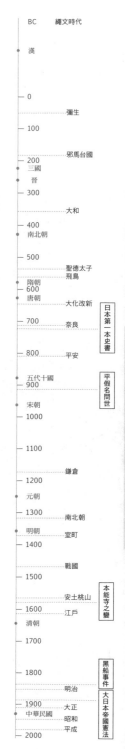

時間軸（左側）：

- 耶穌基督出生　0
- 君士坦丁統一羅馬
- 羅馬帝國分成兩部
- 波斯帝國　500
- 回教建立
- 凡爾登條約
- 神聖羅馬帝國建立　1000
- 十字軍東征
- 蒙古第一次西征
- 英法百年戰爭開始
- 哥倫布發現新大陸　1500
- 英國大破無敵艦隊
- 發明蒸汽機
- 美國獨立
- 拿破崙稱帝
- 美國南北戰爭開始
- 第一次世界大戰
- 第二次世界大戰
- 2000

安→あ	加→か	左→さ	太→た	奈→な	波→は	末→ま	也→や	良→ら	和→わ	无→ん
以→い	機→き	之→し	知→ち	仁→に	比→ひ	美→み		利→り	爲→ゐ	
宇→う	久→く	寸→す	川→つ	奴→ぬ	不→ふ	武→む	由→ゆ	留→る		
衣→え	計→け	世→せ	天→て	祢→ね	部→へ	女→め		礼→れ	恵→ゑ	
於→お	己→こ	曽→そ	止→と	乃→の	保→ほ	毛→も	与→よ	呂→ろ	遠→を	

平假名從漢字的演變

大改自後冷泉天皇末期以來的奢侈糜爛之風。1072年，後三条天皇讓位給第72代天皇白河天皇。白河天皇執政期間，日本的東北部又出了亂子。這時候源賴義早已逝世，朝廷派出源賴義的兒子源義家前去平叛，經過了「後三年合戰」後順利平定東北。源賴義和源義家父子因為這兩次合戰而名揚天下，這也使得清和源氏的勢力越來越大。當時已經讓位給第73代天皇堀河天皇的白河上皇為了壓制清和源氏的勢力，開始重用桓武平氏出身的伊勢平氏，其中最重要的人叫做平正盛。

　　之前源義家的兒子源義親也參與了「前九年合戰」和「後三年合戰」，當時被稱為「天下第一武勇之士」。朝廷讓他擔任對馬守，但他憑藉著自己的戰功和武力在九州橫行，對人民燒殺搶掠，「天下第一武勇之士」的尊稱漸漸變成了另一個綽號——「惡對馬守」。1101年，源義親的行徑被告發，朝廷決定對他進行追討。源義親的父親源義家知道這一事情後立即派遣門客藤原資道前去通知他要配合朝廷，但藤原資道見了源義親後卻反而說服他殺害了朝廷官吏。這讓朝廷大為光火，次年朝廷決定將源義

親流放隱岐國，但是源義親非但沒有前往流配之地，反而又在出雲國殺害當地官員並奪取官物。朝廷這時雖然對源義親十分不滿，但憚於在世的源義家的號召力，只好暫時嚥下了這口氣。1106年，源義家去世，朝廷終於可以對源義親動手了，不過沒想到這個時候堀河天皇卻不幸去世。等到堀河天皇下葬，第74代天皇鳥羽天皇登基後，已經出家的白河法皇主導對源義親的征討，此時登基的鳥羽天皇僅5歲，朝中的一切事情都掌握在白河法皇的手中。1107年12月，朝廷任命平正盛為追討使。次年，平正盛成功剿滅源義親，並將源義親梟首示眾。雖說源義親已被誅殺，但以此為開端，醸成了源平兩家一百年間血淋淋的爭鬥。

由於平正盛得到重用，他的兒子平忠盛在13歲時就做了左衛門少尉，並且很受白河法皇的喜歡。1123年，鳥羽天皇傳位給第75代天皇崇德天皇，但依舊握有實權。在鳥羽上皇執政時期，平忠盛又多次參加討伐海賊的活動，深得上皇的喜愛。他一生轉任數國的國守，並且積累了大量財富、威望和政治根基，為平氏在未來縱橫朝野打下基礎。

1142年，鳥羽法皇脅迫崇德天皇退位，讓當時年僅2歲多的第76代天皇近衛天皇即位。這一讓位事件的背後其實有著一椿畸形戀情。故事還要從前兩代的白河法皇說起。白河天皇自從皇后賢子英年亡故之後，在感情生活上就變得空虛了起來，到了晚年他卻忽然遇見了藤原公實的女兒藤原彰子，一下子就喜歡上了她。只恨年齡差距太大，不好意思將她納入後宮，只好先把她認作義女，等到孫兒鳥羽天皇16歲時，就將她嫁給鳥羽天皇做皇后。雖說彰子是皇后，但實際上做祖父的白河上皇卻成了實際的新郎。彰子在翌年便給白河上皇生了一個兒子，但在名義上這個兒子卻是他的曾孫。等這曾孫到了五歲，白河上皇便逼迫鳥羽天皇讓

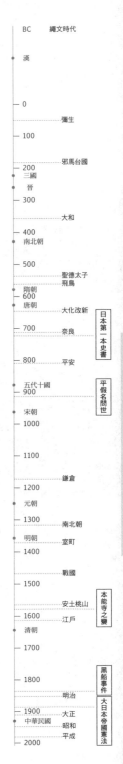

BC

耶穌基督出生　0—

君士坦丁統一羅馬

羅馬帝國分成兩部

波斯帝國　500—

回教建立

凡爾登條約

神聖羅馬帝國建立
　　　　1000—

十字軍東征

蒙古第一次西征

英法百年戰爭開始

哥倫布發現新大陸
　　　　1500—

英國大破無敵艦隊

發明蒸汽機

美國獨立
拿破崙稱帝

美國南北戰爭開始

第一次世界大戰
第二次世界大戰

　　　　2000—

位。此時的鳥羽天皇僅21歲，但由於朝廷的實權全掌握在祖父的手中，他也無法抗拒，於是這個5歲小兒便登上寶座，是為崇德天皇，鳥羽天皇則成了上皇，而白河則皈依佛門成為法皇。白河法皇去世後，鳥羽上皇掌握了朝廷的實權，他對崇德天皇自然是百般看不慣。鳥羽上皇又娶了藤原長實的女兒藤原得子，沒想到正應了她的名字，沒多久就產下了一個男嬰。男嬰誕生後長到2歲，鳥羽上皇就和還只有23歲的崇德天皇商量要把這個小孩立為皇太子。崇德天皇自然不願意，但是由於手中無實權也只好答應，他心想自己可以忍辱負重，就像鳥羽上皇一樣，熬到白河法皇死了之後就可以手握大權。但是當詔書下來之後，這個3歲的小孩並不是當了皇太子，而是當了皇太弟，這一字之差就謬以千里了。因為崇德天皇讓位給了皇太弟，即使自己當了上皇，將來也無法繼續掌政。崇德上皇吃了這一記悶虧就如同啞巴吃了黃連一般，只能繼續把苦藏在心中。好在這近衛天皇從小就體弱多病，15歲的時候又一度失明，好不容易養到17歲便一命嗚呼。崇德上皇此時提出讓自己復位，或由自己的兒子重仁親王即位，但又遭到鳥羽法皇的反對，最後崇德上皇的弟弟雅仁親王被擁上皇位，是為第77代天皇後白河天皇。崇德上皇一路受氣，在鳥羽法皇在世之時發作不得，但鳥羽法皇於1156年作古，崇德上皇就再也無法按捺內心長久的積怨，一場正面硬碰硬的較量在所難免。

三皇並立的院政期

在平安時代的末期，日本經常有著兩三個「皇」一起領導國家，讓位給新的天皇後老的天皇就成了上皇，新的天皇又讓位給了更新的天皇後，上皇便出家成為法皇。在這一時期，原本的攝關政治模式開始消解，取而代之的則是所謂的院政。

院政開始於白河天皇時期，他為了對抗攝政和關白長期掌控朝廷而架空自己的權力，於是退位為太上天皇，然後居住在自己的院中。上皇不再依靠攝關的力量，而是依靠中下層武士，招募軍隊，組織軍事力量「北面武士」，作為親衛武裝力量。並在自己的院中設置了各種官職，建立起自己的一套行政團隊，然後頻頻頒布院宣，其權威高過天皇的詔令。即使後來出家成為法皇，手中依然掌握著大權。從此以後一百多年的時期，天皇們多遵循此例。在平安時代，院政分為四個時期，分別是白河院政時期、鳥羽院政時期、後白河院政時期，以及後鳥羽院政期。由於院政的發展需要武士的支持，以至於武士的力量在朝廷中逐漸增大，鋒頭直逼原先掌權的貴族們，而崇德天皇和後白河天皇的爭權最終促成了武士時代的降臨。

鳥羽法皇病篤期間，整個朝廷已經謠言四起，說是崇德上皇要開始奪權了。1156年鳥羽法皇駕崩沒多久，崇德上皇和後白河天皇的衝突便公開激化。站在權力頂點的兩人爭鬥使得處於他們之下的攝關家也分成了崇德派和後白河派。為了解決這個問題，

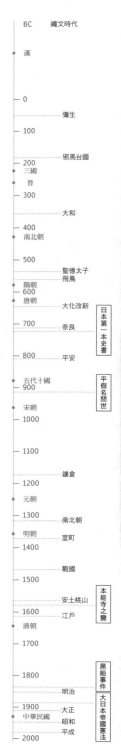

BC

耶穌基督出生　0—

君士坦丁統一羅馬

羅馬帝國分成兩部

波斯帝國　500—

回教建立

凡爾登條約

神聖羅馬帝國建立
1000—

十字軍東征

蒙古第一次西征

英法百年戰爭開始

哥倫布發現新大陸
1500—

英國大破無敵艦隊

發明蒸汽機

美國獨立
拿破崙稱帝

美國南北戰爭開始

第一次世界大戰
第二次世界大戰

2000—

貴族們打算借用武士之力，後白河天皇動員了平清盛以及源義朝的力量。平清盛為鳥羽天皇期間被重用的平忠盛的兒子；源義朝則是之前被朝廷剿滅的源義親的孫子，是他們家族中唯一一個站在後白河天皇陣營中的人。另一方面，崇德上皇則動員了源義親的兒子源為義及其一支中的眾多將領，還有平清盛的叔父平忠正。

到了七月十日，雙方秣馬厲兵準備交戰，上皇和天皇的手下將領都建議進行夜襲，但崇德上皇手下的左大臣藤原賴長說道：「如今是兩位天子爭天下，應該建正正之旗，鳴堂堂之鼓，光明正大地分個高下，豈能乘黑夜裡偷偷摸摸地討便宜！」但是後白河天皇這邊卻沒有考慮這些，連夜襲擊了崇德上皇的住所。崇德上皇手下的源家眾將領奮勇抵抗，但是崇德上皇自己由於從未經歷過戰爭，根本沒有心理準備，一開戰就選擇了逃跑，以至於崇德上皇一方全軍潰散。崇德上皇跑進仁和寺投奔同母弟覺性法親王，不過覺性法親王並沒有收留他，而是將其逮捕，隨後崇德上皇在數十名武士的押解下被流放到了讚岐國。這一場對戰之後，崇德上皇再也沒有機會回到原本可以養尊處優的京都，8年後，他死在了讚岐國。這場奠定了後白河天皇執政基礎的戰役史稱「保元之亂」，由於這一戰役中源氏和平氏的武士成了解決貴族權力爭端的最重要力量，人們切實地感受到武士時代的來臨。

保元之亂3年後，都城內又發生了新的權力爭鬥，此時在保元之亂之中取得勝利的後白河天皇已經傳位給了第78代天皇——二條天皇，但他的院內近臣之間卻發生分裂。深受後白河上皇信任的藤原通憲和另一個同樣備受寵信的藤原信賴之間發生了衝突。藤原信賴是個脾氣暴躁的傢伙，他聯合了在「保元之亂」中有功但是未得到重用的源義朝一起起兵，對朝廷發動政變，美其名曰

「清君側」。藤原通憲被殺，後白河上皇和二条天皇被控制。然後藤原信賴任自己為大臣大將，又命源義朝為播磨守，源氏家族中其他的人也個個都加官晉爵。

此時的平清盛正帶著自己的家人去熊野參拜神社，走到半路上聽見藤原信賴殺了藤原通憲並幽禁了上皇和天皇的消息，不禁大驚失色。平清盛原本打算先到熊野站穩腳跟後看看局勢再行動，但是此時他兒子平重盛忙說：「萬萬不可，我們作為武臣，責任就是守衛天子，此時應該立刻赴難。」平清盛聽了後覺得有道理，隨即帶著家人返回平安京。平清盛並沒有立即反攻藤原信賴，而是恭恭敬敬地前去參見，讓藤原信賴以為自己看清了風向表示臣服。藤原信賴沒有懷疑，平清盛則趁他不注意，暗地裡和二条天皇的近臣說明此時的利害關係，近臣們知道藤原信賴沒有治國之才，於是在夜晚偷偷讓二条天皇換上女裝，從宮中偷溜了出來，躲進平清盛的家中。次日，當文武百官聽說天皇到了平家，於是一個個也都趕了去，甚至連身為藤原信賴大舅子的藤原基實也到了平家。同時，後白河上皇也脫身逃到了仁和寺。這下藤原信賴身邊除了源氏的人馬，其他人都離他而去。

二条天皇在平家下令，把藤原信賴稱為叛軍，並命平清盛前去剿滅。平清盛領命後前去進攻，然後佯裝不敵而後退，藤原信賴便率兵追擊，離開了皇宮。平氏的其他人馬趁機入主皇宮，追殺無果的藤原信賴想要返回皇宮，卻發現皇宮早已插滿了平家的旗幟，一時間軍心大亂，四散潰敗。源義朝單騎奔關東，半途中被人騙，趁他不備將他刺死。藤原信賴聽說後白河上皇在仁和寺，趕去乞請赦免。後白河上皇念著舊情原本還打算從輕發落，但是二条天皇卻不肯，平清盛也不肯，於是藤原信賴被兵士拖出去殺了頭。這一事件史稱「平治之亂」。源義朝死後，他的長子

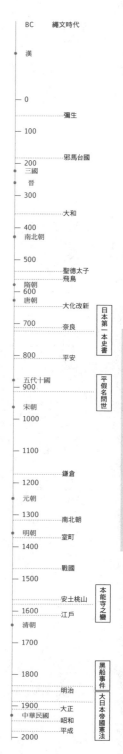

BC

耶穌基督出生　0—

君士坦丁統一羅馬

羅馬帝國分成兩部

波斯帝國　500—

回教建立

凡爾登條約

神聖羅馬帝國建立
1000—

十字軍東征

蒙古第一次西征

英法百年戰爭開始

哥倫布發現新大陸
1500—

英國大破無敵艦隊

發明蒸汽機

美國獨立
拿破崙稱帝

美國南北戰爭開始

第一次世界大戰
第二次世界大戰

2000—

源義平喬裝改扮，偷偷潛回平家附近，預備伺機刺殺平清盛，但是被人發覺，結果也身首異處。經過了保元、平治兩役，源氏幾乎全軍覆沒。不過其中有一個例外，那就是源義朝的另一個兒子源賴朝，他被俘的時候才13歲，但被押到平清盛面前時卻面無懼色。平清盛下令處死他，但在行刑前剛好被平清盛的繼母看見，由於繼母的求情，源賴朝逃脫了死刑，被流放到伊豆。而這一事件將在後來改寫整個日本歷史。

　　透過解決平治之亂，武士的力量變得更加強大，平清盛也因此得到了後白河上皇的信任，仕途一帆風順，最終於1167年成為首位以武士身分任職的太政大臣，此後平氏開始領導政權。在記載了平氏歷史的《平家物語》中，曾經說道：「非平家人，非人。」也就是說，一個人若不是平家的人，連人都算不上。對於平氏的興起，原本寵信平清盛的後白河上皇產生了危機感，二条天皇已死，第79代天皇六条天皇繼位。六条天皇是個可憐的「短命」天皇，在祖父後白河上皇的主導下，六条天皇在4歲的時候就將天皇之位禪讓給了第80代天皇高倉天皇，成為日本歷史上年齡最小的上皇，並且僅11歲就患痢疾而死。此時的後白河上皇則出家成了法皇，繼續把持著朝政。但平家一門的勢力也越來越大，平清盛的長子平重盛夫妻分別成為高倉天皇的乳父和乳母。平清盛的女兒平德子成為高倉天皇的中宮並生下了第一皇子言仁親王，也就是平安時代的最後一位天皇，第81代安德天皇。

　　1171年，後白河法皇和其院的近臣們商量了打倒平氏的計畫，可是這一計畫因為被人祕密地告訴了平清盛而流產。1179年，平清盛動用武力把後白河法皇關押了起來，廢止院政，自己掌握了政權，從此日本的第一個武士政權誕生了。1180年，安德天皇在平清盛的安排下在2歲時便繼位，這一安排讓另一個人失去

了成為天皇的可能，那就是後白河法皇的皇子——以仁王。

　　以仁王心有不甘，連同了源氏一族在朝廷中僅剩的一個有影響力的人物——源賴政，為了打倒平氏一族而揭竿造反，並號召諸國起兵。響應號召的人群中有著一個熟悉的面孔，那就是原本在刀下留得一條命的源賴朝。1180年10月，源賴朝出征富士川，在這場戰役中，平氏的軍隊誤將水鳥起飛的聲音當做源氏的軍隊，落荒而逃，源賴朝大勝。次年，平清盛因病去世，平氏築建的權力大廈開始崩塌，後白河法皇隨即重新恢復了院政。到了1183年5月，俱利伽羅峠之戰中源賴朝的堂兄源義仲也戰勝了平氏，並把平氏逐出都城，元氣大傷的平氏只得帶著安德天皇逃到西國。源義仲進入京都後和源行家一起執掌朝政。

　　後白河法皇要求逃亡西國的平氏送天皇和三神器還京，遭到平氏的拒絕。因此法皇決定從惟明親王和尊成親王中選出一人為新的天皇。但源義仲自恃驅逐平氏有功，認為以仁王是天皇派系的正統血統，力薦以仁王的長子北陸宮為天皇。後白河法皇對武士介入皇位繼承問題十分不滿，開始對源義仲產生懷疑。為了壓制源義仲的勢力，後白河法皇把尊成親王立為天皇，也就是第82代天皇後鳥羽天皇。這一決定讓源義仲彷彿挨了一悶棍，修養較差的他於是在都城內更加無法無天起來，自己手下的士兵更是對百姓燒殺搶掠。後白河法皇感覺自己的身邊待了一個瘋子，於是他打算把這瘟神送出去。此時平氏依舊還有一些勢力，於是源義仲就被派去攻打位於屋島的平氏，不過這次和平氏之間的戰爭就不像之前那般順利。後白河法皇見源義仲走了，立即召源賴朝的兩個弟弟源範賴和源義經帶部隊進入都城。知道消息後的源義仲連仗也沒心思打了，立即帶著軍隊往回趕。源義仲和源賴朝雖然曾經一起響應起兵，但彼此之間有著不少舊怨。此時源義仲見

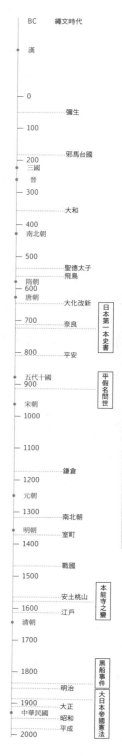

源範賴和源義經進京的目的很明確，就是為了限制自己的勢力，新仇舊怨加來一起，原本脾氣就暴躁的源義仲在回到京都之後開始不把後白河法皇放在眼裡。後白河法皇有些害怕，聽了院臣的意見邀請了延曆寺和圓城寺的僧兵來幫忙衛戍，並且將還只有4歲的後鳥羽天皇遷到身邊一同居住。這些行動極大地激起了源義仲的憤怒，他帶著人衝進了宮殿之中，把法皇和天皇趕到別處幽禁起來，又放了一把大火把整個殿堂燒了，並將衛戍的武士僧兵六百三十多人全部殺光，還免除了四十九位公卿的官職。

此種行徑之後，源義仲無法無天的好日子也到了盡頭，源範賴和源義經的大軍開始逼近平安京。源義仲帶著軍隊前去應戰，沒想到自己根本不是源範賴和源義經的對手，連戰連敗，連喘息的機會都沒有就戰死在一個名叫栗津的地方。

因為源義仲和源賴朝兩家之間相互爭鬥，以至於之前已經被打得狼狽不堪的平氏有了喘息的機會。平氏一族從京都逃往九州之後，慢慢站穩了腳跟，勢力也逐漸回升，漸漸又有了可以一奪京城的實力。不過戰勝了源義仲的源範賴和源義經並沒有停下腳步，他們在略微修整之後就把矛頭對準了平氏。1184年2月，源範賴與源義經兵分二路夾擊，以源範賴的5萬兵馬為主力，源義經率1萬餘騎潛入了一之谷。源範賴的主力在打了幾場小勝仗之後開始和平氏的主力陷入膠著狀態。源義經則採取了聲東擊西的戰略，自己僅帶了40多人繞至平氏的後方發動奇襲。在源範賴主力和源義經的雙方夾擊之下，平氏陣腳大亂，死傷慘重。這一戰平氏的諸多大將都在戰場陣亡，這使得平氏的力量又只能龜縮回去。

在「一之谷奇襲」之後，由於源範賴和源義經沒有水軍，所以無法繼續乘勝追擊。源範賴和源義經從這時開始各自踏上仕途。源範賴得到了源賴朝的喜愛，被召回了鎌倉，加官三河守。

但是源義經卻被冷落，只獲得了一個小官職，留守京都。不過留守京都的源義經卻得到了後白河法皇的賞識，進而升了官。照道理說兄弟升官應該開心才對，但是源賴朝卻因此發了火，原因是他覺得源義經未先徵詢自己的同意而擅受朝廷冊封的行為是要和皇室勾搭上，因此更加冷落自己的這個兄弟。

到了1184年，源賴朝只派源範賴前去征討平家，然而源範賴的能力有限，陷入兵糧不繼的困境。而平氏面對著這個不強的對手，再次恢復了元氣。到了1185年，源賴朝無奈之下只好再次起用源義經，命他前往救援。源義經著重建立水軍，打算利用水軍和平氏一決雌雄。源義經的部隊一開始也沒有打大勝仗，戰局依舊陷入膠著狀態，但是此刻平氏在戰略上走錯了一步，他們誤信了虛假情報，以為源範賴正率大軍趕來增援，由於此時的屋島基地已受創嚴重，平氏決定放棄屋島，向西撤退。

平氏從屋島撤退到長門的彥島據守，而源範賴和源義經則在對岸佈陣對峙。1185年3月24日清晨，「壇之浦決戰」開始，源範賴和源義經在開戰之初處於劣勢，但是源義經想出一條妙計，下令士兵專門用弓箭射殺平氏船隻的水手和舵手。失去機動能力的平氏艦隊因此變得動彈不得，最後在白刃戰中落了下風。平清盛的四子平知盛不得已只好後退，但這時源氏軍已經由海陸雙方包圍過來，把平氏眾人圍在中心。平知盛知道已經事不可為，於是登上了他母親的船上報告戰況，船上的女眷紛紛來問情形，他大笑說：「東方的武士們要來接你們去了！」他母親這時非常鎮定，把她自己和外孫安德天皇緊緊束在一起，小天皇問道：「婆婆咱們到什麼地方去？」婆婆委婉地回答說：「到最安全的地方去。」然後她把平清盛的繼承人，也是平知盛的哥哥平宗盛找來說：「你不是我的兒子！是一個傘工之妻所生，那時你父親切

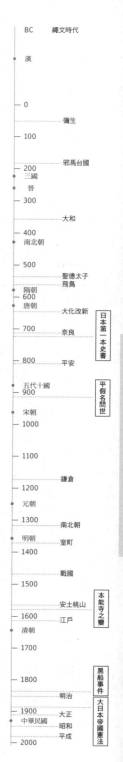

BC　繩文時代

漢

0

彌生　100

邪馬台國　200
三國
晉
300

大和　400
南北朝

500

聖德太子
飛鳥
隋朝　600
唐朝
大化改新
700
奈良

800
平安

五代十國
900
宋朝　1000

1100

鎌倉　1200
元朝
1300
南北朝
明朝　室町
1400

戰國　1500

安土桃山
1600
江戶
清朝
1700

1800
明治
1900　大正
中華民國　昭和
平成
2000

日本第一本史書

平假名問世

本能寺之變

黑船事件

大日本帝國憲法

望我在重盛之後再生一個男孩，我卻生了個女孩，恰巧那時你出生，我就把我女兒換了你過來，現在，你是平家人，要死得漂亮！」說罷，她對安德天皇說：「海底下也有帝都。」說完後便背著八歲的小天皇投海自殺身亡。這一戰，平氏家族全軍覆沒。

　　雖然平氏的勢力被根除，但內亂並沒有就此結束。源義經押解平宗盛父子返回鎌倉，但就在抵達鎌倉城外時，源賴朝遣使命令源義經不得進城，只要交出人犯即可。源氏中源賴朝和源義經這對兄弟的關係繼續惡化。之後，源賴朝命令源義經押解平宗盛父子及一之谷之戰時的俘虜平重衡回京都，源義經為此發了牢騷，源賴朝聽到了傳聞後便將源義經的關東領地悉數沒收。源義經在逼迫之下與源賴朝正式決裂，源賴朝則布下了天羅地網想要他的命。源義經歷經萬難，終於逃到奧州，但是卻仍然沒有逃過源賴朝的毒手。他遭到了奧州領主藤原泰衡的背叛，被重兵圍困在行館之內。而一直跟隨源義經的僧兵弁慶則死守門口，一步不退，連殺幾十人，身中亂箭仍直立不倒，就這麼站著死去。源義經也在館內自殺身亡，年僅31歲。不過關於源義經的死，坊間也有著不同的版本。1958年高木彬光寫了一部小說，叫做《成吉思汗的祕密》。在書裡，他把源義經和成吉思汗做了很多的比較。認為源義經在日本並沒有死，而是去了蒙古，變成了成吉思汗，建立了一個巨大的帝國。

凡爾登條約

神聖羅馬帝國建立
　　　　1000—

十字軍東征

蒙古第一次西征

英法百年戰爭開始

哥倫布發現新大陸
　　　　1500—

英國大破無敵艦隊

發明蒸汽機

美國獨立
拿破崙稱帝

美國南北戰爭開始

第一次世界大戰
第二次世界大戰

　　　　2000—

　　1190年，源賴朝透過攻打奧州，把東國的廣大領土納入了自己的統治之下，被朝廷任命為右近衛大將。2年之後，後白河法皇去世，源賴朝被任命為征夷大將軍。自此，平安時代拉下了帷幕，日本正式進入鎌倉時代。

鎌倉時代：將軍迷夢

　　1192年，源賴朝被任命為征夷大將軍，開啟了日本的鎌倉時代。如同平安時代中「平安」代表著京都平安京，鎌倉時代中的「鎌倉」也是一個地名。在1180年，源賴朝將鎌倉作為據點新造了大藏宅邸，又被稱為幕府。這裡南面臨海，另外三面被丘陵環繞，是一個易守難攻之地。與源賴朝成為夥伴的東國武士們視他為鎌倉之主，承認他為自己的首領。等到源賴朝官封征夷大將軍後，他將直屬於自己的武士特稱作御家人，並把這些御家人根據戰功任命為各地莊園的地主，授予他們土地的支配權，這在當時被稱作「御恩」。作為回報，御家人在戰爭時奔赴戰場，成為朝廷和幕府的守衛，這在當時則被稱為「奉公」。於是利用土地這一元素，日本建立起自己的封建制度。

　　源賴朝開啟的鎌倉時代在日本歷史上持續了大約150年，然而源氏家的將軍則僅僅持續了3代便退出歷史舞臺。1199年源賴朝突然死去，這一年的年初他剛剛出家，但不到一個月便去世，歷史上沒有留下他去世的確鑿說法，有人認為他從馬上摔下來不治身亡。源賴朝去世後將軍之位便傳給了他兒子源賴家，不過源賴家這時只有18歲，從小優渥的生活讓他養成了紈絝子弟的種種惡習，他對蹴鞠的興趣遠遠大於政治。後鳥羽天皇讓位給第83代天皇土御門天皇不久後，陸奧國內發生了邊界之爭，幕府內的老臣大江廣元拿捏不定，特地畫了地圖後呈到源賴家的面前請他做決

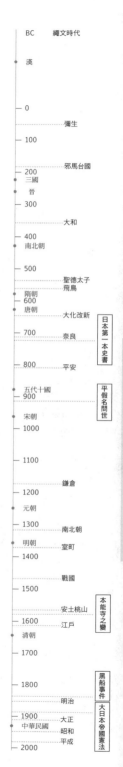

BC　繩文時代

漢

0

彌生

100

邪馬台國

200
三國
晉

300

大和

400
南北朝

500

聖德太子
飛鳥
隋朝
600
唐朝

大化改新

700

奈良

800

平安

五代十國
900

宋朝

1000

1100

鎌倉

1200

元朝

1300

南北朝
明朝
室町

1400

戰國

1500

安土桃山

1600
江戶
清朝

1700

1800

明治

1900
中華民國
大正
昭和
平成

2000

日本第一本史書

平假名問世

本能寺之變

黑船事件

大日本帝國憲法

BC

耶穌基督出生　0—

君士坦丁統一羅馬

羅馬帝國分成兩部

波斯帝國　500—

回教建立

凡爾登條約

神聖羅馬帝國建立
　1000—

十字軍東征

蒙古第一次西征

英法百年戰爭開始

哥倫布發現新大陸
　1500—

英國大破無敵艦隊

發明蒸汽機

美國獨立
拿破崙稱帝

美國南北戰爭開始

第一次世界大戰
第二次世界大戰
　2000—

斷。源賴家看著地圖，也不知道有沒有看懂，隨手提起筆來就在圖中畫了一條線，然後說道：「不必特地去丈量土地了，本來土地就不是規整的，從現在開始就按照我畫的線去劃分，誰都不能爭辯！」因為源賴家這般行徑，幕府中的大小事務只好由他的母親北条政子以及外公北条時政來處理。然而大權旁落到母親和外公手中後，源賴家又認為他們跋扈，不把自己放在眼中，漸漸彼此就有了嫌隙。

　　這樣的日子過了大約3年，源賴家病倒了，而且越病越重，到了不得不考慮繼位問題的時候。北条時政和北条政子在商量後覺得最好是把將軍的權力一分為二，一半分給源賴家此時6歲的長子源一幡，另一半則給源賴家的弟弟源實朝。源賴家知道後大怒，認為這是外公要剝奪自己的權力，他即使現在病重也不會讓這個老頭子如願。於是他請了老丈人比企能員來到病榻前商量除掉北条時政的計畫，沒想到隔牆有耳，他和比企能員之間的對話很快就傳到了北条時政的耳朵裡。北条時政心想原本分權就是為了防止比企一家來爭權，但好歹還給他們留了一半的權力，現在倒好，他們竟然想要來殺北条一族。於是北条時政二話沒說就召集了武士，打算宣佈比企能員要造反。不過他轉而一想，對付比企能員根本用不著這麼大張旗鼓，於是他只是派人去找比企能員，讓他前來會面。比企能員不敢不從，就跟著傳令人來到北条時政這邊，沒想到這一去就再也沒能回來。比企家的人一得到消息就知道大事不好，連忙帶著源一幡想要逃亡，但是北条時政採取的計謀並不是殺雞儆猴，而是斬草除根。他立即派人去撲殺比企一家，一場大火之後比企一家化為灰燼，一同化為灰燼的還有源賴家的兒子源一幡。

　　知道了比企一家滿門燒為灰燼的源賴家突然從病榻上坐了起

來，他不服輸，喊來旁人讓他去刺殺北条時政。然而源賴家由於從不經營自己的威望，身邊有的只是狐朋狗友而已，那個被他派去刺殺北条時政的人不但沒有實行刺殺，反而投靠了北条時政，告發了源賴家。這時北条政子出來了，她看著自己這個沒用的兒子，命他削髮為僧，然後向外宣稱源賴家已經精神失常。之後源賴家被軟禁在伊豆的一座寺廟中，北条時政思量再三，覺得他雖然無能但卻是一個不願服輸的人，還是殺了以絕後患為好，於是便派人去寺廟把他暗殺了。

　　源賴家死後，源實朝成為第3代幕府將軍，但這時的源實朝僅12歲，整個幕府的大權就完完全全落在北条時政的手中。此時北条時政已經是60歲開外的老頭子，手握大權的他不禁有些飄飄然。這個時候一個女人牧氏出現在他的面前。牧氏很漂亮也很有手腕，沒多久就把北条時政握在自己的手中。她有一個女婿在平安京供職，叫做平賀朝雅，是源賴朝的本家。一來二去，牧氏想要廢了源實朝，慫恿北条時政支持這個平賀朝雅成為幕府將軍。此時已經被迷得神魂顛倒的北条時政竟然應允了這一要求。於是牧氏把源實朝從幕府接到北条家來聽政，當源實朝來到北条府後，牧氏正打算下手除掉這個小娃，這時北条政子帶著人出現了，阻止了這一次謀殺。醒悟過來的北条時政滿臉羞愧，沒有臉面繼續執掌幕府的大權，於是自己剃髮出家，不再問政事，權力就交到了他的長子北条義時的手中。

　　北条義時看起來在各方面都是一個非常可靠的人，他和北条時政的風格不同，在他這裡沒有獨斷專權，對小將軍源實朝也有著足夠的尊敬，所以北条家雖然掌握著實權，但和將軍一直保持著良好的關係。這樣平和的日子持續了好些年，源實朝也漸漸長大。源實朝和源賴家不同，他是一個比較文派的將軍，喜愛詩詞

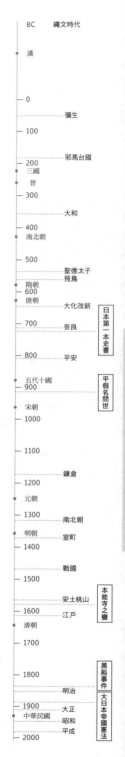

BC

耶穌基督出生　0—

君士坦丁統一羅馬

羅馬帝國分成兩部 —

波斯帝國　500—

回教建立 —

凡爾登條約

神聖羅馬帝國建立
1000—

十字軍東征

蒙古第一次西征

英法百年戰爭開始

哥倫布發現新大陸
1500—

英國大破無敵艦隊

發明蒸汽機

美國獨立
拿破崙稱帝

美國南北戰爭開始

第一次世界大戰
第二次世界大戰

2000—

歌賦，身處鎌倉的他總覺得身邊都是只會打打殺殺的大老粗，他的內心所嚮往的是在平安京那種更有文化氣息的生活。此時在平安京掌權的是後鳥羽上皇，他逼迫土御門天皇退位，讓和自己理念相同的第84代天皇順德天皇繼位。後鳥羽上皇知道了源實朝的這種秉性，便一次次給他加官晉爵，籠絡他的心，試圖以朝廷的名義招安幕府，以期最終達到他所設想的「宮將軍」局面，也就是讓親王出任將軍。

　　1219年，源實朝要去參加在鶴岡八幡宮舉行的右大臣就職典禮，到了八幡宮，源實朝和自己的老師源仲章在行禮之後從宮內走出，正一步一步走下臺階的時候，一個黑影從一旁竄了出來，一刀結結實實地捅進源實朝的心窩裡。源實朝倒地，黑影蹲下身子敏捷地把他的頭割了下來。黑影拿著源實朝的頭顱，在人群中大喊道：「吾乃八幡宮別當阿闍梨，公曉。已報父仇！」於是源實朝在自己28歲的時候身首異處。這個自稱公曉的人也姓源，其實是源賴家的次子，源賴家被北条時政刺殺後，源公曉在鶴岡八幡宮寺出家。割了源實朝腦袋的源公曉自認為可以當上東國大將軍，不料卻被北条義時派來的人殺死，年僅20歲。根據源公曉在割下源實朝頭顱時所說的話，似乎可以猜測有人跟他許諾了只要源實朝死，他就可以繼位成為下一任將軍，畢竟他已經是源家最後的一人。至於是誰給他設立了這個騙局呢？會是一直對源實朝恭恭敬敬的北条義時嗎？如今真相已無人知曉，唯獨可以肯定的是源賴朝一手打造的鎌倉幕府僅僅過了三代就要改姓了。

　　源實朝被暗殺也意味著鎌倉幕府和天皇一家的友好關係畫上了休止符。此時的鎌倉幕府沒有將軍，一切都靠北条政子和北条義時來打理，但由於源賴家和源實朝存在感一向比較低，所以有將軍和沒將軍一點都不妨礙政令的實施，整個幕府政權運行良

好。征夷大將軍的位置虛懸著，自然有人惦記，沒多久源實朝的表弟便自稱繼承人，打起了反旗，但他沒撲騰出幾個浪花便被北条一家壓了下去。從種種跡象來看，這次反叛的背後應該有著後鳥羽上皇的影子。不過北条一家並沒有因此而記恨上皇，他們覺得讓將軍之位一直虛懸著確實不是一件好事，於是提議讓後鳥羽上皇遴選出一名皇子來到鎌倉繼承將軍之位。

這原本是一件皆大歡喜之事，但是後鳥羽上皇卻是個倔強的人，不願意吃嗟來之食。他說想要派皇子去做將軍沒問題，但首先要解決一樁關於土地的事情。原來後鳥羽上皇此時寵倖著一個女人，並把兩處莊園賞賜給她。然而這兩處莊園的地頭卻並不聽京都朝廷的調度。由於地頭是由鎌倉幕府所派遣，所以地頭只聽幕府的調度。由於這兩個地頭也沒有做錯什麼事情，所以鎌倉幕府從源實朝未被暗殺之前就一直拖著這件事。

這次後鳥羽上皇的意思是必須要先罷免這兩處一直讓自己的寵妃不快的地頭，才可以商量皇子東遷做將軍的事情。但是無故罷免地頭的事情北条義時和北条政子卻不願做，一來這是源賴朝定下的規定，二來地頭制度也是維繫幕府和武士之間最重要的東西，若是看著上皇的面子就罷免了地頭，會失去武士們的忠心。

一來二去，北条家就不打算和上皇玩了，皇子不願意來就不願意來吧，於是他們就迎了一個才2歲的小男孩回去做將軍。這個小男孩雖然不是皇子，但是身分也很顯赫，他是由源賴朝之妹的外孫女所生，既可以維持鎌倉幕府的正統性，防止有人窺視將軍之位，又因為才2歲不會像源賴家和源實朝一樣漸漸成為隱患。

這一舉措讓後鳥羽上皇氣炸了，原本他還想以皇子做將軍為契機來一個一石三鳥之計，一來可以讓皇族掌握一定的幕府權力，又可以讓寵妃開心，還可以讓天下人看到幕府是臣服於自己

之下。而如今，竹籃打水一場空，他什麼都沒能撈到。他原本以為源實朝被暗殺後鎌倉幕府的內部應該會出現分裂，整個幕府說不定就慢慢土崩瓦解，然而事與願違，幕府在北条義時和北条政子的帶領下運行得越來越好，新去的小將軍也健康茁壯成長。這時另一件事情又觸動了上皇的神經，有一次他認識了從鎌倉家來的一名武士，叫做仁科盛遠，兩人聊得非常投機。上皇一高興就把他錄用為西面武士。仁科盛遠為此十分惶恐，於是發誓效忠上皇，留在京都不再回鎌倉。北条義時知道這件事情後自然有些不快，認為既然他去吃上皇那邊的俸祿，幕府這邊的好處就別拿了吧，於是收回他的封邑。後鳥羽上皇知道了之後面子上有些過不去，就命令幕府歸還仁科盛遠的封邑。然而幕府對於這個要求並不理會，這讓後鳥羽上皇的老臉無處安放，終於下了狠心要和幕府開戰。

　　後鳥羽上皇和順德天皇是一條心，想要和幕府決戰，土御門上皇則不發表意見。順德天皇為決戰做準備，讓位給年僅3歲的第85代天皇仲恭天皇。後鳥羽上皇則把朝中親鎌倉的人一個一個拘禁起來，並且把鎌倉安在平安京的眼線——北条義時的妻弟伊賀光季一家全殺死，然後發佈詔書給五畿七道，要求所有人一起討伐幕府。

　　鎌倉幕府這邊很快就知道了後鳥羽上皇的動作，於是開會商討是主動迎擊還是以逸待勞守衛鎌倉。北条政子此時垂簾說道：「吾今日將訣於諸君也。先將軍被堅執銳。辟草萊以創大業。諸君所知也。今讒諛之徒，詿誤人主，欲傾危關東之業。諸君苟不忘先將軍之恩，則協心戮力，誅除讒人，以全舊圖即欲應詔西上者。即今決之。」在北条家的動員之下，東國武士萬眾一心，很快就匯聚了可觀的戰鬥力。到了6月，兩軍交戰，朝廷的軍隊竟

然一擊即潰。後鳥羽上皇此時連忙去寺廟求僧兵幫忙，但寺廟卻表示不願介入。此時朝廷中出現了一員猛將，叫做山田重忠，他成功擊退幕府的一波攻擊。稍作休整之後，朝廷軍隊和幕府軍隊在宇治開始了一場硬碰硬的較量，東國武士在這裡拋下了無數的屍體之後終於咬著牙擊敗了朝廷的軍隊。隨後幕府的軍隊長驅直入，把整個平安京洗劫一空。山田重忠死裡逃生，來到皇城要求面見上皇，想要繼續戰鬥，然而此時後鳥羽上皇卻已經嚇破了膽子，龜縮在皇城中連門都不開，死活不見他。山田重忠敲不開上皇的門，知道朝廷已經大勢已去，於是走到嵯山自刎而死。

後鳥羽上皇在皇宮憋得沒有辦法，只好派人向北条義時的兒子北条泰時送去一封信，在信中寫道這一次的事件完全不是自己的意思，而是臣子們所發動。你要追究責任的話就追究那些朝臣。在這樣的推脫之下，這一次由後鳥羽天皇統領的倒幕運動就在丟臉的情況下宣告結束，這一事件在歷史上被稱為「承久之亂」。最終，後鳥羽天皇被流放到隱岐島，並在十餘年後死在那裡。

土御門上皇並沒有參與這一事件，但是也自願流放到土佐。站在後鳥羽上皇一方的順德上皇則被流放到佐渡島。剛剛繼位天皇僅70多天的仲恭天皇也被廢除。在明治時期以前，仲恭天皇一直不被承認為天皇，稱九条廢帝、半帝或後廢帝，直到1870年才加上仲恭天皇的諡號。該事件之後幕府讓高倉天皇之孫茂仁親王繼位，也就是第86代天皇後堀河天皇。

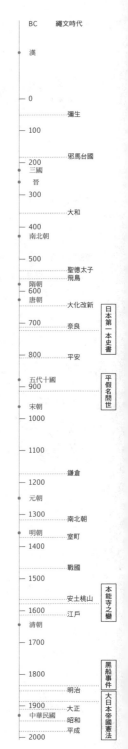

入侵！蒙古來襲

BC

耶穌基督出生　0—

君士坦丁統一羅馬

羅馬帝國分成兩部

波斯帝國　500—

回教建立

凡爾登條約

神聖羅馬帝國建立
　　　　1000—

十字軍東征

蒙古第一次西征

英法百年戰爭開始

哥倫布發現新大陸
　　　　1500—

英國大破無敵艦隊

發明蒸汽機

美國獨立
拿破崙稱帝

美國南北戰爭開始

第一次世界大戰
第二次世界大戰

　　　　2000—

　　在北条一家和後鳥羽天皇鬥智鬥勇的時候，中國北部廣袤的草原上，成吉思汗統一了部族並且建立蒙古帝國。蒙古帝國在最鼎盛時期，領土從東亞覆蓋到東歐，東西長達9000公里，是人類歷史上最大的帝國。

　　在1234年，蒙古滅了中國北部的金國，這個時候後堀河天皇已經讓位給第87代天皇四条天皇，鎌倉幕府這邊北条義時也已去世，當家的是他的長子北条泰時。1259年，蒙古又吞併了朝鮮半島的高麗，到這一年時，日本在經歷了第88代天皇後嵯峨天皇後，第89代天皇後深草天皇讓位給第90代天皇龜山天皇，鎌倉幕府這邊也已經到了第6代掌權人北条長時。

　　之後，成吉思汗的孫子忽必烈在1260年成為皇帝。忽必烈於現在北京的土地上建立了大都，並在1271年改國號為「元」，這就是我們熟知的元朝。不過當時南宋還佔有中國的半壁江山。忽必烈當時想要推進對南宋的征服進程，首先征服位於西南方向的大理國，然後透過高麗的使者向鎌倉幕府遞交國書。國書的內容寫了希望和日本締結友好關係，並想進行文化上的交流，但是寫到最後卻出現了這麼一句話：「以至用兵，夫所孰好。」翻譯成白話就是：「兵戎相見又是誰所希望的呢？」這樣國書表達的意思就完全變了，彷彿就是在說：「我們和睦相處吧，不這樣的話，我就派兵過去。但是出兵是雙方都不太希望看到的吧？」收

到了這樣的國書，鎌倉幕府最終所採取的行動是不予理會。日本沒有回信，忽必烈就繼續送國書來，就這樣一直送了5次，到第5次時，當時鎌倉幕府的掌權人北条時宗依舊選擇了不予回覆。

　　1274年年初，龜山天皇讓位給8歲的世仁親王，也就是第91代天皇後宇多天皇。這一年的10月，元朝聯合高麗以軍船900艘，士兵3萬人的陣勢出現在對馬海域，這就是歷史上的「文永之役」。元朝以壓倒性的武力接連對對馬和壹岐展開了進攻，成功登陸對馬島，全殲島上日守軍，壹岐島上代宗助國父子率領八十騎攔阻也被全殲。元軍最終打到了博多灣。鎌倉幕府知道這次不能像對待國書一般視而不見，於是動員九州的御家人準備抗敵。元軍開始登陸，而第一次和外國士兵打仗的武士們則陷入極度的混亂。由於從沒跟外國打過仗，日本的武士按照慣例用自己國內的戰鬥方式先報出自己的姓名，想要一對一的決鬥。但是元朝的士兵才不管這些，成群結隊上了岸就對日本武士們一頓揍，武士不敵元軍只好撤退，元軍進入了博多城鎮中放火燒城，博多灣淪陷。不過由於日本武士在數量上多於元軍，為了防止夜襲，元軍在當晚退回船上，打算次日繼續進攻。第二日的戰鬥依舊是一邊倒的局面，日軍又一次死傷慘重。但是元軍因為軍隊人數過少的關係，覺得若是深入日本境內作戰不一定有優勢，在後勤補給上也會出現很大的問題，而且當時的副帥劉復亨又在戰爭中中箭受傷，在商量之下決定暫時撤軍。當晚，就在元軍打算撤軍時，卻遇到颱風的襲擊。日軍這邊，武士們在天亮後又來到前線，原本打算硬著頭皮來面對恐怖的元軍。然而他們卻看到了令人震驚的一幕，海面上的船隻全都消失了，僅僅留下了一些破碎的木片。

　　這一戰元軍在颱風中死1.3萬人，僅有千餘人回到中國。見識了元軍實力的北条時宗這次不敢怠慢，他知道元軍一定還會再

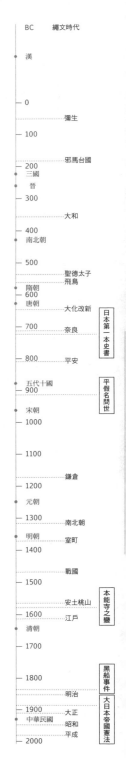

BC

耶穌基督出生 0—

君士坦丁統一羅馬

羅馬帝國分成兩部

波斯帝國 500—

回教建立

凡爾登條約

神聖羅馬帝國建立
1000—

十字軍東征

蒙古第一次西征

英法百年戰爭開始

哥倫布發現新大陸
1500—

英國大破無敵艦隊

發明蒸汽機

美國獨立
拿破崙稱帝

美國南北戰爭開始

第一次世界大戰
第二次世界大戰

2000—

《蒙古襲來繪詞》竹崎季長‧1923年

來，在再次來襲之前，他一定要做好準備。他首先派武士在博多灣的沿岸進行警戒。為了防止元軍上岸，還建造了高約3公尺，長達20公里的石頭防護牆。鎌倉幕府還以國難為由，讓原本效力於朝廷和有勢力寺院的非御家人也歸於幕府指揮。

1279年，走投無路的南宋殘餘勢力隨著崖山海戰失敗及陸秀夫負8歲的小皇帝跳海自殺而徹底滅亡，忽必烈統治了中國全境。之後為了再次攻打日本，元朝在中國南部的貿易城市泉州興造軍船。

1281年，元軍準備完畢，東路軍從高麗出發，一共4萬人和900艘船，然後從中國沿岸又派出10萬江南軍，3500艘船，目標就是拿下日本。原本吃了第一次敗仗之後，高麗國王就多次勸元朝不要再用兵日本。忽必烈想了之後覺得自己的軍隊根本不擅長海戰，所以也有著和日本修好之心，於是便派遣使者去日本。然而日本卻兩次下令將元朝的使者斬首，這讓忽必烈十分惱火，最終下定決心要和日本再戰一回。

這一次元軍的計畫要比上一次具體得多，東路軍主要負責攻佔日本，而江南軍則負責在佔領區進行屯田，生產米糧，解決補給問題。到了6月，博多灣的海面上出現了900多艘元朝軍艦，早

已準備多時的日本武士在岸邊用弓箭對元軍進行遠距離的攻擊，阻止他們登岸。到了夜晚，日本武士又趁黑乘著小船潛入元軍的艦船中展開奇襲。元軍發動幾次強行登陸作戰均告失敗，在博多灣待了1個多月，元軍不但死傷慘重，甚至連一步都沒能跨上陸地。元軍無奈之下只好暫時退出博多灣，打算在海上重整旗鼓後再選擇新的登陸地點。然而7月的海面颱風多發，一場持續2天的颱風正面迎擊了元朝的水軍，不少船隻在颱風中被毀。8月1日，元軍再次遭到颱風的襲擊，風暴持續四天，軍艦大部分沉沒。最終元軍就如同他們第一次進攻日本一樣，只剩下不到十分之一的人回到中國。於是這場被稱為「弘安之役」的戰鬥就此結束了。

原本元朝還計畫著第3次遠征，但是由於元朝統治的崩潰而最終宣告流產，就這樣，日本渡過了危機。雖然看起來是鎌倉幕府打敗了元朝的進攻，但事實真的如此簡單嗎？

在兩次針對元朝來襲的戰爭中，很多御家人武士和元軍進行了浴血奮戰。這些武士在戰場上立了功，按照原來的制度就應該得到屬於自己的領地，但是鎌倉幕府對於這次戰爭中的立功者並沒有進行合理的賞賜。北条時宗為了應對第3次前來襲擊的元軍繼續加固日本海岸線的防禦工事，而這些重擔一如既往地壓在了御家人武士的身上。

拚命戰鬥卻得不到回報，這看起來很不公平，但對於鎌倉幕府來說也非常的無奈。因為御家人武士只是阻止了元軍的進攻，並沒能從元朝那邊拿到一絲一毫的利益。沒有領土的獲得自然也就沒有辦法把領土分封給有戰功的武士。而戰鬥和備戰的費用卻需要武士自掏腰包來承擔，這讓一些領地較小的武士不得已只好把自己的領地抵押或者出售，才能勉強度日。這樣一來，整個武士階級的生活水準就下降了一個層級。另一方面，之前由於要抵

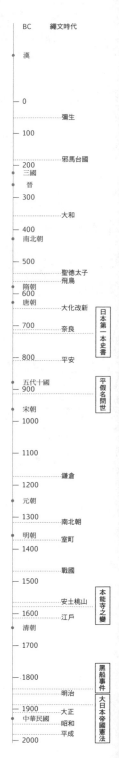

禦元軍，鐮倉幕府的權力增大了許多。武士看著自己碗裡的飯菜變差了，而幕府中的官員日子過得越來越好，不滿的情緒也就高漲了起來。

　　由於元軍來襲，日本的神社和寺廟也向幕府開口索要賞賜。因為當時在佛教文化濃厚的背景下，元軍的崩潰很大程度上被認為是日本受到了佛祖或者神明的保祐和加持。鐮倉幕府知道自己不能得罪宗教勢力，但又沒有多餘的土地可以賞賜，只好對寺廟以及神社恢復一些曾經擁有過的權力作為賞賜。但這種賞賜又造成了一個問題，把權力授予了寺廟和神社，那原本掌握了這項權力的人勢必會抗議。此時寺廟和神社就把這類人當做惡黨進行上訴，幕府此時又不得不採取鎮壓的手段來阻止惡黨鬧事。這些被鎮壓的惡黨和開始變窮的御家人武士逐漸變得越來越多，於是在後鳥羽天皇倒幕失敗後，又一波倒幕的浪潮開始形成。所以說，蒙古來襲雖然沒能攻佔日本的領土，但卻極大地加速了鐮倉幕府的滅亡。

室町時代：一南一北兩天皇

　　蒙古來襲之後，御家人武士的倒幕情緒被點燃，但僅僅是底層武士的不滿還不足以撼動鐮倉幕府的強大統治。然而鐮倉幕府對於天皇所實行的「兩統迭立」也引起了皇族的不滿。

　　所謂的「兩統迭立」制度，要追溯到第88代天皇後嵯峨天皇。後嵯峨天皇當時還沒來得及選定自己的後繼者就撒手西去，於是皇族內就分成了主張後深草上皇繼位的持明院統和主張龜山上皇繼位的大覺寺統這兩派。這兩派為了奪取皇位而進行了一番激烈的爭鬥，最終雙方把裁定權交到了鐮倉幕府的手中。鐮倉幕府為了兩邊都不得罪，也希望雙方彼此制約，於是想出了一個辦法，讓這兩派輪流來擔任天皇，這就是所謂的「兩統迭立」制度。屬於大覺寺統的後宇多天皇繼位者，是屬於持明院統的第92代天皇伏見天皇。第93代天皇也是屬於持明院統的後伏見天皇，但第94代天皇則換成了大覺寺統的後二条天皇。到了第95代天皇，又換成了持明院統的花園天皇。到了第96代時，再次換成了大覺寺統的後醍醐天皇。這時候，這位後醍醐天皇對這種輪番當家的制度產生了不滿，因為當要確立皇子的時候，他的三個兒子都沒有被鐮倉幕府選中，於是他開始想要回歸天皇專政的政治形式。

　　1318年，後醍醐天皇即位之後，就開始謀劃把政治實權奪回朝廷手中。為了打倒鐮倉幕府，他在朝廷內外都召集人手，開始

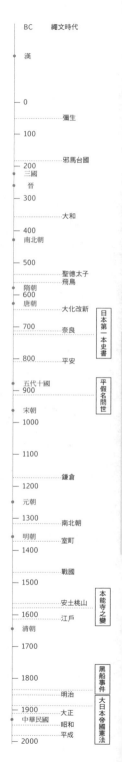

密謀他的計畫。但是由於幕府在京都內安插無數的眼線，後醍醐天皇的企圖很快就被北条家得知。後醍醐天皇得知事情敗露，只好逃離了京都，來到距離京都20公里外的笠置山。在這裡，他開始招募那些願意跟著他一起打倒鐮倉幕府的武士，其中河內國的楠木正成成了他最重要的同伴。河內國的武士們在鐮倉幕府的中期開始就苦於北条一家的壓制，早有反叛之心。楠木正成率領著五百騎兵響應了後醍醐天皇的號召在赤坂城發動起事，史稱「元弘之變」。然而，鐮倉幕府派來的鎮壓軍隊在數量上比楠木正成的騎兵多了十倍。楠木正成奮勇抵抗，但終究不敵鐮倉幕府，經過了一個多月的抵抗之後，赤坂城被幕府攻陷。後醍醐天皇這次沒能逃脫，被活捉起來，隨後流放到了隱岐島。不過楠木正成則消失了，鐮倉幕府搜查了整個赤坂城也沒能找到他的身影。

雖然後醍醐天皇失敗了，但整個日本的倒幕活動並沒有因此而減少。當時倒幕的勢力，如護良親王、播磨國的赤松則村等人，活躍在日本各地，紛紛表示效忠於後醍醐天皇。到了1332年11月，消失了一年多的楠木正成率領著軍隊又出現在人們視野之中，並一舉攻下河內和和泉兩處，佔領了攝津的天王寺，並開始逼近京城。1333年，後醍醐天皇在名和長年等人的幫助下逃離隱岐島，逃至伯耆國的船上山，再次打出了倒幕的旗幟。鐮倉幕府沒有猶豫，立即派了20倍的兵力攻向了船上山。後醍醐天皇的軍隊進行頑強的反抗，但無奈兵力懸殊，眼見就要抵擋不住。這個時候鐮倉幕府的大將足利高氏選擇背叛幕府，倒向後醍醐天皇這一方，形勢一下子得到逆轉。足利高氏投誠之後，之前一直持觀望態度的武士們也紛紛投靠了後醍醐天皇，幕府所掌握的京都和鐮倉相繼被攻陷。就這樣，持續了大約150年統治的鐮倉幕府就此滅亡。

後醍醐天皇此時重新回到京都，他拒絕承認之前鎌倉幕府所新立的光嚴天皇，然後開始了天皇掌控實權的新政治形式，被稱為「建武新政」。在新政中，土地的授予和剝奪均需要後醍醐天皇的詔令。雖然這讓後醍醐天皇大權獨攬，但是客觀上來說以一己之力不可能應付得了那麼多行政事務，以至於導致了行政停滯不前。另一方面，後醍醐天皇只重用京都的公卿貴族，對於倒幕做出了貢獻的武士們則沒有什麼獎勵，這引起了武士階層的普遍不滿，沒多久建武新政就陷入了混亂。原本立下大功的足利高氏在後醍醐天皇重掌政權後被賜名為尊氏，改名足利尊氏。後醍醐天皇實施建武新政，失去了武士階層的支持。

北条氏的餘黨在關東發動「中先代之亂」。足利尊氏的弟弟足利直義當時鎮守鎌倉，形勢危急，足利尊氏率軍救援直義。足利尊氏在平定「中先代之亂」後，擁兵自重，還擅自向武士進行了封賞，這使足利尊氏與天皇關係迅速惡化。最終足利尊氏在鎌倉發動「延元之亂」，率部前往京都。後醍醐天皇派楠木正成與新田義貞起兵討伐，新田義貞在箱根「竹下之戰」戰敗，足利尊氏的軍隊逼向了京都。不過楠木正成又一次救了後醍醐天皇，奇蹟般地擊破了足利尊氏的大軍，守住了京都。雖然戰爭勝利了，但朝廷軍中的不少武士卻追隨著足利尊氏去了九州。

1336年，足利尊氏在九州重整旗鼓，再次帶著3萬軍隊進逼京都。楠木正成認為此時的足利尊氏鋒芒正盛，建議進行遷都以疲敵軍，但這一計畫被後醍醐天皇否決。天皇還命楠木正成聽從新田義貞的指揮迎戰足利尊氏的軍隊。無奈之下楠木正成只好迎擊足利尊氏的弟弟足利直義的大軍，最終寡不敵眾，他和弟弟楠木正季被敵人重重包圍。足利直義對楠木正季非常景仰，希望招降他，但卻被拒絕。楠木正成對其弟楠木正季說：「我願七生轉世

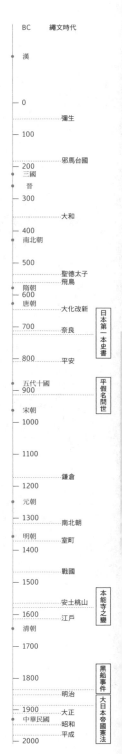

BC　繩文時代
漢
0
彌生　100
邪馬台國　200
三國
晉　300
大和　400
南北朝　500
聖德太子
飛鳥
隋朝　600
唐朝
大化改新
奈良　700
平安　800
五代十國　900
宋朝　1000
　1100
鎌倉　1200
元朝
南北朝　1300
明朝　室町　1400
戰國　1500
安土桃山　1600
江戶
清朝　1700
　1800
明治　1900
大正
中華民國
昭和
平成　2000

日本第一本史書
平假名問世
本能寺之變
黑船事件
大日本帝國憲法

報效國家。」然後與正季對刺,自殺殉國。

後醍醐天皇不敵足利尊氏,只好逃向奈良的吉野,在這裡建立南朝。另一邊,足利尊氏隨後讓持明院統的光明天皇即位,然後讓天皇任命自己為征夷大將軍,足利直義則擔任左兵衛督,負責管理政務,時人稱之為「副將軍」,與足利尊氏並稱「兩將軍」,開啟了室町幕府。自此,京都成為北朝。日本出現了為期近60年的雙政府分裂狀態,人們把這個時代稱之為南北朝時代。

按照原本的態勢,足利尊氏大可以繼續南下一舉拿下後醍醐天皇,但是不久之後室町幕府因為足利直義和執事高師直發生對立而分裂成了直義派和反直義派兩派。最終足利直義與一些直義派的武將投奔了南朝。藉助南朝的力量,足利直義開始討伐北朝並且打敗足利尊氏,最終以執事高師直被刺殺而宣告和解。和解後足利直義回到北朝,但是他和足利尊氏一直有著很深的仇恨。這時的足利尊氏決定廢黜北朝朝廷向南朝投降,但足利直義卻不肯。投靠了南朝的足利尊氏開始討伐足利直義,足利直義逃到了鎌倉,糾集當地的勢力進行抵抗。兩兄弟最後兵戎相見,足利直義不敵哥哥,成為階下囚,又被毒死在延福寺。然而就在足利尊氏離開京都的時候,南朝方面撕毀和約,進攻室町幕府。足利尊氏一時不敵退往武藏國,但馬上就反擊並壓制了南朝勢力,回到京都。1358年,到足利尊氏去世前,北朝已掌握除畿內南部的整個本州和四國東部,南朝就此沒落,此時南朝在位的是第97代天皇後村上天皇。

1364年,室町幕府二代將軍足利義詮對畿內南部進攻但被擊退,然後又曾一度攻下九州,最終還是被打退,在世年間僅攻下了和泉、河內和紀伊北部。1367年,二代將軍足利義詮去世,10歲的足利義滿繼任為三代將軍,由於北朝內亂,南朝藉機再次興

盛。此時南朝在位的長慶天皇是第98代天皇，不過關於長慶天皇的史料非常少，以至於日本近世歷史學家曾就他是否即位的問題發生過爭議。足利義滿在細川賴之的幫助下——平定了北朝的內亂，然後開始策劃對南朝的反攻。足利義滿是個能人，他超越了祖父足利尊氏和父親足利義詮，先後升任內大臣和左大臣。1382年，北朝的後圓融天皇退位，傾向足利義滿的第100代天皇後小松天皇即位，實權掌握在了足利義滿的手中。1392年，南朝的勢力不斷衰退，南北朝統一已成為必然會發生的事情，足利義滿此時並沒有選擇進攻南朝，而是安排了南朝和北朝的天皇在大覺寺會面。在這裡，雙方達成了統一的條件，恢復之前的「兩統迭立」制度，南朝的第99代天皇後龜山天皇退位，並將三神器交給後小松天皇，南北朝正式統一。不過後小松天皇從後龜山天皇手中得到三神器後，不管之前的約定，宣佈由自己的皇子實仁親王繼承皇位，而被奪去了三神器的南朝也只能無奈地屈服於北朝的統治之下。

由於南北朝時期同時存在著天皇，哪一方為正統成了一件難以決斷的事情，直至20世紀初期，明治天皇最後作出結論：以南朝天皇為日本的正統，北朝天皇保留名號，但不列入正統。所以北朝的光嚴天皇、光明天皇、崇光天皇、後光嚴天皇和後圓融天皇如今不在日本125代天皇之列。

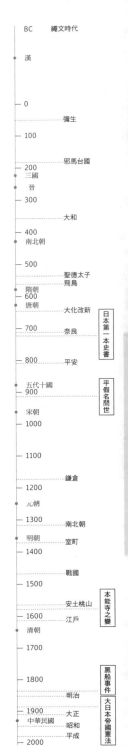

和風禪境

BC

耶穌基督出生 0

君士坦丁統一羅馬

羅馬帝國分成兩部

波斯帝國 500

回教建立

凡爾登條約

神聖羅馬帝國建立
1000

十字軍東征

蒙古第一次西征

英法百年戰爭開始

哥倫布發現新大陸
1500

英國大破無敵艦隊

發明蒸汽機

美國獨立
拿破崙稱帝

美國南北戰爭開始

第一次世界大戰
第二次世界大戰
2000

　　榻榻米、能樂、茶道、和室、花道，這些名詞中透著一股濃濃的和風，這些如今代表著日本文化的東西，追根溯源，就源自至今500多年前的室町時代。而促成室町文化形成的原因中，中國是一個繞不開的因素。

　　足利義滿在當將軍的時候一直非常期望與明朝進行貿易。自從日本停止派遣遣唐使，兩國之間已經有500多年沒有官方性質的往來。14世紀後半葉，被稱作倭寇的人攻擊了朝鮮半島和中國沿海地區。倭寇主要指的是居住在對馬島、壹岐島，以及東海地區生活的人們。他們往往結成團夥，掠奪住民或者糧食。1368年，朱元璋帶著軍隊把元朝趕到了北方，然後建立了明朝。明朝強烈要求日本鎮壓倭寇，並且禁止百姓出海，不允許朝貢以外任何的貿易形式。而當時的日本，由於貨幣流通的發展，對於貨幣的需求量大大增加。但這些貨幣並不是由幕府或者朝廷發行，而是使用從中國流入的銅錢。明朝的禁海政策一實施就斷絕了銅錢流入日本，導致整個日本社會貨幣不足，嚴重阻礙了經濟的發展。足利義滿於是認為，如果能恢復與中國的貿易，就能獲取更多的銅錢，對於執政者來說有著諸多的好處。

　　1374年和1380年，足利義滿以「日本征夷將軍源義滿」的名義向明朝朝貢，要求與明朝貿易。然而明朝拒絕了室町幕府的要求，理由是明朝認為「大覺系」的「日本國王懷良」才是日本

正統君主，而「持明系」則是亂臣。足利義滿是「持明系」的將軍，更不應該與他進行貿易。在明太祖這裡吃了兩次閉門羹之後足利義滿並沒有放棄，1401年，他又以「日本國准三后源道義」為名，遣博多的商人肥富、僧人祖阿赴明朝。此時朱元璋已死，建文帝朱允炆在位。建文帝接見了足利義滿的使者，然後封他為「日本國王」，正式恢復了中斷500多年的外交關係，並要求他鎮壓倭寇。明成祖朱棣奪取帝位後，琉球、日本、暹羅各國使節到中國朝貢，建立了宗藩與冊封關係。1404年，足利義滿又派了遣明使，賀喜明成祖冊立皇太子。明成祖再次要求足利義滿對對馬、壹岐一帶的倭寇進行抓捕。此時南北朝已經統一，足利義滿派兵在海上一面清繳倭寇，一面把倭寇搶去的中國住民歸還給明朝。他還投入了巨額費用開始建造北山山莊，在山莊的一角還建造了如今依舊聞名於世的金閣寺。這些建築在當時的主要目的是用來迎接從中國來的使團。

明朝給日本提供了名為「勘合」的證明書，讓日本以屬國的名義對明朝進行朝貢貿易。那時候日本向中國出口扇子、屏風、蒔繪、刀劍等工藝品，並且從明朝進口繪畫、生絲、紡織品、砂糖、書籍、陶瓷器、茶器等物。明朝的工藝品在當時被稱作「唐物」，是貴族之間

秋冬山水圖・冬景圖　雪舟

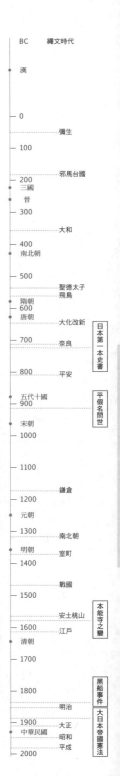

BC　繩文時代

漢

0

彌生

100

邪馬台國

200　三國
晉

300

大和

400
南北朝

500

聖德太子
隋朝　飛鳥
600
唐朝　大化改新

700　奈良

800　平安

五代十國
900

宋朝

1000

1100

鐮倉

1200

元朝

1300　南北朝

明朝　室町

1400

戰國

1500

安土桃山

1600　江戶

清朝

1700

1800

明治

1900　大正
中華民國　昭和
平成

2000

日本第一本史書

平假名問世

本能寺之變

黑船事件

大日本帝國憲法

爭相購買的奢侈品，極大地影響了室町文化的形成。並且，由於銅錢的大量流入，也推動了日本國內的貨幣流通。

除了中國，朝鮮和日本之間的貿易也是室町文化形成的重要因素之一。1392年，李成桂滅了高麗，建立了朝鮮國。李成桂也強烈要求日本治理海面上無法無天的倭寇。1419年，朝鮮為了鎮壓倭寇，攻擊對馬島，此後朝鮮和對馬的守護宗氏簽訂了條約，規定了朝鮮有3個港口可以和對馬進行貿易，日本和朝鮮之間的貿易也逐漸活躍起來。

室町時代外來文化輸入日本的第三個管道則是透過琉球王國，也就是現在沖繩一帶。在14世紀初，沖繩本島出現南山、中山、北山三個王國，這個時期稱為「三山時代」。在1370年至1380年之間，三山開始陸續入貢明朝。1406年，尚巴志發兵起事，中山王國滅亡；此後，尚巴志陸續滅北山、南山；明賜姓尚，琉球國第一尚氏王朝建立。之後琉球王國活用地理優勢，進行轉口貿易。它從明朝進口絲綢和陶瓷等物，再向東南亞、日本和朝鮮出口。同時又反過來在東南亞收購香木和象牙，隨後賣與明朝。由於明朝實行禁海政策，中國人被禁止去外國，所以只能期望琉球人來到明朝進行貿易。明朝對琉球的待遇非常好，提供了大型船隻和外交人員。在事實上，琉球王國在那時就如同明朝所雇用的一個貿易公司。

在室町時代，由於幕府從鎌倉搬來了京都，所以京都變得異常熱鬧。百姓、僧侶、貴族和武士都在其中生活。不同階級的精神需求在這個城市中進行碰撞，再加上與外來文化相交融，室町時代的日本人發展出了與如今的日本文化相通的文化。

在平安時代的神社和寺院中，日本人發展出了名叫「猿樂」的一種藝術形式，大致是以模仿為主的滑稽搞笑表演。在民間，

耶穌基督出生　0—

君士坦丁統一羅馬
羅馬帝國分成兩部

波斯帝國　500—

回教建立

凡爾登條約

神聖羅馬帝國建立
1000—

十字軍東征

蒙古第一次西征

英法百年戰爭開始

哥倫布發現新大陸
1500—

英國大破無敵艦隊

發明蒸汽機

美國獨立
拿破崙稱帝
美國南北戰爭開始

第一次世界大戰
第二次世界大戰

2000—

農民在水稻插秧前祈禱豐收時也創造出了一種「田樂」。這兩種藝術形式在室町時代則發展成了極具藝術性質的「能樂」。將能樂集大成之人是觀阿彌和世阿彌父子，他們得到了足利義滿的支持，對這一藝術進行了探索。當時在武士中廣泛被接受的佛教宗派是禪宗，世阿彌把禪的思想加入能樂之中，誕生出以特定的細膩動作表現出場人物心情的舞蹈。世阿彌所完成的能樂直到現在仍綿延不息，持續存在於舞臺上。

　　加入禪思想的另外一種文化則是當時的水墨畫，在中國學畫的禪僧雪舟將作為禪修行之一的水墨畫帶到了一個新境界，形成了日本的禪畫。所謂禪畫，是世界繪畫史上獨樹一幟的繪畫，它可以表現佛菩薩的宗教形象，也可通過自然景物來表達禪意。雪舟的《山水長卷》中，包含著「色即是空，空即是色，色不異空，空不異色」的禪學妙理，反映人間世界的反覆無常。人生之坎坷，四季之變異，山水之虛渺，世事之滄桑，彷彿全是過眼雲煙。

　　凝聚著室町文化精神的是足利義滿的孫子足利義政所建造的慈照寺銀閣和東求堂。那個時代的建築主流是在地上鋪設木板，但東求堂中有一名為同仁齋的房間卻鋪滿了榻榻米。窗子擺在拉窗的下面，從拉窗透入柔和光線的設計也從那時開始流傳至今，這就是和室的原型。在銀閣中，足利義政要求每天早上供奉鮮花，將花草一束一束插入的立花，逐漸發展成了如今的花道文化。基於從中國流入的新式陶瓷技術所燒製的茶具，飲茶的風俗在南北朝時期逐漸演化成了名為「鬥茶」的遊戲並流行起來，到了足利義政為將軍的時候，他開設了書齋飲茶的「書院茶」，並引入了禪的精神。在這個時代的僧人村田珠光學習了受到能樂和連歌影響的一休宗純的茶道，創造了追求能樂和連歌的精神深度

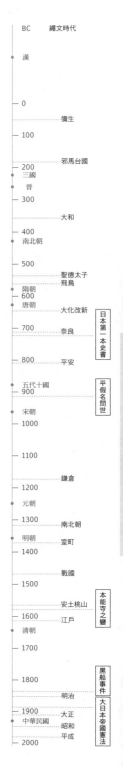

和茶禪一味精神的「侘茶」。雖然他離茶道文化的成熟還有將近一個世紀的時間，但他對於日後的茶聖千利休有著巨大的影響。

較之於平安時代的國風文化，室町時代所發展起來的室町文化中更多地包含了屬於日本人自己的思考和追求，可以說如今日本的文化生活的起點，就源於500多年前的室町時期。

BC

耶穌基督出生　0—

君士坦丁統一羅馬
羅馬帝國分成兩部

波斯帝國　500—

回教建立

凡爾登條約

神聖羅馬帝國建立
1000—

十字軍東征

蒙古第一次西征

英法百年戰爭開始

哥倫布發現新大陸
1500—

英國大破無敵艦隊

發明蒸汽機

美國獨立
拿破崙稱帝

美國南北戰爭開始

第一次世界大戰
第二次世界大戰

2000—

第三章

戰國風雲無雙

（1409年－1868年）

室町幕府在逐漸腐朽中被歷史的車輪輾為齏粉，皇室也日漸式微，各地大名紛紛割據稱王，日本邁入了熊熊戰火的戰國亂世。各方豪傑互相拼死廝殺，以下犯上的事件開始屢見不鮮。想要一統天下的織田信長不幸命喪本能寺大火之中，出身卑微的豐臣秀吉最終結束了亂世。然而一統天下的豐臣秀吉卻在入侵朝鮮和中國的戰爭中頻頻失利，最終含恨而終。日本便由德川家康帶領著進入了江戶時代。在250餘年的閉關鎖國中，日本發展出很多如今聞名於世的文化和藝術。

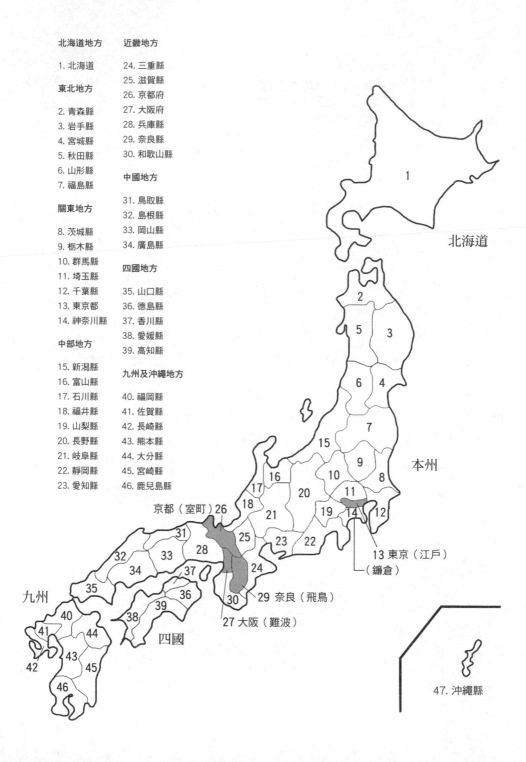

北海道地方　　近畿地方

1. 北海道　　　24. 三重縣
　　　　　　　25. 滋賀縣
東北地方　　　26. 京都府
2. 青森縣　　　27. 大阪府
3. 岩手縣　　　28. 兵庫縣
4. 宮城縣　　　29. 奈良縣
5. 秋田縣　　　30. 和歌山縣
6. 山形縣
7. 福島縣　　　中國地方

　　　　　　　31. 鳥取縣
關東地方　　　32. 島根縣
8. 茨城縣　　　33. 岡山縣
9. 栃木縣　　　34. 廣島縣
10. 群馬縣
11. 埼玉縣　　　四國地方
12. 千葉縣　　　35. 山口縣
13. 東京都　　　36. 德島縣
14. 神奈川縣　　37. 香川縣
　　　　　　　38. 愛媛縣
中部地方　　　39. 高知縣
15. 新潟縣
16. 富山縣　　　九州及沖繩地方
17. 石川縣　　　40. 福岡縣
18. 福井縣　　　41. 佐賀縣
19. 山梨縣　　　42. 長崎縣
20. 長野縣　　　43. 熊本縣
21. 岐阜縣　　　44. 大分縣
22. 靜岡縣　　　45. 宮崎縣
23. 愛知縣　　　46. 鹿兒島縣

北海道

本州

九州

四國

京都（室町）26
13 東京（江戶）
（鎌倉）
29 奈良（飛鳥）
27 大阪（難波）

47. 沖繩縣

燃火的戰國序幕

　　室町幕府八代將軍足利義政是一個風流人士，好藝術，常庇護藝術從業者與文化人，所以室町文化在他的庇佑之下茁壯成長。然而作為一代文青的足利義政卻算不上是一個好的幕府領導者，他在位的四十多年間，幕府財政日益窘迫，日本境內的起事此起彼伏。

　　在南北朝統一之後，後小松天皇將皇位禪讓給了第101代天皇稱光天皇。稱光天皇本來就體弱多病，也沒有生育男嗣，於是只好由後小松天皇迎了伏見宮家出身的彥仁親王為養子，之後將其立為皇太子。稱光天皇在28歲去世後，第102代天皇後花園天皇登基。此時南北朝統一已經將近半個世紀，京都一派欣欣向榮。然而繁華的京都即將迎來一場所有人都沒有想到的戰亂，並且這場戰亂持續竟達11年之久，整個京都幾乎因此成為廢墟。這就是「應仁之亂」。

　　要說「應仁之亂」的原因，需要追溯到足利義政29歲那年。足利義政8歲便繼承了將軍之位，到了29歲時已經厭倦了政治上的煩瑣和鎮壓各地發生的起事，開始沉溺於茶道、作庭和能樂為主的藝術家生活。不過他直到29歲還沒有子嗣，沒有辦法把將軍之位禪讓給兒子。思來想去之後，他就以自己無後為理由把將軍之位讓給弟弟足利義視，打算開始過隱居生活。但是足利義視則以哥哥才29歲為由，說他還有極大可能會生出男孩，一直拒絕就任

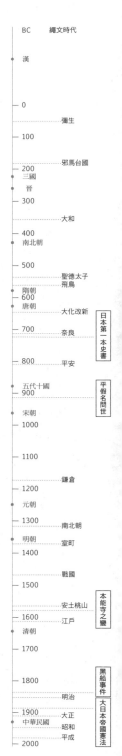

BC　繩文時代

漢

0

彌生　100

邪馬台國　200
三國
晉　300

大和　400
南北朝

500
聖德太子
飛鳥
隋朝　600
唐朝　大化改新

700
奈良

800　平安
五代十國　900
宋朝
1000

1100

鎌倉　1200
元朝
1300
南北朝
明朝　室町
1400

戰國　1500

安土桃山
1600　江戶
清朝
1700

1800

明治　1900　大正
中華民國　昭和
平成
2000

日本第一本史書

平假名問世

本能寺之變

黑船事件

大日本帝國憲法

BC

耶穌基督出生 0—

君士坦丁統一羅馬

羅馬帝國分成兩部

波斯帝國 500—

回教建立

凡爾登條約

神聖羅馬帝國建立
1000—

十字軍東征

蒙古第一次西征

英法百年戰爭開始

哥倫布發現新大陸
1500—

英國大破無敵艦隊

發明蒸汽機

美國獨立
拿破崙稱帝

美國南北戰爭開始

第一次世界大戰
第二次世界大戰

2000—

將軍之位。足利義政讓位心切，於是說：「今後即便生男子也讓其入僧門不繼承家督。」在這樣的許諾之下，足利義視終於被確定為將軍的繼承人。

但是剛決定了弟弟的繼承權後第2年，足利義政和妻子日野富子就生下了一個男孩，也就是真正的下一代幕府將軍——足利義尚。兒子一出生之後，日野富子和足利義視之間就圍繞繼承權的問題展開了爭鬥。在另一方面，那時想要掌握幕府實權的兩大有力角色細川勝元和山名持豐之間也在進行爭鬥。於是大家各自選擇了陣營，細川勝元支持足利義視；而山名持豐則支持足利義尚。這兩股勢力把京都作為了彼此較量的戰場，細川勝元擺陣於京都的東面；山名持豐則對壘於京都的西面。期間，後花園天皇讓位給了第103代天皇後土御門天皇。

1467年，雙方的戰爭打響，開啟了「應仁之亂」。位於近畿周圍的守護大名們各自選擇了某一方加入，據說京都在一時間內湧入了20萬以上的武士。為了有效控制戰場，大家都積極地使用了火攻，進行反覆的縱火和掠奪，甚至連寺廟和神社都未能倖免。由京都的騷亂為契機，守護大名們對自己地方上敵對的鄰國也開始了攻擊，大半個日本就此燃起了戰火。

在這場長久的戰亂中，原本兩大陣營的大將細川勝元和山名持豐在6年後相繼去世。同年，足利義政將將軍之位讓給了足利義尚後隱居。於是，細川勝元之子細川政元以及山名持豐之子山名政豐議和。接下去的4年多中，仍然有殘存勢力繼續進行小規模戰爭，直到1477年，戰亂終於在沒有輸贏的情況下得到平息。室町幕府進行了「天下靜謐」的祝宴，持續11年的應仁之亂終於完結。

長期的戰亂和盜賊橫行使京都街市荒廢，沒能及早平定戰亂

的將軍和幕府失去了威信。戰亂暫告平息後，後土御門天皇希望恢復朝廷的儀式，雖然天皇對此非常熱心，但是最後還是難以如願以償。1500年，後土御門天皇在失意中過世，身後還因為皇室經濟狀況十分困窘，遺體停放在宮中一個多月，都還無力下葬。後土御門天皇去世後，第104代天皇後柏原天皇繼位，但由於實在沒錢，後柏原天皇曾一度以賣字畫為生，他的登基儀式也直到他登基了22年後才得以舉辦。1526年，後柏原天皇崩御，第105代天皇後奈良天皇即位，皇室財政依舊困難，所以後奈良天皇也無錢舉辦即位儀式。一直到10年後，經過後北条氏、大內氏、今川氏等戰國大名的集資，後奈良天皇才舉辦了即位的儀式。由於皇室財政困難，後奈良天皇也學著後土御門天皇的樣子出售天皇親筆字來增加收入。到了後奈良天皇的繼任第106代天皇正親町天皇登基時，財政狀況依舊沒有改善，他的登基儀式也是在正式登基後3年，在毛利元就的捐贈下才得以舉行。皇室這樣的經濟狀況在織田信長到來後才漸漸有了改善。

　　雖然應仁之亂宣告終結，但它已經不可避免地把日本拖入了亂世戰國的時代。由於幕府將軍已經沒有了統帥的能力，原來的守護大名們只好各自散開，不得不用自己的能力來守護自己的財富，世間便從此開始群雄割據的狀態，這種新形式的領主，就是戰國大名。

　　之前的守護大名必須是由室町幕府任命，但如今戰國的大名則不再需要幕府的承認。在那個時代，戰國大名的出現一般有三種方式，第一種是之前留下來的守護大名變成了戰國大名，比如甲斐的武田氏以及薩摩的島津氏；第二種則是原來守護大名的家臣，最終依靠勢力自立為戰國大名，比如越後的上杉氏和出雲的尼子氏；第三種則是各地方有實力的武士和地方勢力締結同盟成

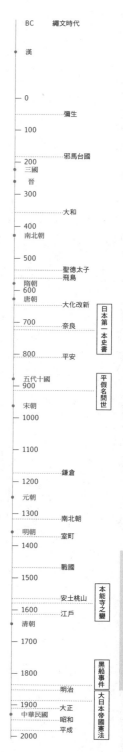

BC

耶穌基督出生　0—

君士坦丁統一羅馬

羅馬帝國分成兩部

波斯帝國　500—

回教建立

凡爾登條約

神聖羅馬帝國建立
　1000—

十字軍東征

蒙古第一次西征

英法百年戰爭開始

哥倫布發現新大陸
　1500—

英國大破無敵艦隊

發明蒸汽機

美國獨立
拿破崙稱帝

美國南北戰爭開始

第一次世界大戰
第二次世界大戰

　2000—

為新的戰國大名，比如陸奧的伊達氏和安藝的毛利氏。

　　戰國大名們為了擴張自己的領地，不得不和其他的大名進行戰爭，這樣的戰爭在戰國歷史上被稱為「合戰」。日本戰國歷史中最出名的一場合戰要屬川中島合戰，合戰的雙方是甲斐國大名武田信玄與越後國大名上杉謙信。川中島合戰有5次大小戰役，其中的第4次「八幡原之戰」到了如今依舊被人津津樂道。類似這樣的群雄割據和戰爭在日本的土地上持續了近100年。

　　在戰國時代，雖然硝煙四起，戰爭不斷，但各地的大名為了發展自己的領地，進行了一輪建設熱潮。以戰國大名的居住城市為中心，在日本的國土上誕生了星羅棋佈的城鎮。城鎮的周圍聚集著家臣以及工商業從業者，隨著他們的發展，就形成了名叫「城下町」的格局。而靠海的地區由於水陸交通的發展形成了港口城市，被稱作為「堺」。港口城市不僅可以進行國內的運輸貿易，還與明朝進行貿易通商，使得擁有港口城市的大名在經濟上很有活力。類似的，以驛站為中心也因為貿易和交通建立起了小型的城市。除此之外，由於寺院和神社有很多人來參拜，所以在大型寺院和神社的周圍也發展出城鎮，被稱為「門前町」。這些在戰國時代所建造的城鎮有很多經過了漫長的歲月，依舊存在於日本的地圖之上。

第六天魔王織田信長

織田信長作為日本「戰國三英傑」之一，是其中最早登上歷史舞臺的大名，他在49年的人生中推翻了名義上統治日本逾200年的室町幕府，並且差一點就統一了日本。不過為了更完整地瞭解日本戰國時代的境況，首先需要講一下，同時代的歐洲剛好進入了一個神奇的歷史階段，那就是「大航海時代」。

在「大航海時代」中最初揚帆起航的是西班牙和葡萄牙這兩個國家。在15世紀，受到伊斯蘭勢力的驅趕，西班牙和葡萄牙成立了中央集權國家，把與東方的印度、中國等國家之間的貿易作為主要的目標。葡萄牙航海家從非洲的西海岸南下，打開了通往印度和中國的航路。而西班牙航海家則繞向大西洋的西側，通過南美洲的南端，在橫渡了太平洋之後，於1522年成功環遊了地球。大航海把歐洲和亞洲透過海洋連接了起來，這樣的影響也波及了日本。

1543年，葡萄牙人乘坐著航向中國寧波的海船，漂流到了日本九州南側的種子島，葡萄牙人在船上攜帶的火銃由此傳到日本。這種熱兵器的能力很快得到了戰國大名們的推崇，在戰爭中被運用起來，對當時的戰爭方法帶來了很大的變化。在那之後，葡萄牙和西班牙的船隻駛入了九州港，日本也和他們展開了直接的貿易往來。至此，日本除了受到中國的影響，也開始受到歐洲的影響。

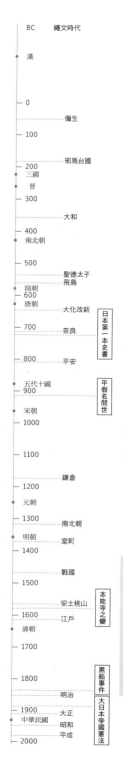

BC

耶穌基督出生　0

君士坦丁統一羅馬

羅馬帝國分成兩部

波斯帝國　500

回教建立

凡爾登條約

神聖羅馬帝國建立
1000

十字軍東征

蒙古第一次西征

英法百年戰爭開始

哥倫布發現新大陸
1500

英國大破無敵艦隊

發明蒸汽機

美國獨立
拿破崙稱帝

美國南北戰爭開始

第一次世界大戰
第二次世界大戰

2000

　　說完了歐洲和日本開始接觸之後，再次回到日本的戰國紛爭之中。在16世紀後半期，有實力的戰國大名們開始擴張領地。其中，在京都地區出現了一個試圖統一全國的人，那就是織田信長。

　　織田信長的少年時期和其他的武士少年不一樣，他對於自己的身分並不是那麼看重，常常和平民年輕人一起玩耍，因此當時在當地被其他的同齡武士稱為「尾張的大傻瓜」。位於尾張的織田氏在當時的大名中也不是什麼特別厲害的氏族，所統領的領地並不多，和周圍大名的仗卻沒少打，而且戰果也不佳。到了1551年，織田信長的父親織田信秀駕鶴西去，此時織田氏雖然與老對頭齋藤氏透過聯姻而暫時得以喘息，但尾張並未統一，這塊土地上還有著另一個強敵——今川氏的今川義元。織田信秀一死，鳴海城的城主山口教繼向今川義元投誠，背叛了織田氏。織田信長率領800人出兵討伐，山口教繼和其子山口教吉父子切腹自殺。

　　在擊敗今川氏的軍隊後，織田信長經過了一番爭權奪勢，暫時成為織田氏中的首領。然而這時一直支持他的岳父齋藤道三在長良川之戰中戰死，一批擁護織田信長弟弟織田信行的人藉機打算造反，但卻被織田信長成功鎮壓。在親生母親土田御前的斡旋下，織田信長赦免了自己的弟弟，然而沒想到才過了一年，織田信行繼續策劃謀反之事。織田信長便假裝臥病，將弟弟織田信行騙至清州城探病，最後命人將織田信行在臥房中刺殺。在解決了內憂後沒多久，織田信長就統一了整個尾張國。

　　此時，織田信長不過是尾張國的一個嶄露頭角的大名而已，讓他真正一戰成名的戰爭是發生在1560年的桶狹間之戰。這一年是織田信長剛剛統一了尾張國的次年，老對頭今川義元率領著25000人逼近了尾張國的邊境，而織田信長所擁有的兵力只有區區

3000人。經過幾天的行軍，今川義元已經成功進入尾張國境內，並且攻下了鳴海城和大高城。織田信長在得到了戰報後並未和家臣一起商量對策，而是依舊和他們一起閒聊家常，最後說：「夜深了，請各自退下。」次日早晨，織田信長自舞了一曲能樂謠曲《幸若舞・敦盛》，然後召集兵員出陣。而今川義元這一方則命令德川家康（此時的名字為松平元康）和朝比奈泰朝開始對織田氏的丸根砦和鷲津砦發動猛攻。等到織田信長到來時，丸根砦和鷲津砦已經被攻陷。今川義元本陣則在桶狹間山紮營休息，此時的戰況對於織田信長來說已經非常不利。織田信長此時不理家臣反對，舉行了誓師大會，然後繼續進兵，並且發出攻擊今川義元本陣的命令。關於桶狹間之戰的戰爭細節如今已經很難考證，比較主流的說法是當時織田信長面朝桶狹間山的今川軍進軍，當織田軍前進至山腳時，桶狹間一帶突然變天，降下驟雨冰雹，織田信長的軍隊伺機前進至今川軍附近，等天氣放晴之後趁今川軍不意之際突然出現，展開突擊，今川義元本人在亂戰中被織田信長貼身護衛隊新人毛利新助所斬殺。

位於長野市八幡原史跡公園的武田信玄（左）和上杉謙信（右）對決雕像

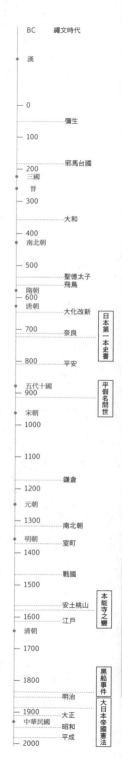

此役之後，今川氏迅速衰亡，而「尾張的大傻瓜」則一戰成名，再也沒人提起他這個綽號。在此戰中站在今川義元一方的德川家康在戰後由於今川氏群龍無首，趁機佔據其本家居城岡崎城，擺脫今川家的支配，並且切斷與今川家的所有關係，和織田信長結為同盟。其實，織田信長和德川家康在小時候本是一起成長的玩伴。

1561年，美濃國主齋藤義龍突然病死，由其嫡子齋藤龍興繼任家督，織田信長感覺到機會來了，於是花費了6年時間把美濃納入自己的領地之中，掌握了擁有肥沃土地的濃尾平原。然而，雖然領土得以擴張，織田信長的周圍依舊包圍著很多極為強力的大名。他的東面是武田信玄，北面是朝倉義景，西面則是淺井長政。除此之外還有雖然與其領土不接壤，但一直虎視眈眈的上杉謙信和北条氏康。

回教建立

凡爾登條約

神聖羅馬帝國建立
　　　1000—

十字軍東征

蒙古第一次西征

1568年，織田信長抓住了一個機會。之前室町幕府的第13代將軍足利義輝遭遇暗殺身亡，隨後的第14代將軍足利義榮是三好氏所扶持的傀儡。三好氏為了把持幕府，又打算暗殺足利義輝將軍的弟弟足利義昭。足利義昭在幕僚的支援下逃出了奈良，投奔越前國的朝倉義景，但是卻發現朝倉義景並非真心幫助自己。於是足利義昭開始親近織田信長，而織田信長則正好抓住了這個機會，把他奉迎到京都，成為室町幕府的最後一代將軍。

英法百年戰爭開始

哥倫布發現新大陸
　　　1500—

英國大破無敵艦隊

發明蒸汽機

美國獨立
拿破崙稱帝

美國南北戰爭開始

第一次世界大戰
第二次世界大戰

　　　2000—

織田信長曾把妹妹阿市嫁給淺井長政，以確保自己進入京都的道路通暢。然而在1570年，織田信長為了討伐數度無視命令的越前大名朝倉義景，打破了與淺井長政所締結的同盟。而造成這一切的原因則是來自原本被織田信長所保護的足利義昭。足利義昭當上將軍之後不滿被織田信長當作傀儡，暗中派人帶御內書給越前國的朝倉義景，希望朝倉義景能起兵討伐織田信長。織田信

長知道了之後打算先下手為強，聯合德川家康興兵討伐。然而原本和織田信長結盟的淺井長政卻決定了背叛織田信長，從背後急襲聯軍。織田信長在羽柴秀吉（日後的豐臣秀吉）、明智光秀和池田勝正等人的苦戰之下，好不容易終於逃回了京都，據說當時他的身邊只剩下約10人。足利義昭此時趁機與織田信長決裂。為了反擊，織田信長在同年再次出兵，和淺井長政、朝倉義景於近江姊川河原對壘，終於攻陷淺井長政的橫山城，扳回了一局。

此後，織田信長疲於應對對他群起而攻之的眾大名組成的包圍圈。1573年初，足利義昭宣佈正式加入信長包圍圈。織田信長為了緩解壓力，想把自己的兒子當做人質給足利義昭以求和解，然而卻遭到了足利義昭的拒絕。織田信長原本就怕和談不成，所以一面和談一面已派柴田勝家、明智光秀、丹羽長秀和蜂屋賴隆四將率軍出擊。四軍一路過關斬將，在1個月的時間裡就順利進入京都。雖然殺入了京都，但是織田信長再度派遣使者向足利義昭求和，甚至還請出了正親町天皇來下令。在織田信長的恩威並用下，足利義昭被迫同意和談。

不過足利義昭並沒有放棄繼續抵抗的想法，織田信長前腳剛走，他就開始一面加固城牆，一面向外祈求援軍。和談協定簽署不到3個月，足利義昭覺得自己又有了一戰之力，於是單方面宣佈了撕毀協議。但之後的情況卻不如他所預料，他的軍隊節節敗退，更有將領在織田軍的勸說下開門投降。不到半個月的時間，織田信長已經率領了5萬軍隊包圍了他最後固守的城池——槙島城。此時毛利輝元派遣使者安國寺惠瓊勸說織田信長和足利義昭和談，織田信長也不想手刃將軍，於是就再次與足利義昭進行了和談。最終，足利義昭以嫡子足利義尋為人質，向織田信長投降，而足利義昭本人則被驅逐出京都。雖然足利義昭保留將軍之

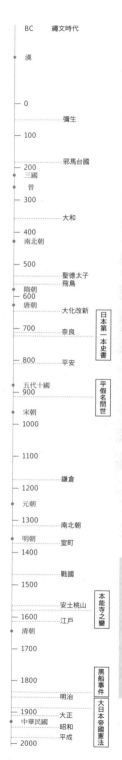

名，之後在若江城也繼續開設幕政，晚年也再次回到了京都，但隨著他這一次離京，實際上室町時代已經終結。

搞定了出爾反爾的足利義昭後，織田信長接下來要收拾的是在自己背後捅刀的淺井長政。就在1個月之後，織田信長就包圍了淺井氏的居城小谷城，並擊退了前來救援淺井氏的朝倉義景。在刀根坂之戰中織田信長擊退了援軍，隨後暫時不管小谷城，乘勝追擊朝倉義景。朝倉義景節節敗退，從疋壇城退回一乘谷城。在一乘谷城朝倉義景命令各將出陣，但除了自己的堂兄朝倉景鏡，已無人為他出戰。無奈之下朝倉義景聽從了朝倉景鏡的建議，放棄一乘谷城，逃向賢松寺。因為朝倉義景放棄了一乘谷城，織田軍的柴田勝家猛攻城池，並且四處縱火，這場火燒了三天三夜，最終將一乘谷城夷為平地。而建議朝倉義景放棄一乘谷城的朝倉景鏡其實早已投誠織田信長。朝倉義景逃到賢松寺後，朝倉景鏡就開始對自己的堂弟兵戎相見。朝倉義景在寺廟中思考著，他知道自己在這戰國的舞臺上該謝幕了，於是在鳥居景近的介錯下自盡而亡。在朝倉義景死後，織田信長將和他有關的朝倉一族全部屠戮殆盡，朝倉政權從此消亡。織田信長攻陷了一乘谷城之後，返轉再次進攻小谷城，不久便殺入城內。淺井長政的父親淺井久政在京極丸切腹自盡。淺井長政讓織田信長的妹妹阿市帶著三個女兒回織田家，在送女眷們出城後自己在小谷城的本丸切腹自盡。自此，淺井氏政權也從戰國的舞臺退場。

就在織田信長剛剛解決完淺井氏時，位於他東面的武田勝賴乘機襲擊了美濃的明智城。織田信長率援軍趕到時明智城已失守，武田氏實力很強，為了避免與武田軍正面衝突，織田信長選擇了暫時撤退。佔領了明智城的武田軍並沒有停下腳步，不久後就開始進攻織田信長南方的盟友德川家康，並且攻下了高天神

城。織田信長因為正要出兵長島鎮壓一向一揆，沒能前去增援，只是送了德川家康大量的軍費。武田勝賴下一個目標是德川家康的長篠城。長篠城當時有守兵500人，還有200挺火銃，由於周圍有河流圍繞，可以暫時抵抗武田勝賴的進攻。但是由於城內補給缺乏，若是在糧食吃完前還沒有援軍前來，長篠城勢必會淪陷。守城的城主奧平貞昌隨即派人去向位於岡崎城的德川家康求助，德川家康則再次向織田信長求助。過了2個月，織田信長平定了本願寺和高島城，帶著3萬人來援救德川家康。織田信長人生中又一場大戰就此打響。在這場大戰中，織田信長讓部隊用了3000挺火銃，為了節省火銃的裝填時間，加快射擊速度，用1000人為一組，分成三組進行交叉射擊。戰役開始時先用第一隊射擊，替換子彈時則回到後方，輪到第二組攻擊，第二組發射結束後第三組射擊。等到第三組射擊完畢後，第一組的火銃手已經填彈完成，可以再上陣發射。就這樣，織田軍站在防馬柵後方的火銃隊擊敗了堪稱最強的武田騎馬隊，大敗的武田勝賴撤兵回甲斐。武田家在此戰中損失了諸多的將領，因此而走向了衰亡。

　　長篠之戰結束後一年，織田信長在近江面朝琵琶湖的土地上建築了新的安土城。安土城是一個有5層樓的天守閣，是當時新形式的城池，當時耶穌會的傳教士在寄回母國的信上讚歎：「即使歐洲也沒有如此豪華的城堡。」自此，織田信長以安土城為據點，開啟了統一天下的征程。此時織田家已具備延伸至多方面勢力的兵力與財力，織田信長給予屬下武將大名領土和高度的統治自主權，目的只有一個，那就是征戰四方，統一天下。不久後，以畿內為中心，織田軍團攻下了北陸、甲斐、駿河等地，並納入自己的勢力範圍。

　　到了1580年，織田信長讓敵對了10年之久的，位於大阪的石

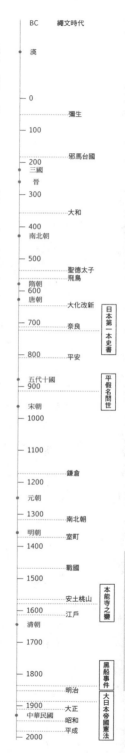

BC

耶穌基督出生　0—

君士坦丁統一羅馬

羅馬帝國分成兩部

波斯帝國　500—

回教建立

凡爾登條約

神聖羅馬帝國建立
　　　　1000—

十字軍東征

蒙古第一次西征

英法百年戰爭開始

哥倫布發現新大陸
　　　　1500—

英國大破無敵艦隊

發明蒸汽機

美國獨立
拿破崙稱帝

美國南北戰爭開始

第一次世界大戰
第二次世界大戰
　　　　2000—

山本願寺臣服了。對於天皇，織田信長首先利用了他的權威，藉助天皇的調停，讓比叡山延曆寺和石山本願寺講和。然後織田信長在京都御所附近進行軍事閱兵，一來向其他大名展示自己的實力，並且向內外展現自己和天皇之間的密切關係。這種挾天子以令諸侯的做法頗像中國三國時期的曹操。但織田信長之後的發展卻和曹操完全不一樣，按照原先的軌跡，織田信長似乎應該迎來屬於自己的時代。但在1582年，這一切突然被畫上了休止符。

　　這一年，織田信長被家臣明智光秀背叛，在京都的本能寺自殺，結束了他49歲的一生，史稱「本能寺之變」。在1582年5月15日到17日之間，明智光秀負責招待前來的德川家康。據說由於當時明智光秀辦事疏忽，被解除了招待負責人職務。織田信長正好此時收到了羽柴秀吉傳來的求援信，明智光秀被要求返回其屬地坂本城並準備支援。5月26日，明智光秀領軍做好了出戰的準備，但在29日，明智光秀並沒有前去支援羽柴秀吉，而是率領了1萬多人直奔織田信長所在的京都。在橫渡桂川，即將接近京都時，明智光秀向全軍大喊：「敵人就在本能寺！」而本能寺正是織田信長臨時下榻之地。到了早晨，明智軍完全包圍了本能寺，織田信長喚侍從取長槍出外迎敵，然而敵軍人多勢眾，織田信長在亂軍中負傷，隨後退回到殿內放火自盡。「本能寺之變」是戰國史上的一大謎案，至今還未有定論，甚至沒有某一派比較主流的解釋。不過無論當時的事實如何，在2017年，織田信長與明智光秀兩家的後代共同出席了一次茶會，為這400多年前改變了日本歷史進程的反叛事件進行了握手和解。

　　織田信長有一個外號「第六天魔王」，在日本的神話中，第六天魔王並不是一個面目凶煞的惡魔，反而是一個傾城傾國的美女。這位美女在平安時期嫁給了源經基為妾，之後便用妖術詛咒

源經基的正室。正當正室要受詛咒而死之時，源經基的兒子發現了第六天魔王的身分。她因此被流放，但到了流放地後她並無悔意，而是糾集了大量的暴徒，四處燒殺搶掠。天皇派大將平維茂前去征剿，但不敵其妖術，最後還是在天神的幫助下用降魔劍才殺死了她。數百年後，嗜殺的織田信長南征北戰，痛恨他的人便認為他是第六天魔王重現人間，把這個外號給予了他。

縱觀織田信長的一生，雖然他打出了桶狹間之戰和長篠之戰這樣著名的戰役，但他並非是一個戰無不勝的武神，甚至很多時候都會非常隱忍地以求和來換取自己的生存。那除了戰爭之外又是什麼讓這個「尾張的大傻瓜」成為差點統一日本的人呢？其實織田信長能向天下統一順利進軍的理由和其他的大名有些不同，因為他在經濟上下了不少的功夫。

在當時的日本，市場經濟已經非常活躍，人們在各個城鎮的市場中進行物資的交換和買賣。在市場中，還存在著一種組織，那就是工商業者的公會，被稱作為「座」。在織田信長之前，幕府和守護大名和「座」之間一直是一種對立的關係。因為幕府和守護大名一直霸佔著市場，若是有工商業者要來市場進行貿易，那就必須向幕府和守護大名繳納稅金。但是織田信長卻顛覆了這種長久的制度，他規定無論是誰進入市場進行商業活動，都不需要再繳納稅金，於是在織田信長所統領的土地上，經濟變得異常繁榮。

除此之外，織田信長在1567年為了支配攻佔的美濃地區，開始使用一種刻著「天下布武」字樣的印章。這一印章象徵著使用武力來統一天下，也是織田信長本人意志的代表。當時日本社會有著3個不同的權力中心：武家、朝廷和寺社。織田信長不僅僅只與武家進行爭鬥，對於寺社和朝廷也在推行他天下布武的意志。

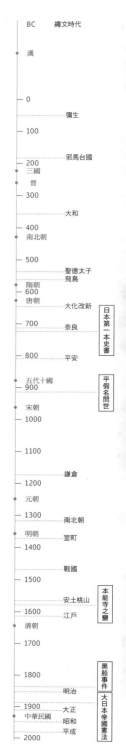

當時在畿內，寺社和朝廷在幹道上設置了層層關卡，公然徵收過路費。而織田信長則撤銷了這些阻礙流通的關卡，這一政策和之前的不再收取稅金政策極大地減少了寺社和朝廷的經濟收入。對於那些想要左右政治的寺社，織田信長則不再姑息，選擇全力打擊。在1571年，織田信長攻擊曾經包庇朝倉、淺井聯軍的比叡山延曆寺。一年前他曾要求延曆寺保持中立，不要參與大名之間的爭鬥，但延曆寺拒絕。一年後，織田信長率軍前來報復，他派兵放火燒掉坂本、延曆寺。同時，織田信長還鎮壓了畿內由一向宗的門徒所集結起來組織的武裝起事。

織田信長究竟是怎樣一個人呢？當時葡萄牙天主教的傳教士是這樣描述他的：「極度好戰，勤於軍事訓練。充滿追求名譽之心，對正義很嚴格，對加於自身的侮辱必定施以懲罰。睡眠時間短，很早起床。沒有貪欲，決斷甚為隱祕，戰術極其老練。有時會非常性急和情緒激動，但平常不會如此。他甚少或完全不聽從家臣的忠言，極為家臣所敬畏。不喝酒，節食。對人十分率直、傲慢，認為自己的見解才是對的。對自己所有的事情皆小心地完成。與人交談的時候，討厭拖延和冗長累贅的開場白。即使對地位極卑賤的家臣也能親切地說話。」就是這樣的織田信長，在400多年後的今天依舊是日本社會中魅力不減的歷史人物。

耶穌基督出生　0—

君士坦丁統一羅馬

羅馬帝國分成兩部

波斯帝國　500—

回教建立

凡爾登條約

神聖羅馬帝國建立　1000—

十字軍東征

蒙古第一次西征

英法百年戰爭開始

哥倫布發現新大陸　1500—

英國大破無敵艦隊

發明蒸汽機

美國獨立
拿破崙稱帝

美國南北戰爭開始

第一次世界大戰
第二次世界大戰

2000—

天下一統和遠征野望

「本能寺之變」後，圍繞著織田信長後繼者的紛爭就此開始，而從中勝出的人是被織田信長稱之為「猴子」的豐臣秀吉，這一結果即使在現在看來都讓人覺得頗為驚訝。更加值得驚訝的是，他追隨著織田信長的遺志，最終竟然一統日本。不過豐臣秀吉並不只是一個織田信長的追隨者，他的一統天下中包含著自己卓越的智慧。時至今日，豐臣秀吉依舊深受日本人民的愛戴。

豐臣秀吉並不是他的原名，幼年時期的他被取名為日吉丸，七歲父親死亡，八歲母親改嫁，他只好選擇出家成為小沙彌。由於豐臣秀吉的出身很低微，所以關於他幼年的記載非常少。一來二去，他來到織田信長的麾下，改名為木下藤吉郎。此時的他沒有資格拿刀上陣，只能幫主公提武具。因為他長得較醜，所以織田信長對他取了兩個外號，「禿鼠」和「猴子」。按照葡萄牙傳教士弗洛伊斯記載，豐臣秀吉「身材矮小，容貌醜陋，右手有六隻手指」。朝鮮通信使黃允吉也記載說豐臣秀吉「容貌矮陋，面色皺黑，如猱獝狀；深目星眸，閃閃射人」。

雖然豐臣秀吉其貌不揚，但並不妨礙他的工作能力。相傳每到冬天來臨，他會提前半個時辰把織田信長起床要穿的草鞋放入自己的胸膛，用體溫幫主人暖熱，以使主人起床後不感到涼腳，因此而贏得了織田信長的歡心。在和淺野長政的義妹寧寧結婚之後，他改名為木下秀吉。在織田信長攻打齋藤氏的時候，先後命

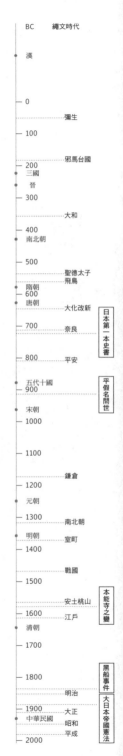

BC　繩文時代

漢

0

彌生　100

邪馬台國　200
三國
晉
300
大和　400
南北朝
500
聖德太子
飛鳥
隋朝　600
唐朝
大化改新
700
奈良
800　平安
五代十國
900
宋朝
1000
1100
鎌倉　1200
元朝
1300
南北朝
明朝
室町　1400
戰國
1500
安土桃山
1600　江戶
清朝
1700
1800
明治
1900　大正
中華民國　昭和
平成
2000

日本第一本史書

平假名問世

本能寺之變

黑船事件
大日本帝國憲法

佐久間信盛和柴田勝家到墨俁築城，但相繼失敗。最後，豐臣秀吉夥同當地土豪蜂須賀小六等人，在一夜間完成任務。1570年織田信長準備進攻朝倉義景的路上，在金崎遭到盟友淺井長政的背叛，此戰豐臣秀吉為殿後軍，拚死保護織田信長、德川家康和家臣們撤退，確立了自己作為織田重要家臣的地位。金崎殿後一役，讓他獲得了絕大部分家臣的認可，像羽丹長秀、池田勝正等人，與豐臣秀吉的關係都比較好。

　　織田家歷經幾年艱苦的奮鬥，直到武田信玄病死後開始時來運轉。豐臣秀吉也因為多年的戰功而受封於長濱城築前守，成為真正的大名。此時他改名為羽柴秀吉，是取柴田勝家與羽丹長秀名字中各一字，可見他的人緣極佳。後來豐臣秀吉攻打日本的中國地區，使備前國及美作國的大名宇喜多直家完全臣服於織田氏。這時，別所長治及荒木村重背叛織田信長，豐臣秀吉則奉命追討這兩個反賊，最終讓別所長治切腹自盡。

　　這是豐臣秀吉前46年的人生，他是一個勤奮認真、吃苦耐勞的優秀織田家將領。他出身低賤，走到這一步完全靠自己的努力，幾乎是零失誤地完成了織田信長交給他的每一個任務。但這樣在日本的那個時代其實遠遠不夠，雖然戰國是一個下剋上盛行的時代，但身為一介平民想要做到大名的位置還是聞所未聞的事情。豐臣秀吉能得到這樣的提拔，還要多虧一個人，那就是不按常理出牌的織田信長。織田信長在當時被評為「瘋狂的革命家」，他奉行實力主義，用人唯才。除了豐臣秀吉之外，聲名狼藉的松永久秀也被他所看重。相對的，因表現不佳而被認為沒利用價值的人，就算是跟隨近二十多年的老臣如林秀貞、佐久間信盛，也會遭到無情流放。所以織田信長對於豐臣秀吉來說是人生最重要的貴人。

在「本能寺之變」發生之前，織田家已經是日本最大的勢力，統一日本的大業已經初具雛形。然而本能寺的一把火把織田信長和他的繼承人織田信忠都燒成了灰。按照當時的狀況，這時誰能為織田信長報仇，誰就能在實際上控制織田家龐大的基業。在「本能寺之變」之前，織田信長就把自己的家臣都分成了不同的軍團讓他們去征戰四方，所以織田信長死的時候，誰都不在他的身邊。

「織田四天王」之一的明智光秀此時正在竭盡全力積聚力量來抵抗即將從四方到來為織田信長報仇的軍隊。瀧川一益正在和北条氏政打仗，一開始瀧川一益戰況不錯。北条氏政此時心生一計，由於「本能寺之變」，他們判斷身為「織田四天王」的瀧川一益，此時一定想要迅速趕回近畿去處理織田家事務，因此詐敗，瀧川一益一時大意而中計，導致大敗而歸。從此以後瀧川一益屢戰屢敗，自然也失去了繼承織田家的機會，最後出家後失意而死。

「織田四天王」之首的柴田勝家此時正在攻擊上杉氏的魚津城及松倉城，在得知了「本能寺之變」的消息後，他嘗試前往京都瞭解情況，但軍隊受到上杉軍的攻擊，無法脫身。「織田四天王」中剩下的一位是羽丹長秀，此時他正要以織田信孝副將身分支援出征四國，得知了「本能寺之變」的消息後，回身與豐臣秀吉會合，一同參與了山崎之戰，之後與豐臣秀吉共同支持擁立織田秀信為織田當主。

剩下的人中，織田家最大的盟友德川家康聞訊迅速逃回自家領地，靜觀其變。而此時的豐臣秀吉正在日本的中國圍困毛利氏的高松城，他一得知「本能寺之變」後就迅速和毛利家講和，以清水宗治切腹和割地等要求達成和議，然後火速趕回近畿討伐光

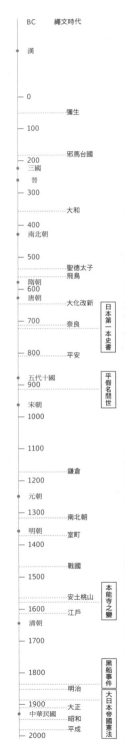

BC　繩文時代

漢

0

　彌生

100

　邪馬台國
200
三國
　晉
300

　大和
400
南北朝

500
　聖德太子
隋朝　飛鳥
600
唐朝　大化改新 ┃日本第一本史書
700
　奈良

800　平安

五代十國 ┃平假名問世
900

宋朝
1000

1100

　鎌倉
1200
元朝

1300　南北朝
明朝　室町
1400

　戰國
1500

　安土桃山 ┃本能寺之變
1600　江戶
清朝

1700

1800 ┃黑船事件
　明治
1900　大正 ┃大日本帝國憲法
中華民國　昭和
　平成
2000

秀，上演了「中國大返還」，僅僅七天時間內完成了自中國地方至京都194公里的急行軍。豐臣秀吉的迅速讓明智光秀嚇得手足無措，此時站在明智光秀一方的人極少，只有岳父妻木廣忠、女婿明智秀滿和舊臣齋藤利三。豐臣秀吉和明智光秀在攝津國與山城國邊境之山崎進行了決戰。雙方一開始形成了拉鋸狀態，最後池田恆興成功偷襲了明智軍的津田信春，對明智軍形成了包圍。明智光秀敗走，在逃往近江途中，被附近農民殺死。其女婿明智秀滿知道消息後在坂本城自盡，明智家的勢力就此退出歷史舞臺。

　　討伐了明智光秀算是為織田信長和織田信忠報了仇，接下來最重要的事情就是織田氏的當主人選以及領土分配問題。於是清州會議召開了，參加會議的有豐臣秀吉、羽丹長秀、池田恆興和柴田勝家。大老瀧川一益由於被北条氏政所打敗而傳說被豐臣秀吉禁言，其地位被池田恆興所取代。在會議上，討伐明智光秀有功的豐臣秀吉擁立織田信忠嫡子織田秀信為當主繼承人，並且得到了部分織田宿老家臣如羽丹長秀等人支持。而柴田勝家則擁立信長三子織田信孝，會議最終決定織田秀信繼承當主之位，織田信孝擔任監國。在這場會議中，豐臣秀吉取得了最大的發言權，而過去的筆頭重臣柴田勝家的影響力則明顯被削弱，這令雙方產生了劇烈的衝突，導致了隔年爆發的賤岳之戰。

　　在清州會議之後，豐臣秀吉在京都舉辦了一次大規模的織田信長葬禮，這又引起了柴田勝家的不滿。翌年，之前被豐臣秀吉禁言的瀧川一益公開支持柴田勝家，攻陷了峰城和龜山城，豐臣秀吉被迫退回京都。而柴田勝家趁著雪融化的時候，在2月下旬從北之莊城進發向近江國對豐臣秀吉出兵，雙方在近江國賤岳附近進行了會戰。經過了一個多月的會戰，柴田勝家不敵豐臣秀吉而撤退，豐臣秀吉乘勝追擊，包圍了柴田勝家的居城北之莊。柴田

勝家自知大勢已去，於是和其妻子阿市一起切腹自盡，柴田氏的政權就此瓦解。豐臣秀吉順勢平定加賀國、能登國，瀧川一益也被降服，從此蟄居，織田信孝不久被迫自殺。

這時，領有伊賀、伊勢大部分及尾張三國領地的織田信長次子織田信雄日益感受到豐臣秀吉對他的威脅，擔心自己淪落到和弟弟織田信孝一樣不得好死的下場，於是他與德川家康聯合開始反抗豐臣秀吉。1584年3月3日，織田信雄得到密告：家臣岡田重孝、津川義冬、淺井長時等三位家老暗通豐臣秀吉。織田信雄大怒，下令將此三人處死，這無疑是向豐臣秀吉宣戰。雙方發動了「小牧‧長久手之戰」，這一戰中豐臣秀吉潰敗撤兵，不再直接對抗德川家康，而是直接攻擊美濃的織田信雄。最終信雄投降，雙方談和，德川家康和豐臣秀吉達成和戰協議。德川家康雖然稱臣歸附，但依然保留了全部領地。之後為了繼續拉攏德川家康，豐臣秀吉不僅把自己四十多歲的妹妹下嫁給德川家康，還把自己的老母親送去當人質，這才讓德川家康表示臣服。

1585年，豐臣秀吉擊敗剛統一四國的長宗我部家，隨後開始覬覦征夷大將軍一職。不過之前被放逐的前將軍足利義昭拒絕以秀吉為猶子，將軍之夢成了泡影。之後豐臣秀吉把目標轉為成為關白，但是當時的關白二条昭實也拒絕了他的要求。他最後找到前關白近衛前久幫忙，讓他收自己為猶子，然後迫使二条昭實讓位，終於成為輔助天皇處理政事的關白。次年，第107代天皇後陽成天皇登基，由於豐臣秀吉出身低賤，需要建立權威以及擁有太閣與關白的地位，因此對天皇極為尊敬禮遇，並致力於恢復朝廷的威信，這讓接連幾代窮困潦倒的皇室暫時恢復了往日的皇家風範。

之後，豐臣秀吉擊敗了企圖統一九州的島津家，最後消滅北

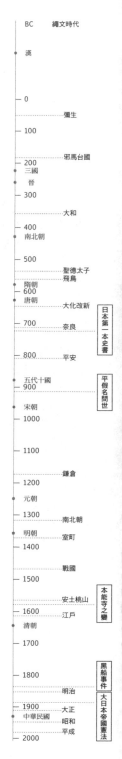

BC

耶穌基督出生　0—

君士坦丁統一羅馬

羅馬帝國分成兩部

波斯帝國　500—

回教建立

凡爾登條約

神聖羅馬帝國建立
　　　　1000—

十字軍東征

蒙古第一次西征

英法百年戰爭開始

哥倫布發現新大陸
　　　　1500—

英國大破無敵艦隊

發明蒸汽機

美國獨立
拿破崙稱帝

美國南北戰爭開始

第一次世界大戰
第二次世界大戰

　　　　2000—

条家，而奧州的伊達政宗政則選擇了自願臣服。至此，日本三島的統一事業完成了。1592年，豐臣秀吉將關白及豐臣家家督之位讓給外甥豐臣秀次，以太閣自居。隨後，豐臣秀吉人生中最為大膽的事業開始了，那就是進攻明朝。

豐臣秀吉很早就表明了對明朝用兵的方針，天下統一後，他要求朝鮮對日本朝貢，並且尋求其一同來進攻明朝。除此之外，豐臣秀吉還派遣使者去了琉球國、呂宋、高砂國、暹羅等，要求他們俯首稱臣，並幫助日本向明朝宣戰。多數國家在得到了這樣的國書之後非但沒有同意，而且把消息透露給明朝。至於朝鮮，對日本這樣的要求選擇了不予答覆，於是豐臣秀吉在1592年把15萬大軍運送到朝鮮，開始了第一次「萬曆朝鮮之役」。此時的朝鮮承平日久，以致武備廢弛，全國三百餘郡縣基本沒有設防。

戰爭一開始對於日本來說十分順利，4月14日侵朝的日軍首先於釜山登陸並成功佔領釜山，之後一路佔領了東萊城和忠州，這導致朝鮮國王宣祖李昖所在的王京漢城已難以固守。李昖在朝臣的建議下，放棄都城出奔平壤。不到1個月的時間，日軍攻克朝鮮王京漢城，俘虜朝鮮王子。雖然朝鮮的軍隊不堪一擊，但各地自發的游擊隊開始不時騷擾日軍，反而拖住了日軍前進的腳步。安國寺惠瓊因為游擊隊的攻擊而無法順利進駐全羅道，毛利輝元也無法順利佔領慶尚道，日軍其他軍團也遭到各地義軍的阻撓。

日軍的先鋒則先不管各地的義軍，一路向前突破了開城，李昖不得不在6月11日離開平壤，繼續流亡至位於中朝邊境的義州。當時朝鮮全國八道僅剩平安道以北尚未為日軍攻佔，再不搬救兵就要被滅國了。李昖一連派了幾批使者前去明朝搬救兵，除向萬曆皇帝遞交正式國書外，還分別游說了明朝的閣臣、尚書、侍郎、御史和宦官。6月15日日軍陷平壤。7月，俘虜了朝鮮王子臨

海君與順和君。

　　接連收到朝鮮的求援，明朝的朝臣開始疑惑了，他們需要辨明這些人是真的來求援的，還是已經聯合了日軍想要把明朝的軍隊騙到朝鮮後一舉殲滅。李昖在得知明朝的猜忌後，反覆派出使臣以示清白，並且還將之前沒回覆的日本國書轉交到明朝。明朝方面也知道這件事情非同小可，若是日本成功拿下朝鮮，自己家門口就來了一頭老虎。於是兵部尚書石星召見了曾出訪過朝鮮見過李昖樣貌的使者，再讓遼東那邊的畫家祕密畫了流亡在此的李昖畫像來進行對比。對比後明朝終於確認李昖真的已經被打得滿地找牙，躲在中朝邊境了。於是明朝讓李昖渡過鴨綠江，暫時住在明朝境內，然後同意出兵援助朝鮮。

　　明朝命令遼東軍陸續派兵進入朝鮮境內，第一次以5000人和日軍戰於平壤城內，遭到了日軍的火銃的伏擊而敗北，消息傳到明朝，朝廷為之震動。之後再次進攻平壤明朝依舊敗北。但這種失敗其實並不是由於明朝實力問題，而是因為朝鮮方面給予了很多不確實的情報。當時朝鮮情報指出平壤只有1000多名日軍，實際交戰後估計日軍有上萬人。如此一來，明朝知道這並非是遼東軍可以解決的問題，短期內解決朝鮮動亂已是妄想，於是打算從中央調集軍隊進行增援。

　　不久後，明朝從全國範圍調集了4萬餘精銳將士越過鴨綠江進入朝鮮，由於朝鮮的農業凋敝，即使軍隊帶了銀兩也無法購買到糧食，所需糧草均需由明朝從後方供應，這使得明軍在準備完補給之前無法進攻日軍。直到1593年1月，明軍出兵來到平壤城下，與日軍小西行長的第一軍團15000人進行了一場大戰。一開始明軍謊稱是前來加封，直到明軍來到城門之下，小西行長才醒悟過來對面是來進攻。隨著明軍一起來的除了軍隊，還有佛朗機炮、虎

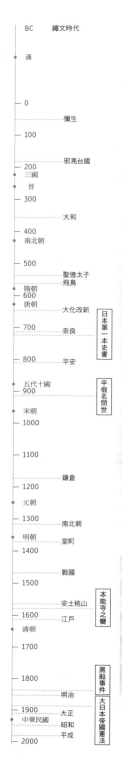

蹲炮、滅虜炮等重型火炮。日軍不敵，被明軍掩殺了1萬多人，而明軍陣亡不足千人。明軍將領李如松一戰成名，順利收復平壤和開城。

之後李如松又打了一場碧蹄館之戰，不過只和日軍打了一個平手。戰爭進行至此，明軍和朝軍之間的戰事開始激化，明軍內部南軍和北軍之間的衝突也開始激化，這導致李如松無意進取，先退到了開城，然後又退回了平壤。到了1593年6月，日本因在海戰上與朝鮮水師李舜臣之間的戰爭連連失利而導致補給無法送至，再加上對朝鮮破壞過度，造成軍中瘟疫流行。日軍知道自己短時間內無法拿下朝明聯軍，於是為了保全佔據朝鮮南部四道的戰果，派使節到北京進行議和。

明朝的兵部尚書石星一意主和，於是開啟了中日雙方一場令人瞠目結舌的和談鬧劇。早在1個月之前，豐臣秀吉會見了到達日本的以沈惟敬為首的明朝使團。由於語言不通，負責和沈惟敬進行商談的是小西行長。豐臣秀吉提出了「大明、日本和平條件」七條：迎明帝公主為日本皇后；發展勘合貿易；明日兩國武官永誓盟好；京城及四道歸還朝鮮，另外四道割讓於日本；朝鮮送一王子至日作為人質；交還所俘虜的朝鮮國二王子及其他朝鮮官吏；朝鮮大臣永誓不叛日本。這樣的條件明朝自然不可能答應，但是沈惟敬卻擅自答應了這七條，然後對隨行之人說豐臣秀吉同意向明朝稱臣，並請求封貢，也會撤回侵朝的日軍。之後他還對朝廷遞交了偽造的日本降表。

豐臣秀吉這一面得到了沈惟敬的答覆之後便派遣小西如安跟隨使團來到北京和兵部尚書石星談判。由於言語不通，小西如安竟也學著沈惟敬的方式信口答應了石星提出的三項條款：日軍在受封後迅速撤離朝鮮和對馬；只冊封而不准求貢；與朝鮮修好

君士坦丁統一羅馬

羅馬帝國分成兩部

波斯帝國 500—

回教建立

凡爾登條約

神聖羅馬帝國建立
1000—

十字軍東征

蒙古第一次西征

英法百年戰爭開始

哥倫布發現新大陸
1500—

英國大破無敵艦隊

發明蒸汽機

美國獨立
拿破崙稱帝

美國南北戰爭開始

第一次世界大戰
第二次世界大戰

2000—

《火燒本能寺之圖》楊齋延一・明治時代

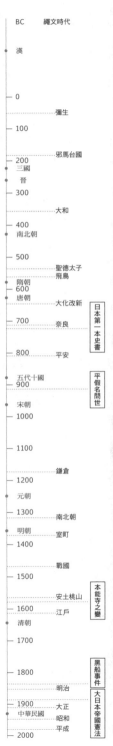

不得侵犯。萬曆皇帝對這個結果非常滿意，決定冊封豐臣秀吉為「日本國王」，然後於1595年1月正式派出使者，在沈惟敬陪同前往日本冊封豐臣秀吉。

冊封詔書寫道：「奉天承運皇帝，制曰：聖仁廣運，凡天覆地載，莫不尊親帝命。溥將暨海隅日出，罔不率俾。昔我皇祖，誕育多方。龜紐龍章，遠賜扶桑之域；貞珉大篆，榮施鎮國之山。嗣以海波之揚，偶致風占之隔。當茲盛際，宜讚彝章，咨爾豐臣平秀吉，崛起海邦，知尊中國。西馳一介之使，欣慕來同。北叩萬里之關，肯求內附。情既堅於恭順，恩可靳於柔懷。茲特封爾為日本國王，賜之誥命。於戲龍賁芝函，襲冠裳於海表，風行卉服，固藩衛於天朝，爾其念臣職之當修。恪循要束，感皇恩之已渥。無替款誠，祗服綸言，永尊聲教。欽哉！」

豐臣秀吉看到詔書之後大怒，狠狠地把詔書摔在地上，然後驅逐明朝的使臣，開始準備再一次入侵朝鮮。和談破裂了之後，石星和沈惟敬等人還想欺瞞萬曆皇帝，希望能蒙混過關。沈惟敬滯留在朝鮮，不敢回國，然後再次偽造了一道豐臣秀吉的謝恩表遞給朝廷。但是此時朝廷已經得知日本再次開始準備戰爭，遞上

的謝恩表也被識破為造假。萬曆皇帝這才知道自己被臣子給耍了，於是石星被下獄問罪，沈惟敬則被就地正法。

1597年1月，日軍拒不退出釜山，朝鮮明白日軍要再次入侵，只好立即遣使來到明朝再次求援。經過第一次入侵，豐臣秀吉瞭解到了李舜臣的厲害，所以這一次他吸取了教訓，使用反間計誣陷李舜臣陰謀篡權，使得李昖將李舜臣下獄。次月，豐臣秀吉發動了第二次侵略朝鮮的戰爭，這一次他帶了16萬日軍，誓要拿下朝鮮全境，並且打到北京。而明朝這次先動員了3萬軍隊，開赴朝鮮進行支援。

戰爭前期日軍明顯佔據優勢地位，明軍據守的城市接連淪陷，進攻也屢屢失敗。隨著戰況越來越糟，明朝的朝廷中又有人打算進行議和。不過萬曆皇帝這次卻堅定不移地主戰，慢慢地，形勢開始逆轉，日軍開始不敵明軍的攻勢。朝鮮方面，由於李舜臣被下獄，朝鮮水師由元均率領。但元均在漆川梁遭日將藤堂高虎的伏擊而陣亡，朝鮮水師幾乎全軍覆滅，朝鮮直接喪失了制海權。國難當頭，朝鮮只好再次啟用李舜臣。李舜臣到任時發現自己原先苦心經營的水師，此時被元均折騰得僅剩下了寥寥幾艘小船，悲痛之餘他只好重新開始新建水師。兩個多月的時間裡他好不容易趕製出了12艘板屋船，隨後他指揮著這些船隻在鳴梁海峽和日軍的130餘艘軍船展開了決戰。

鳴梁海峽是珍島與全羅南道海南郡之間的狹窄海峽，水流湍急。每隔3個小時鳴梁海峽內的海流方向會發生逆轉。李舜臣知道自己現在的實力和日軍沒有辦法正面交鋒，只能依靠地理條件來取得優勢。他派出一艘船引誘敵軍進入事先設好的圈套，在日本海軍駛入鳴梁海峽時，李舜臣軍早已在對面做好了準備。隱蔽在山腳的朝鮮水師對日本戰艦發起了猛烈的炮轟。由於日本的艦船

是尖底的，在湍急的海流中搖晃不定，而李舜臣海軍使用的是平底船，船身平穩。加之朝鮮水師有山體的遮掩，導致日軍反擊的炮火無法打中目標。開戰幾小時後，鳴梁海峽的海流開始逆轉，日本的船隻由於受到不定向的海流影響開始相互碰撞，一片混亂。在這一天，李舜臣雖然只有12艘船，但憑藉著地利天時擊沉了日軍31艘軍船，另有大約92艘日本軍船被損毀到喪失戰鬥力。由於鳴梁海戰的勝利，朝鮮有效地切斷了豐臣秀吉從黃海上對朝鮮入侵軍的補給通道。

之後朝明聯軍和日軍互有勝負，在「泗川之戰」中，朝明聯軍不敵日軍；在「露梁海戰」中，朝明聯軍則給了日軍一次殲滅性的打擊。而真正結束日軍入侵朝鮮的人，卻是發起這場戰爭的豐臣秀吉。1598年8月18日，豐臣秀吉在伏見城突然逝世，享年61歲。入侵朝鮮半島的軍隊在接獲德川家康為首的五大老命令及以石田三成為首的五奉行安排下，一邊對明朝隱瞞豐臣秀吉的死訊，一面緩緩從朝鮮撤軍。

豐臣秀吉在晚年所主導的這兩次朝鮮侵略戰爭使得各大名元氣大傷，再加上一些其他不得人心的行為，使得豐臣家在其死後不久就喪失對天下的主導權，這也讓另一個一直韜光養晦的人，在不久後登上了權力的巔峰。

隱忍王者德川家康

　　德川家康的原名叫做松平元康，和織田信長據說是兒時的玩伴。在他6歲的時候，由於父親後妻的父親戶田康光出賣而被織田家奪為人質。長大了之後，德川家康佔據著岡崎城，曾一度與織田信長為敵，但後來兩人達成了同盟關係，史稱「清州同盟」，這是日本戰國歷史上眾多盟約中雙方最為守信的一個盟約。之後德川家康開始經營自己所在的三河國，花費了不少精力後終於掃平了其他的大名，一統三河國，並且從朝廷得到了三河守的任命。此時還叫松平元康的他改了名字，他認為松平氏是清和源氏族新田氏的支流得川氏之末裔，於是把「得川」改為「德川」，又把曾經從今川義元處拜領到的「元」字改為「家」字，成為眾人所熟知的德川家康。

　　德川家康的下一個目標是曾經賜他名字中「元」字的今川氏。在和甲斐國的武田信玄合作下，雙方一同向今川氏發兵，終於戰勝了今川氏真，自此德川家康開始支配遠江國，這讓原本位於三河並不算太起眼的這個大名，開始在戰國的舞臺上獲得了不少觀眾。之後，德川家康和織田軍一起擊敗了淺井氏。這時，之前一起合夥對付今川氏的武田信玄開始攻打德川家康的遠江國，盟友織田信長因為忙於對付近畿一帶的叛亂而無暇顧及他，後來織田軍來援，但在「三方原之戰」中德川家康依舊大敗而歸，死傷一千六百餘人，眾多家臣戰死，他自己曾一度想要切腹自殺。

他的部下為了讓主公活命，分四批假扮德川家康，吸引了武田信玄的兵力，最終他本人在家臣的拚命保護下逃回濱松城。傳說在這場戰爭中，德川家康在遭山縣昌景追擊時，曾嚇到大小便失禁。他讓人當場畫下自己的樣子，作為日後激勵之用。武田信玄在西征的路上不幸去世，以至於武田氏對於德川家康的威脅漸漸變小。武田氏的繼任者武田勝賴雖然繼續進攻德川家康統治的高天神城，但是在織田信長的援助下，聯軍在長篠之戰中把武田氏打得心服口服。

　　不久後，一件讓德川家康和織田信長之間產生嫌隙的事情發生了。因為聯盟的關係，織田信長把自己的女兒德姬嫁給了德川家康的兒子德川信康。但德姬一直和跟今川氏有關係的德川信康母親築山殿不和，與德川信康的關係也很差。德姬向父親寫了有12項事情的信，並拜託德川家重臣酒井忠次作為使者送信給父親。信中包括了她與德川信康不和及築山殿與武田勝賴內通的事情。織田信長看過信後質問酒井忠次女兒所言是否屬實，酒井忠次完全沒有庇護德川信康，確認了書信所寫的是事實。因此織田信長下令德川家康立刻處決築山殿以及德川信康。最後築山殿在流放途中被家臣刺殺，德川信康則是切腹謝罪。在這件事情中，德川家的很多家臣反對處死德川信康，甚至有人主張要和織田信長翻臉。德川家康在判斷形勢後，最終決定了讓自己的兒子切腹謝罪。

　　「本能寺之變」織田信長自殺，各大名紛紛表態，開始爭奪權力。德川家康則採取了觀望的態度，他立即回到自己的三河國，靜待事情的發展。在織田家內部爭權奪勢之時，他出兵武田氏曾經的領土與北条氏打了一仗，最終戰後和談，把武田氏曾經的甲斐和信濃收入囊中。豐臣秀吉在爭鬥中成功打敗明智光秀和

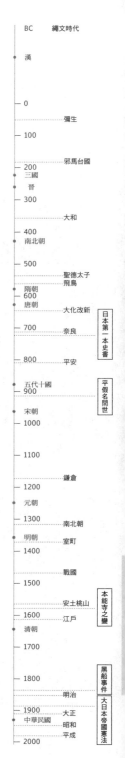

政敵柴田勝家之後，成為織田家家臣中最具威望和實力之人。而織田信長的次子織田信雄則聯絡德川家康想要一同抵抗豐臣秀吉。兩軍不久後交戰，並且雙雙陷入了僵局。德川家康一開始並不和豐臣秀吉和談，無奈織田信雄卻在暗地裡妥協了。自此之後，德川家康在戰略上陷入孤立態勢，他基於政治及戰略考量，將次子結城秀康送給豐臣秀吉作為養子，隨後表示臣服。等到了豐臣秀吉一統天下，德川家康從三河國轉封到了關東，居城也搬到了江戶城，也就是在這裡，他建立起持續300年的江戶幕府。此時，離日本進入江戶時代還有著一場大仗要打，那就是「關原之戰」。

　　1598年，豐臣秀吉患病離開人世，他的後繼者是他的兒子豐臣秀賴。然而，豐臣秀賴當時僅僅6歲，因此由五大老和五奉行代為行使職權。在這之中，作為五大老之首的德川家康順勢崛起。由於德川家康私自分封領地，開始造成其他中老和奉行的不滿，其中以五奉行之一的石田三成為甚。作為五大老之一的前田利家和五奉行之一的淺野長政也開始謀劃對德川家康的暗殺計畫，但是還未實施便被識破，最後前田利家將自己的母親送到江戶城作為人質才平息了這一事件。

　　不過，不滿德川家康的聲音並沒有減小，東北地方大名上杉景勝似乎也有反叛之心。德川家康要求他來京都，但是上杉景勝並沒有理會這一警告，其家臣直江兼續反而回覆了一封〈直江狀〉，裡面逐條反駁了德川家康的指控，並且還暗含譏諷之語。德川家康看過後大怒，不顧其他五奉行的反對，執意要出兵攻打上杉景勝。

　　這時，石田三成將德川家康進攻上杉景勝作為藉口，乘此機會率領了諸多大名向關東方向興兵。德川家康在得到斥候的報告

後立即回頭迎擊石田三成。原本統一了的日本似乎又要陷入紛爭的旋渦。德川家康這一邊的支持者有細川忠興、福島正則和黑田長政等，被稱為東軍。石田三成的支持者則有小西行長、宇喜多秀家和島津義弘等，被稱為西軍。

1600年，東軍和西軍在關原進行了決戰，一開始戰況一直對西軍有利，戰爭打到中午，西軍的先遣部隊點燃了狼煙，通知所有西軍發動總攻擊，包圍德川家康的部隊。但是這時很多石田三成的部隊都沒有進攻，原來他們早已經祕密和德川家康達成了協定。石田三成一再以文書促請他們參戰，但他們均不為所動。石田三成甚至親自前去游說島津義弘的軍隊快點進攻，但卻遭到了明確的拒絕。

德川家康這邊也非常焦慮，他希望這場戰爭能夠速戰速決，於是三番四次去詢問原本已經策反的小早川秀秋有沒有按照計畫叛變，但回答卻是並沒有發現他叛變。原來小早川秀秋本想加入東軍，但迫於情勢，加入了西軍。小早川秀秋部下平岡賴勝及稻葉正成則與德川家康互通書信，確保秀秋順利叛變。然而，戰前西軍的大谷吉繼向小早川秀秋承諾，只要取得勝利的話，豐臣秀賴就可以在十五歲之前成為關白。

西軍所開出的這個條件，使他猶豫不決，況且一開戰後西軍明顯佔有優勢，於是他對於是否叛變更加猶豫了。德川家康心中覺得事情一定有變，於是做了一個大膽的決定，他要派遣部隊去逼迫小早川秀秋就範。他命令自己的火銃部隊對著小早川秀秋的軍隊進行射擊，並且要求潛伏在小早川秀秋身邊的家臣黑田長政以行刺作為威脅。小早川秀秋這時只能下決斷，最終他拋棄了石田三成，倒戈到德川家康一方，命令全軍向大谷吉繼的陣地攻擊。

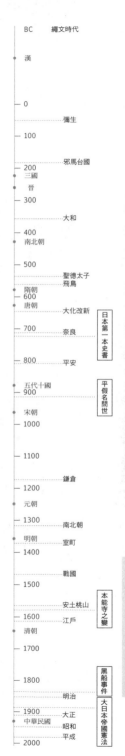

君士坦丁統一羅馬

羅馬帝國分成兩部

波斯帝國　500—

回教建立

凡爾登條約

神聖羅馬帝國建立
　　　　1000—

十字軍東征

蒙古第一次西征

英法百年戰爭開始

哥倫布發現新大陸
　　　　1500—

英國大破無敵艦隊

發明蒸汽機

美國獨立
拿破崙稱帝

美國南北戰爭開始

第一次世界大戰
第二次世界大戰

　　　　2000—

　　其實小早川秀秋的叛變早已經被大谷吉繼所提防，所以倒戈軍隊的進攻在一開始並沒有對西軍產生什麼大的影響，然而沒想到的是小早川秀秋的叛變帶來了一連串的連鎖反應，赤座直保、小川祐忠、朽木元綱和脅坂安治接連叛變了西軍，大谷吉繼遭到包圍，最終不敵而切腹自殺。由於大谷吉繼的敗北，小西行長軍隊的士氣也受到了影響，宇喜多秀家的軍隊則選擇了撤軍，石田三成一看大勢已去，也只好自顧自逃竄。最終石田三成在伊吹山被田中吉政隊所捕，小西行長在較早前被竹中重門隊所捕獲，兩人被斬首示眾，並把他們的頭顱拿去巡遊示眾。其他諸多擁護西軍的大名不是被沒收領土就是被減封，德川家康從此開始真正成為日本的霸主。

　　1603年，德川家康創立江戶幕府，就任征夷大將軍，大大增加了自己的封地，並且減少了豐臣氏的封地。即便如此，德川家康並沒有打算就此結束自己的霸業，這時位於大阪城的豐臣秀賴依舊保持著一定的權威，他認為必須完全消滅豐臣氏才能鞏固幕府的統治。在德川家康成為征夷大將軍僅僅兩年之後的1605年，他就把將軍的位置讓給了自己的兒子德川秀忠。這是為了表現德川家的將軍地位是代代相承的，別的氏族別想染指。儘管豐臣秀吉的兒子豐臣秀賴這時還是一個孩子，但在京都的公家之中讓他成為關白的聲音並不低，希望他能和德川氏一起行使政權，形成共同政權的形式。甚至還有聲音希望讓豐臣氏重新取代德川氏。1611年的時候，長大了一些的豐臣秀賴去德川家康那裡進行拜訪問候，德川家康看到他的言行舉止，覺得他已經變得非常優秀，這樣下去的話有可能會對德川家造成威脅。

　　讓位後的德川家康在現在靜岡縣的駿府隱居，不過這裡被稱作大御所，持續掌握著政治上的實權。為了對付豐臣秀賴，德川

家康開始在每一件小事上尋找豐臣氏的把柄。終於，他注意到了豐臣秀賴新建造的京都方廣寺的吊鐘上刻著的文字中有著「國家安康」這樣四個字。德川家康心中竊喜，他對外宣稱這是豐臣秀賴特地把「家康」二字隔斷，抒發了對他的不滿，並阻止方廣寺的大佛開光。然後德川家康開出了非常強勢的和解條件：豐臣秀賴成為自己的臣下；他的母親需要成為人質；並且豐臣秀賴要搬出大阪城居住。

　　這樣苛刻的條件從某種程度上來說就是逼著豐臣秀賴與自己對抗，豐臣秀賴只好積極招募浪人，加強軍備，但是由於德川家康太過強勢，此時沒有其他的大名敢支持豐臣秀賴。德川家康下令各大名準備攻擊大阪城，並利用大炮直接攻擊大阪城，最終雙方達成了暫時的和解，大阪城只要拆除城牆，並且填平護城河，其他的事情就不予追究。待到豐臣氏履行了諾言之後，德川家康立即翻臉，再次進攻大阪。此時的大阪已經變成了一座毫無防禦之城，即使豐臣氏的軍隊再英勇，終究也抵擋不住大軍來襲。在兵力優勢下，德川軍最終取得了勝利，豐臣秀賴切腹自盡，其子豐臣國松在戰後不久被擄獲處死，豐臣家正式滅亡，德川家康名副其實地支配了日本，日本歷史也就此完全進入江戶時代。

德川十五代，鎖國三百年

德川家康所開啟的江戶幕府是日本最後一個封建王朝，綿延了250餘年的時光。在這兩個半世紀內，德川氏和之前的織田氏和豐臣氏不同，一直穩穩地傳遞了15代將軍。這讓江戶時代和之前的戰國時代看起來簡直如同兩個世界。在戰國時代所常見的下剋上行為，在江戶幕府的有力控制下變得不再容易，而這一切的基礎就是德川家康對大名所制定的一種命令。

德川氏的江戶幕府特別注重對大名的統治，當時日本全國的大名有200多家，各個大名按照與將軍的關係還有家世地位分為三類。德川氏一族的大名叫做「親藩」，在「關原之戰」以前就開始輔佐德川家康的大名叫做「譜代」，在「關原之戰」之後才開始輔佐德川家康的大名則叫「外樣」。德川家康將「親藩」和「譜代」的家臣安置在江戶周邊以及全國的要地。而「外樣」大名則發配到離江戶很遠的地方。此外，德川家康為了監視全國的大名，以及維持將軍家血緣，派遣繼承了德川姓氏的御三家到尾張、紀伊和水戶這三個重要的位置。之後德川家康還不放心，畢竟日本地域也不小，在遠處的大名若是有心謀反，很容易就居一隅而稱王，於是他又想出了一條妙計，那就是限制各大名所持有的城數。

1615年，德川家康在自己去世的前一年出臺了《一國一城令》，規定大名所居住作為政廳所在的城只能保留一個，其餘的

城必須全部廢除。此令一出，原先在安土桃山時代（織田信長、豐臣秀吉的時代）數量約為3000的城銳減至300餘個。之前由於城數過多，每一個城都需要有一定的戰鬥力量來守護，以至於每個大名都有著為數不少的常備軍。這些常備軍在戰國時代自然是重要的力量，但是如今天下統一，過多數量的常備軍就成了令德川家康煩惱的事情。減少了城數後，相應地就要解散這些軍隊，進而削弱各地大名的武力。

　　同一年，江戶幕府推出了另一項法規，那就是《武家諸法度》，規定大名沒有幕府的許可不能互相通婚，自己所居住的居城也不可以擅自修繕。這一法典在第三代將軍德川家光手中發揚光大，增加了「參觀交代」這一制度，規定了各地的大名每年需要帶一定的人前往江戶替幕府將軍執行政務一段時間，然後再返回自己的領土執行政務，而大名的妻子則成為幕府的人質在江戶長期居住，前往江戶的費用也需要由大名自己負擔。

　　這樣一來，各地大名，尤其是那些領地被分配在很遠的「外樣」大名每年需要花費大量的錢財來江戶實行「參觀交代」，這樣就可以極大地削弱大名的財力，防止他們謀反。這一制度雖然使得大名們在經濟上有著沉重的負擔，但是極大地幫助了江戶城進行各地文化的吸收，比如位於江戶城中的妓院由於「參觀交代」的實行而逐年增多。由於這是一年一次各地大名展示自己的重要機會，排場成了非常重要的一個因素，據說一些財政收入較低的大名，在經過大規模的驛站時，會臨時雇用一些人來充場面，用於保持隊伍威嚴，但又可以節省一些成本。可見這一制度對於削弱各地大名的實力有著非常不錯的效果。

　　原本在豐臣秀吉時代生活逐漸有了起色的皇族，在進入了江戶幕府時代之後，受到德川氏的嚴屬管轄。當德川家康一被任命

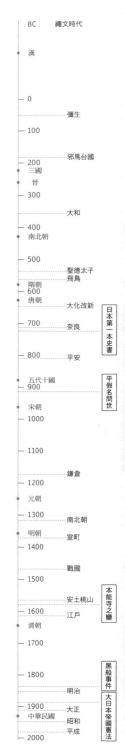

BC

耶穌基督出生 0—

君士坦丁統一羅馬

羅馬帝國分成兩部

波斯帝國 500—

回教建立

凡爾登條約

神聖羅馬帝國建立
1000—

十字軍東征

蒙古第一次西征

英法百年戰爭開始

哥倫布發現新大陸
1500—

英國大破無敵艦隊

發明蒸汽機

美國獨立
拿破崙稱帝

美國南北戰爭開始

第一次世界大戰
第二次世界大戰

2000—

為征夷大將軍，幕府對朝廷的態度就從奉迎轉為強勢干涉。朝廷不僅喪失了官位的任命權，甚至在經濟上的待遇都和最低級的大名差不多。原本後陽成天皇有意將帝位禪讓給他自己的弟弟八条宮智仁親王，但1611年時，德川家康讓後陽成天皇讓位於108代天皇後水尾天皇。由於朝廷需要幕府的金錢援助，只好屈從於幕府的威勢之下。1615年，江戶幕府頒布了《禁中並公家諸法度》，用於限制朝廷和官員的權力。其中幕府宣稱天皇的首要任務是做學問，於是天皇的權力自此開始只能發揮在制定年號和研究曆法這類禮法事物之上。這是日本歷史上第一次用武士制定的法規來限制天皇的權力。後水尾天皇對此自然非常不悅，但是迫於對德川氏金錢援助的需要，他除了言聽計從，還要迎娶德川秀忠的女兒。到了1627年，後水尾天皇依照從前的慣例通則，擅自給數十位僧侶頒發了紫衣。但根據《禁中並公家諸法度》規定，禁止朝廷任意授予紫衣、上人稱號。江戶幕府的第3代將軍德川家光知道之後，宣佈敕許狀無效，讓天皇大大地丟了面子。2年後，德川家光又讓平民身分的乳母春日局觀見天皇，這被後水尾天皇認為是奇恥大辱，但又發作不得。之後天皇無計可施，但為了表達自己的憤怒，他在沒有和幕府商量的情況下擅自把天皇之位讓給了七歲不到的皇女興子內親王，是為109代天皇明正天皇。除了朝廷，幕府對寺廟也有著嚴密的監控。幕府設立了一個名叫寺社奉行的直屬組織，用於制定寺廟神社的奉行制度。幕府要求各教派中的總寺院來統治分寺院，禁止寺社中有各自獨立的情況，而總寺則直接對幕府負責。以至於原本是一方勢力的宗教力量到了江戶時代也被納入幕府的掌控之中。

雖然寺社被納入了幕府的掌控，但宗教的問題依舊成了讓德川幕府頭疼的問題，甚至直接導致了200年的閉關鎖國，這個宗教

問題就是舶來的基督教。

當德川幕府剛成立的時候，德川家康與明朝、朝鮮，還有東南亞等地進行了積極的貿易活動。為了和呂宋、越南、柬埔寨等地進行貿易往來，幕府將被稱為「朱印狀」的官方手續交給了商人和九州的大名們，並且派遣了幕府公認的貿易船——「朱印船」。這一時期朱印船主要向國外輸出當時日本富足的金銀銅鐵等礦山資源，以及帶有日本特色的工藝品。並且從明朝進口生絲和絲綢，從東南亞進口砂糖和象牙。這時歐洲的船隻也會來到日本，其中日本最大的貿易對象是葡萄牙。歐洲的船隻不僅帶來了歐洲的產品，還帶來了基督教的傳教士。德川家康為了貿易的種種好處，並沒考慮到基督教的發展速度會如此之快，於是默許了傳教士在日本進行傳教。沒過多久，基督教向各地蔓延，信教者也隨之激增。到了1605年左右，日本全國的基督教徒達到了70萬。

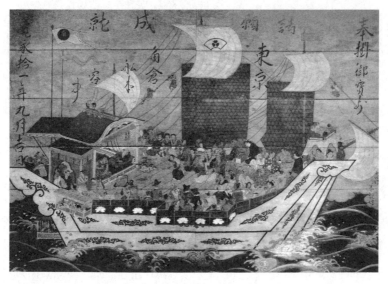

德川幕府初期用於交易的朱印船

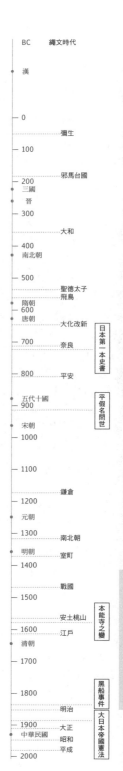

　　漸漸地，德川家康對在全國擴大的基督教感到了不安。到了1612年，他在江戶城頒布了針對基督教的《禁教令》，並且在次年把這個命令推廣，迫使民眾改變信仰，並且拆毀教堂，把傳教士驅逐出境。為了阻止基督教的深入，1616年時幕府發出貿易限制策略，規定歐洲來航的船隻只允許停靠在平戶和長崎。到了第3代將軍德川家光執政時期，他進一步加大了貿易限制和禁教的力度。到了1635年，他禁止了所有的日本人出洋，至此，原本積極推行貿易政策的江戶幕府由於基督徒的增多而產生了不安，最終選擇了閉關鎖國的國家方針，這一方針從此一直跟隨著整個江戶時代。

　　日本國內的基督教勢力自然不會那麼輕易就低頭。在之前的戰國時代，位於長崎的島原和位於熊本的天草這兩地是被信奉天主教的大名有馬晴信和小西行長所統領，由於大名信奉了基督教，領地的居民也大多成為基督教徒。但是進入江戶時代之後，由於排除基督教命令的影響，成為新領主的松倉重政藉機開始對基督教進行猛烈的鎮壓。到了1637年，以島原和天草兩地的基督教農民為中心，爆發了武裝暴動，要求駁回領主下達的重稅命令，以及要求領主接受基督教，這一事件史稱「島原之亂」。這一暴亂的領導者叫做天草時貞，他自小聰穎過人，有神童之稱，且外表俊秀。由於天草時貞從小接受基督教思想，並在民眾中宣傳「萬物一體，其間並無尊卑之別」等教義而被教民奉為「天童」和「救世主」。在「島原之亂」中，他率領了3萬多名基督徒起事，佔領了島原半島南部的原城。為了鎮壓這次起事，幕府以九州諸藩為中心，召集了12萬的大軍。固守在原城的基督徒最終由於長時間的圍城而缺乏糧草，以至戰鬥力下降。幕府軍隊看準了時機進行了總攻，最終義軍大敗，原城陷落，天草時貞在大火

中被殺，3萬多基督徒幾乎全部陣亡。

由於「島原之亂」，德川家光決定要徹底排除基督教，2年後，他禁止葡萄牙的船隻來航，並驅逐全日本境內的葡萄牙人。到了1641年，德川家光對荷蘭人的貿易活動也進行了限制，將原本荷蘭的商館搬出日本本島，在海上專門建設了一個出島用於交易，除了此地荷蘭人不能去日本的其他地方。在這一次針對基督教的事情上，葡萄牙人和荷蘭人受到了不同的待遇。由於葡萄牙人的基督教屬於舊教派，傳教士會隨著商船一同前去日本，導致了日本基督教的發展，所以在「島原之亂」之後，日本和葡萄牙之間的貿易幾乎停滯。但是荷蘭並不同，屬於新教派的荷蘭在宗教和商業上有著較明確的區分，所以他們來日本進行貿易的船隻上並不帶傳教士，所以即使在「島原之亂」之後，他們依舊被允許在長崎的出島和日本進行貿易。

除了長崎之外，表面上閉關鎖國的日本，還有另外3個對外進行貿易的窗口。對馬負責日本和朝鮮之間的交流；鹿兒島的薩摩藩則負責和琉球之間的貿易；支配蝦夷地南端的松前藩則負責和阿伊努族人的貿易。日本透過4個窗口向外張望，雖然漸漸還是接受了一些新事物，但已經被時代遠遠拋下。200年的時光安然度過之後，日本將會為自己的封閉付出代價。

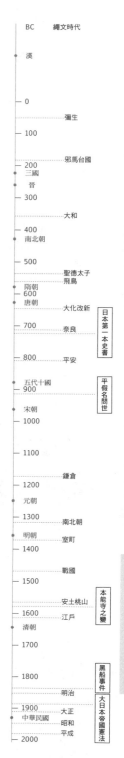

BC　繩文時代

漢

0

彌生　100

200　邪馬台國
三國
晉　300

大和　400

南北朝　500

聖德太子
隋朝　飛鳥
600
唐朝　大化改新

奈良　700

平安　800

五代十國　900

宋朝　1000

1100

鎌倉　1200

元朝

南北朝　1300

明朝　室町　1400

戰國　1500

安土桃山
1600
江戶
清朝

1700

1800

明治
中華民國　1900　大正
昭和
平成　2000

日本第一本史書

平假名問世

本能寺之變

黑船事件

大日本帝國憲法

浮世大江戶

耶穌基督出生　0—

君士坦丁統一羅馬

羅馬帝國分成兩部

波斯帝國　　500—

回教建立

凡爾登條約

神聖羅馬帝國建立
　　　　　1000—

十字軍東征

蒙古第一次西征

英法百年戰爭開始

哥倫布發現新大陸
　　　　　1500—

英國大破無敵艦隊

發明蒸汽機

美國獨立
拿破崙稱帝

美國南北戰爭開始

第一次世界大戰
第二次世界大戰
　　　　　2000—

　　德川幕府所在的江戶城就是如今的巨型都市東京，不過當初德川家康來到江戶時，這塊土地上卻只是大片大片的濕地。由於濕地適合大規模的填拓然後建造新的都市，他從全國召集木匠、瓦匠等工匠，開始對江戶城的建設，也正是因為建設本身，這裡開始聚集大量的人口。一方面江戶城開始漸漸完備，另一方面德川幕府所實行的「參觀交代」制度，迫使各地的大名帶著眾多的隨從來到江戶城，並且還把自己的妻子作為人質留在這裡。慢慢地，江戶城的周圍建起了很多大名的宅邸，為了滿足停留在江戶的武士的居住需求，都市不停地擴建房屋。江戶不斷擴大，到了18世紀初的時候，聚集在這裡的人竟然已經超過了100萬。當時的江戶城中武士的人口和普通市民的人口差不多一樣，各有50萬人，不過在整個江戶城中武士生活的區域占地卻是市民的6倍。這樣一來，當時江戶市民區的人口密度達到了每平方公里6萬人，大約是現在東京的4倍之多。

　　100萬人的每日吃喝，僅僅關東地區的農村已經無法滿足需求，整個江戶城的消費物資大多數是從京都和大阪調運而來。大阪從西日本開始，將北陸和東北地區的物資聚集起來，成為最大的商業都市，當時被稱為「天下的廚房」。其中最重要的商品就是大米，各藩的年貢米都是經由大阪的市場再向全國進行供給。而京都則成為文化和工藝的中心城市，為了給宮廷光鮮亮麗的生

活增添色彩，這裡聚集了很多專精於藝術品製作的匠人。比如代表了京都最高紡織物成就的西陣織就是在這個時代發展成熟的。

雖然江戶開始聚集起前所未有的人口規模，但是江戶時代的前期，具有雄厚資本的大阪和京都由被稱之為「上方」地區的商人們引領著整個時代的風氣，他們在生活條件和經濟地位上都要遠遠強過曾經最為風光的武士階級。這一改變代表著市民階層的崛起，為江戶時代的市民文化拉開了帷幕。在江戶時代，這一市民階級被稱作「町人」，所以在江戶時代中所產生的這種文化亦被稱為「町人文化」。

町人文化的第一階段出自上方地區的町人們，由於腰纏萬貫的商人開始四處花錢娛樂，文藝便蓬勃地發展了起來，這便是元祿時期的町人文化。在這些先驅之中已經有了武士放棄自己的身分而投入藝術的例子，比如日本的「俳聖」松尾芭蕉。松尾芭蕉出生於靠近京都的伊賀國，是低級武士的兒子，一開始是當地領主的侍童。在1666年，他的主人藤堂良忠逝世，松尾芭蕉選擇離開這個家，開始自己旅行加創作的一生。

到了1716年，德川吉宗就任幕府第8代將軍後，他對於之前閉關鎖國的政策採取了一種較為曖昧的態度。他開始重新與荷蘭商人進行接觸，並且對西洋事物表現出了不少的興趣，並且讓家臣開始學習荷蘭語，把西方的學問作為蘭學開始發展。政府對新興文化採取了極為寬容的態度，除了蘭學，來自中國的小說和戲本等文學作品也流入了日本，再次掀起了一股借鑑中國的風潮。這時位於江戶的町人也開始變得活躍，開始流行起了「翻案小說」。所謂「翻案小說」就是把中國傳來的小說進行翻譯和本土化再創作。比如中國的《三言二拍》和《水滸傳》都曾發行過日本的本土化版本。在音樂方面，用三味線彈唱的小唄成了時髦的

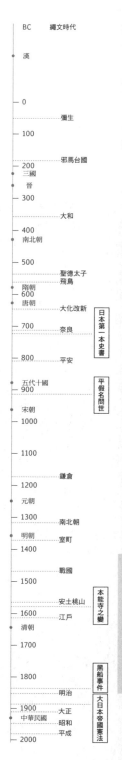

BC　繩文時代

漢

0

彌生

100

邪馬台國

200
三國
普

300

大和

400
南北朝

500

聖德太子
飛鳥
隋朝
600
唐朝

大化改新

700

奈良

800

平安

五代十國
900

宋朝

1000

1100

鎌倉

1200

元朝

1300

南北朝

明朝　室町

1400

戰國

1500

安土桃山

1600

江戶

清朝

1700

1800

明治

1900　大正
中華民國　昭和
平成

2000

日本第一本史書

平假名問世

本能寺之變

黑船事件

大日本帝國憲法

BC

耶穌基督出生　0—

君士坦丁統一羅馬

羅馬帝國分成兩部

波斯帝國　500—

回教建立

凡爾登條約

神聖羅馬帝國建立
　　　　1000—

十字軍東征

蒙古第一次西征

英法百年戰爭開始

哥倫布發現新大陸
　　　　1500—

英國大破無敵艦隊

發明蒸汽機

美國獨立
拿破崙稱帝

美國南北戰爭開始

第一次世界大戰
第二次世界大戰
　　　　2000—

娛樂。聞名於世的浮世繪也在這一時期得到了巨大的發展。這一階段的町人文化活動期跨越了寶曆、明和、安永、天明這四個年號，因此被稱作寶曆・天明文化時期。

到了德川家齊就任第11代幕府將軍的時候，他重用松平定信推行寬政改革，再一次扭轉了町人文化的發展方向。之前風靡一時的蘭學遭到了幕府的抑制，朱子學以外的思想學說全部遭到廢止。幕府對社會言論也開始了監管，凡是對幕府持有批判態度的人都會遭到處分。不過松平定信的寬政改革過於理想化和苛刻，沒過多久就只能草草收場，但僅僅幾年的工夫，町人文化的發展受到了極大的打壓。等到寬政改革結束後，町人文化以江戶為中心再次得到了發展。這一時期的町人文化發展跨越了文化、文政兩個年號，因此又被稱為化政文化時期。在這一時期的町人文化極具娛樂性，因為此時的江戶町人不同於之前的上方町人。江戶町人們沒有雄厚的財力，所以不搞那些奢靡的東西，而是以花自己有的那點錢來獲取適當的娛樂。這個時期所製作的戲劇多以好的結局結尾，比如《親子別》中主角雖然妻離子散，家庭分崩離析，但最終卻能破鏡重圓。

江戶時期的文學和之前室町時代以及平安時代有著非常大的不同，由於這個時代的文化是札根於町人階層，所以在文學上面也更加世俗並且接地氣。這個時代發展出了一種叫做浮世草子的小說體，完全是以町人的生活為核心。這一文學體裁的創造者叫做井原西鶴，他的處女作小說《好色一代男》極盡情色描寫之能事，充滿感官刺激，真切表現了浮世世態和人間愛欲。翻案小說是另一種備受歡迎的文學體裁，除了之前說的《三言二拍》和《水滸傳》，很多其他的中國小說也被再創作。比如淺井了意的志怪小說《伽婢子》就是根據明初禁書《剪燈新話》重新創作的

故事。戲作文學也是一種通俗文學，這種文體常常內容較短，並且用白話寫作，內容上基本就是以娛樂為主。其中描寫風月生活的被稱為「灑落本」，內容滑稽諧趣的則叫「滑稽本」，言情類的則叫做「人情本」。代表作家有式亭三馬和十返舍一九。町人文化中也有較為高雅的一類，被稱作俳諧連歌。在江戶時期，俳諧連歌在松永貞德和松尾芭蕉等著名的俳諧師的推崇下逐漸成為一種主流文化，對日本的文學產生了非常深遠的影響。

　　說起江戶時期的美術，不得不提的就是鼎鼎大名的浮世繪。浮世繪就是以現實生活為題材，描寫民間風俗的畫作。浮世繪最早是畫師用畫筆親手作畫，到了江戶時代中後期，由於人們都爭相購買流行的浮世繪，同樣的浮世繪必須製作出好多幅，以至於版畫的技藝開始發展起來。首先，畫師先用墨完成作畫，決定在哪個部位使用什麼顏色。畫好之後，畫師把畫交給雕刻師，雕刻師把畫貼在木板上，簡單刻出輪廓之後開始雕刻。需要加顏色的地方則根據不同顏色而雕刻在不同的板子上。雕刻完畢後，輪到印刷師出場。他把紙在事先上好色的工具板上面印刷上色，為了避免錯位，這一程序需要非常緊密貼合。就這樣，大量的浮世繪就被生產了出來。由於浮世繪的作用是大眾娛樂，透過浮世繪便可以一窺距今數百年前的人們生活的景象。

　　這一種藝術的表達形式對於很多畫家都有著深刻的影響，比如梵谷就很癡迷浮世繪；惠斯勒則直言上帝的藝術已經透過希臘雕塑和日本浮世繪全數傳給了世人；莫內的家中也收藏了大量的浮世繪，並且讓妻子穿上和服做他的模特。除了浮世繪，由於江戶時代有一段時間推崇蘭學，西洋的油畫便進入日本，使得日本洋風畫有了長足的發展。一些浮世繪畫家率先接受了洋風畫，並且形成江戶系洋風畫。在學習蘭學期間，中國文化也隨之湧入，

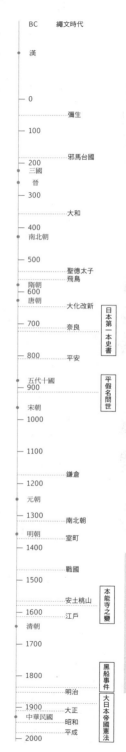

以至於曾經在室町時代所興盛的文人畫再次走入日本人的視野之中。與謝蕪村和池大雅便是其中兩位著名的畫家。

在演藝戲曲方面，文樂和歌舞伎是這個時代中最重要的兩類。文樂也被稱為人形淨琉璃，人形是指「玩偶」或「木偶」，而淨琉璃是一種生動的描述演唱風格的名稱，由有著三根琴弦的三味線伴奏。文樂的前身可以追溯到平安時代，當時被稱為木偶戲。類似於一種巡迴演出團，一路演出一路挨家挨戶以求捐贈。而淨琉璃的先驅是一群稱為琵琶法師的巡迴盲人演出者。他們一般唱著描寫戰爭的史詩，並用一種彈撥樂器琵琶伴奏。

在16世紀，三味線取代了琵琶作為樂器，形成了淨琉璃風格。到了江戶時代，木偶表演與淨琉璃藝術被結合起來。木偶表演與三味線伴奏所結合的藝術在江戶日漸流行，並受到了市民和武士的共同青睞。對文樂藝術發展產生決定性作用的人物叫做近松門左衛門，他和松尾芭蕉一樣，原本是武士，但卻拋棄了自己的身分投入藝術創作中，他的代表作有《出世景清》、《曾根崎心中》、《國性爺合戰》，被稱作「日本的莎士比亞」。

歌舞伎的起源則在戰國時代的末期，出雲的巫女阿國是歌舞伎的奠基始祖，由於阿國的表演非常受歡迎，引起眾多賣藝女子爭相模仿，因而出現了女歌舞伎。在江戶時代的初期，歌舞伎表演非常盛行，許多遊女就模仿著演出，並以此為契機進行賣淫。因為敗壞風俗，幕府在1629年下令禁止女性演出歌舞伎。女性歌舞伎被禁之後，未舉行成年禮的年幼男性成了歌舞伎的主力軍，但這些幼男往往會與武士們產生同性之戀，進而發生不正當的關係，以至於幕府在1652年又下令禁止少年男性演出歌舞伎。在整個江戶時期，歌舞伎的地位較之文樂來說要低，直到明治維新之後才被視作為國家的傳統文化，最終登上大雅之堂。

將軍群像

德川幕府一共15代將軍，其中不乏英明神武之主，也有昏庸無能之輩，除此之外還有著一些奇人怪人，下面就來看一下究竟是怎樣一個家族引領了日本將近300年的江戶時代。

據說開創江戶幕府的德川家康有一句遺訓，叫做「人生如負重致遠，切勿急躁」，不論這句話是否真的出自他之口，但確實準確地描繪出了他坎坷且偉大的一生。德川家康在年僅6歲之時便被扣為人質，19歲前一直過著忍辱負重的生活。大久保彥左衛門在《三河物語》中有過這樣的描寫，「主君被扣為人質後，三河武士們因年貢被今川氏侵吞而食不果腹，面對駿河人時卑躬屈膝、低聲下氣，整日擔驚受怕」。可見德川家康的童年一定過得十分艱辛。直到今川義元戰死之後，德川家康才算脫離了束縛，但之後在和織田信長的同盟中，他在無形間被織田信長的力量所壓制，只能聽從擺佈，最後連自己最疼愛的兒子也被迫賜死。德川家康在老年時每每遇事，總是會感嘆若是德川信康活著將會怎樣。似乎是為了補償他，上天在其他地方很眷顧德川家康，讓他在壽命、健康、子女、臣民這些事情上都有不少收穫。不論是作為人君還是作為武將，他都擁有著超人的才能，並且善於統領大名和家臣。和死不瞑目的豐臣秀吉不同，德川家康是安詳地離開了人世，並且留下了一個漫長的江戶時代。

江戶幕府的第2代將軍德川秀忠是德川家康的三子，他和父

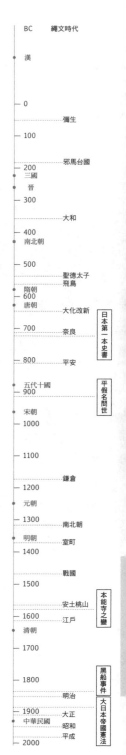

親一樣是一個嚴明律己的人，甚至刻板得有些過分，連德川家康也曾說他「人不能固執地約束自己」。德川家康在開設幕府僅僅2年之後就把將軍的位置傳給了德川秀忠，那時候他只有27歲。不過作為將軍的他此時並沒有什麼實權，一切政治權力依舊掌握在作為「大御所」的父親手中。德川家康在世時，德川秀忠無論何事都聽從父親的判斷，如同一個乖寶寶，不過當德川家康過世，他就開始實行令人敬畏的鐵腕政治。他對朝廷使用了非常強硬的手段，將自己的五女兒德川和子嫁給了後水尾天皇，成為日本史上身為武家入宮做皇后的第二人。德川和子和後水尾天皇所生的女兒在日後成為明正天皇。1623年，德川秀忠辭去了將軍之位，傳位給兒子德川家光，隨後成為第2代「大御所」，依舊掌握著實權。德川秀忠的刻板也表現在政治手段上，他加強了對大名的統治，不放過任何輕微的罪責。他一板一眼地實行著父親曾經的「遺言政治」，把德川幕府打造得更加穩固。

　　德川家光繼位第3代將軍時曾把外樣大名都召集起來，然後大張旗鼓地宣稱自己是「天生的將軍」。不過由於「大御所」德川秀忠的存在，成為將軍後的德川家光也沒有什麼實權，直到其成為將軍後的第9年父親去世，他才開始真正領導這個幕府。他對前來弔唁父親的大名說道：「祖父和父親親臨戰場統一四海，天下大名深感敬畏，而我年紀尚輕也從未上過戰場。此種狀況下若我胸懷大志，就應回歸故土作戰鬥準備，立刻出兵作戰，以考驗軍隊之強弱。」雖然大話說了好聽，但德川家光唯一帶領軍隊的時刻是在1634年時帶著30萬的大軍來到京都向市民發放十二萬枚銀幣，為的是展示自己的君威和富強。據說這樣張揚的德川家光在小的時候卻是一個內向靦腆又認生的孩子，在德川家康去世後他的繼承權開始有些不穩定，由於一直和自己的親生父母比較疏

遠，當時的他傷心欲絕幾度企圖自殺。他這種脆弱而敏感的性格隨著自身的成長和繼承權的逐步穩固而漸漸消失，終於成為將軍該有的樣子。德川家光在幕臣中的人氣很高，較之凡事苛刻的父親，他經常接濟那些日趨貧困的大名，所以很受歡迎。他的政治能力中規中矩，在父親遺留的重臣的協助下，整個幕府運行得非常好。他在任期間，幕府強烈地打壓了基督教，隨後實行了閉關鎖國的政策。幕府和朝廷之間的關係也有些變化，之前由於明正天皇繼位，幕府和朝廷一度比較和諧，但當明正天皇讓位給第110代天皇後光明天皇之後，由於天皇性格相當激烈，對於幕府方面頗有抵抗之意，幕府和朝廷之間的關係又變得較為不和。德川家光和妻子的關係不好，兩人早早就分居了，雖然他還有著7個側室，但據說由於他喜好男色，以至於一直沒有子嗣，直到他34歲時終於有一個孩子誕生，那就是德川家綱。之後直到他在48歲去世，一共生下了5個男孩和1個女孩，其中只有3個男孩長大成人，最後都成為幕府的將軍。

德川家光在臨終之際把將軍之位傳給了只有11歲的德川家綱，並且囑咐同父異母的弟弟保科正之為監護人。德川家綱是個病秧子，自幼身體羸弱，即使到了20歲後依舊沒有什麼起色，接連不斷地患上了瘧疾、眼病、腳氣等疾病，26歲又中風，還得了天花和霍亂，29歲時又長了瘤子，可謂是一位多災多難的將軍。到了快40歲健康狀況依舊沒什麼大起色，總是動不動就需要養病，整日閉門不出。剛剛繼位的德川家綱由於年紀尚小，所以幕府中的大小事宜均由「家光遺臣」所掌控。成年後的他愛好繪畫、能樂和狂言，性情溫厚，無意掌管政治，每當老中前來詢問的時候總是說「就這麼辦」，久而久之就有了一個「就這麼辦將軍」的綽號。雖說德川家綱算不上是一個賢明的君主，但是在他

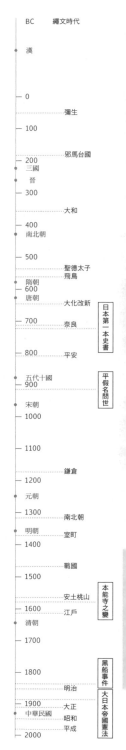

的統領下，幕府政治沒有出現什麼波折，平穩運行。值得一說的是，德川家綱的將軍就任儀式不再遵循之前3代將軍的慣例在京都舉行，而是就在江戶城中舉行。這一改變一經開啟，就一直延續到了第14代將軍，可見這時的德川幕府已經不再需要藉助任命儀式向朝廷表明德川家的勢力了。德川家綱在位之時朝廷也更替了兩位天皇，分別是第111代天皇後西天皇和112代天皇靈元天皇。

　　1680年4月下旬，德川家綱依舊興致勃勃地出門去釣魚，但是到了5月便一病不起，在短暫的迴光返照之後，他在5月8日離開了人間。雖然他也活了40歲，卻沒有留下子嗣，只有一個側室這時有了5個月的身孕，若是順利的話可以產下一個孩子，但是那個時候沒有辦法提前確認出生的是男孩還是女孩，況且將軍之位也不能就這樣空5個月，於是接下來誰繼承第5代將軍之位就成了棘手的問題。其實德川家綱在病重之時已經聽從了老中堀田正俊的建議，把自己的弟弟德川綱吉收為養嗣子。等到德川家綱過世之後，身為養子的德川綱吉正式成為第5代將軍。這位「養子將軍」在執政初期實行仁政，被稱為「天和之治」。但是這種仁政卻不僅僅對人民仁慈，還對動物仁慈，以至於他發佈了讓人覺得匪夷所思的《生類憐憫令》。從1678年發佈《生類憐憫令》開始，德川綱吉在位時一共還發佈了60多次關於保護動物的告示。從保護牛、馬、狗開始到保護鳥、魚、貝等諸多動物，其中對於保護狗的規定就有36條之多。因為這個保護令，狗的數量急劇增加，成群的野狗在街道上亂跑，甚至咬傷行人，被咬傷的人卻不能打狗更不能殺狗。他命令建造了一個2萬5千平方公尺和一個16萬平方公尺的狗屋，甚至專門為此配備了專屬的護狗官員，每年花費九萬八千銀兩來保護這些野狗。即便如此，他在臨終的時候依舊不安心，囑咐身旁的人道：「我所宣導的保護動物可能不太

君士坦丁統一羅馬

羅馬帝國分成兩部

波斯帝國 500—

回教建立

凡爾登條約

神聖羅馬帝國建立 1000—

十字軍東征

蒙古第一次西征

英法百年戰爭開始

哥倫布發現新大陸 1500—

英國大破無敵艦隊

發明蒸汽機

美國獨立
拿破崙稱帝

美國南北戰爭開始

第一次世界大戰
第二次世界大戰

2000—

合人情，但是此後一百年，要將保護動物作為孝道繼續下去。」這樣的行徑使得人們在背後給德川綱吉取了一個外號叫做「犬公方」。不知道是不是德川綱吉的極端動物保護主義讓老天爺看不下去了，在他執政的後期，日本遭受了非常頻繁的災害，有火災、地震、颱風、洪水，還有火山爆發。最後，德川綱吉自己感染了麻疹，在64歲那年撒手歸西。在德川綱吉任職期間，靈元天皇將皇位讓給年僅八歲的太子，是為第113代天皇東山天皇，然後自己則以太上天皇的身分來輔政。然而幕府對朝廷干涉甚多，靈元上皇只好把實權轉交給東山天皇。東山天皇個性溫和，改善了與幕府之間的關係，也得到了幕府的金錢援助，修復了皇室陵墓。1709年，東山天皇禪位給了114代天皇中御門天皇，半年後自己因皰瘡不治而崩御。

雖然德川綱吉死前感染了麻疹，那段時間江戶城中也確實流行著麻疹，不過他曾一度有所好轉，然而之後卻突然腹痛陷入危篤，很快去世。德川綱吉去世之後他的妻子信子也患上了麻疹追隨他而去。夫婦的相繼死亡在當時引發了很多陰謀論，在《三王外記》中記錄了這樣的內幕：德川綱吉在生前曾指定了已經死去的哥哥德川家綱的兒子德川綱豐為將軍的繼承人選，但是德川綱吉又打算剝奪他的繼承權，改立寵臣柳澤吉保的兒子柳澤吉里為繼承人，而這個柳澤吉里則是德川綱吉的私生子。另外他還立下了字據承諾給柳澤吉保一百萬石。得知了這一事情的信子不知如何是好，索性殺了將軍之後自己自殺。德川綱吉死後，德川綱豐入主江戶城，改名為德川家宣，成了第6代將軍。成為將軍的德川家宣已經48歲，是德川15代將軍中上任年齡最大的一位，由於長期被壓制，所以較之他人來說更通曉民情，以至於等到德川綱吉的頭七一過，他就宣佈廢除了《生類憐憫令》。德川家宣據說

BC

耶穌基督出生　0—

君士坦丁統一羅馬

羅馬帝國分成兩部

波斯帝國　500—

回教建立

凡爾登條約

神聖羅馬帝國建立
1000—

十字軍東征

蒙古第一次西征

英法百年戰爭開始

哥倫布發現新大陸
1500—

英國大破無敵艦隊

發明蒸汽機

美國獨立
拿破崙稱帝

美國南北戰爭開始

第一次世界大戰
第二次世界大戰

2000—

是一個德才兼備的人，上任沒多久，幕府的財政就扭虧為盈，整個江戶城內也恢復了生機，而且他十分重視學問，並且實行了仁政。不過由於一場流感的襲來，上任僅僅3年半的德川家宣在51歲便死去了。

德川家宣有7個孩子，但是其中6個都早夭了，剩下的獨苗在他去世時才4歲，這就是第7代幕府將軍德川家繼。輔佐德川家繼的大臣是新井白石和間部詮房，在他們的教導下，德川家繼學習了如何成為一名合格的將軍。據說在拜見過將軍的大名中有人評價說：「德川家繼雖然年幼，但是卻是個了不起的人物，德川家的天下一定會國泰民安。」然而這樣的吉言並沒有應驗，到了8歲時，德川家繼開始變得體弱多病，沒能撐多久就早早地離開了人世。

德川家繼去世後，身為他的監護人的德川吉宗立即繼承了德川本家家業，改年號為「享保」，正式成為第8代幕府將軍。對於整個江戶時代來說，德川吉宗是一個非常重要的存在，正是因為他的能力，讓原本有些固步不前的幕府得到了一些復興。不過客觀地說，德川吉宗在位30年中，所實行的「享保改革」有不少值得稱道的地方，但是也沒能解決很多問題。德川吉宗是一個皮膚黝黑、身材高大的人，據說在相撲比賽中從來沒有失過手。他在沒有成為將軍之前常常穿著棉質的衣褲奔走在山野之中，非常不修邊幅，據說晚上和家臣討論事情的時候經常只穿著睡衣。這些平民的特質是德川家之前的將軍所不曾擁有的。在任期間，他還資助了當時的第115代天皇櫻町天皇，恢復了許多古代的朝廷儀式，並且還將神田祭和山王祭從每3年1次改為每年1次，又在飛鳥山和隅田堤等地種植了櫻花樹、柳樹和桃樹，以供老百姓遊樂。在1745年，德川吉宗讓位給了長子德川家重後隱退，之後由於德

川家重身體不好又短暫復出輔佐了2年，最後在1751年時去世。

第9代幕府將軍德川家重是個徹頭徹尾無能之人。他從小就有語言障礙，除了側用人大綱忠光，沒有人知道他到底在嘟囔什麼。除了先天的疾病，德川家重整日躲在屋內沉迷於酒色和玩樂。他不喜歡打理自己的外觀，不用髮油來梳理頭髮，也不剃鬍子，整天就是蓬頭垢面的樣子。他身上唯一的優點大約就是喜愛花草，雖然說不清話，但是內心還是很溫柔。在他統領幕府的16年中，沒有絲毫的功績。他從不關心政治，任何事情全權讓老中去處理，不過由於德川吉宗在生前已經為他打好了基礎，並且掃清了障礙，所以這16年的時間內德川幕府一直平安無事。整日沉迷酒色的德川家重順利地活過了50歲，然後在讓位給長子德川家治後隱退，在51歲時病逝。

德川家治是德川家重的長子，成為第10代將軍時24歲。與平庸的父親不同，德川家治從小就聰明伶俐、才華橫溢，作為爺爺的德川吉宗對他有著非常大的期望。德川吉宗曾親自教導他如何成為一名將軍，因為德川吉宗無論是武藝還是學問都十分優秀。他還精通繪畫、圍棋和將棋，尤其在將棋方面可謂技藝高超，在晚年的時候還寫了關於將棋的學術書籍。按照這樣的能力，德川家治理應成為一個非常能幹的將軍，但是事實並沒有按照預想發展。德川家治按照父親的遺訓開始重用一個叫做田沼意次的人，推行重商主義的田沼意次在一定程度上給日本帶來了新的氣象，但是也遭到了很多人的非議。而德川家治本人在政治上並沒有可圈可點的建樹，尤其是當2個兒子和2個女兒都早於他去世後，更是無心國家，把精力全放在繪畫上。到了1786年，50歲的德川家治突然水腫，之後很快便去世了。在德川家治任上，朝廷中也更替了3位天皇，分別是116代天皇桃園天皇、117代天皇後櫻町天皇

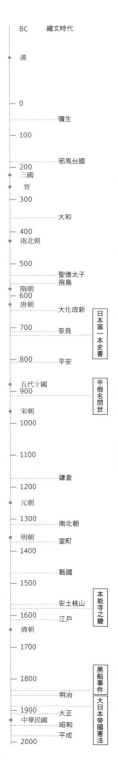

以及118代天皇後桃園天皇。

　　因為德川家治的子女都先於他去世，繼承人的問題就浮上了

檯面，於是他收養了一橋治濟的兒子一橋家齊作為養子。一橋家
齊改名為德川家齊後，於1787年成為第11代幕府將軍，開啟了他
50年的將軍生涯。一上任，他立即罷黜了田沼意次，改立松平定
信為老中之首，同時推行效仿「享保改革」的「寬政改革」。不

過「寬政改革」並不順利，松平定信也很快下臺，之後整個幕府
的政治改革也沒有成效。日本社會由於頻繁地改鑄貨幣而變得烏

煙瘴氣。德川家齊是個好色之人，側室有40人，子嗣一共55人，
其中順利長大的有13個男孩和12個女孩，完全改變了之前德川氏

子嗣較少的狀況。在位50年後，德川家齊讓位給了繼承人德川家
慶，自己成為「大御所」，4年後去世，享年69歲。德川家齊在
位期間，幕府和朝廷之間因為閑院宮典仁親王的尊號贈與發生過

一次分歧。後桃園天皇駕崩之時，因為無皇子，而以典仁親王之

子為養子，即位後成為第119代天皇光格天皇。光格天皇想要贈與
生父典仁親王太上天皇的尊號，但幕府認為贈與未即皇位之人皇

號違反前例。朝廷提出了德川時代以前有過這樣的古例，結果發

展成為朝廷和幕府之間的學問論爭。為了避免皇室和幕府的全面

對決，幕府以加增典仁親王1000石作為不賜予尊號的補償宣告和
解。

　　第12代將軍德川家慶是自第6代將軍德川家宣以來又一名高

齡將軍，繼位的時候他已經45歲。在德川家齊還沒去世之前，德

川家慶是另一名「就這樣辦將軍」，但等到德川家齊去世後，他

開始掌握實權，立即著手進行「天保改革」。改革可謂是挫折迭
出，眾多政策受到了不僅是利益相關的大名和武士，更有底層民

眾的阻撓。這期間，美國的佩里將軍來到日本要求展開邦交。在

處理這件事情上幕府暴露出了自己的軟弱和無能，權威也在國內漸漸降低。在這樣的內憂外患中，德川家慶死於中暑。

　　成為第13代幕府將軍的是德川家慶的四子德川家定，原本德川家定的名字叫做德川家祥，但是歷代將軍中名字有帶偏旁的字的將軍都比較晦氣，少有子嗣，因此便改名德川家定。但改了名字的德川家定並沒有因此而成為一個幸福的人。他體弱多病，幼年得過天花，看起來形貌醜陋，性格暴躁易怒。即使是過了30歲，他還會在庭院裡追趕鵝來消遣，並且喜歡在自己的屋子裡煮豆子，然後分發給近侍，還會端起帶有刺刀的步槍和近侍追趕打鬧，應該說就是個「廢人」。那時候的美國領事哈里斯在日記中記載，德川家定說話前會有向後仰頭，踏響腳這樣的異常動作。按照現在的判斷，德川家定極有可能是腦麻痹患者。德川家定先後迎娶了兩名正室，但兩人都早於他去世。之後他又迎娶了島津齊彬的養女篤姬，但也沒有產下子嗣。加上他又是個無用之人，所以他在位時已經發生繼任者之爭。南紀派的井伊直弼推舉繼任人為紀州藩主德川慶福，而一橋派的薩摩守島津齊彬及水戶藩主德川齊昭則推舉一橋慶喜，雙方對立，最終決定由德川慶福繼任，是為第14代幕府將軍德川家茂。

　　德川家茂在井伊直弼等南紀派的支持下13歲就成為第14代將軍。在德川慶福變成將軍德川家茂的時候，時代如洪流一般奔騰向前。沒過幾年，德川家茂作為公武合體政策中的一環，和仁孝天皇的第八皇女和宮結婚。之後，朝廷開始頻繁逼迫幕府進行攘夷，甚至處罰了作出兵庫開港決定的老中阿部正外等人。最終德川家茂一怒之下以辭去將軍職位作為要脅，才讓孝明天皇撤銷了處分決定，並約定此後不再干預幕府的人事。1866年，德川家茂在第2次長州征伐途中在大阪病倒，不就便病逝，結束了短暫的21

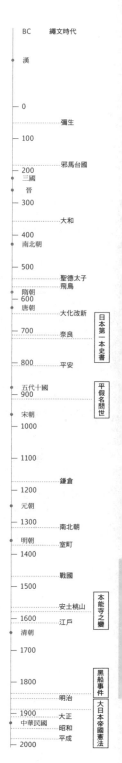

BC　繩文時代
　　　漢
0
　　　彌生
100
　　　邪馬台國
200　三國
　　　晉
300
　　　大和
400
南北朝
500
　　　聖德太子
　　　飛鳥
隋朝
600
唐朝
　　　大化改新
700　奈良
800　平安
五代十國
900
宋朝
1000
1100
　　　鎌倉
1200
元朝
1300　南北朝
明朝　室町
1400
　　　戰國
1500
　　　安土桃山
1600　江戶
清朝
1700
1800
　　　明治
1900　大正
中華民國　昭和
　　　平成
2000

日本第一本史書

平假名問世

本能寺之變

黑船事件

大日本帝國憲法

BC

耶穌基督出生　0—

君士坦丁統一羅馬

羅馬帝國分成兩部　—

波斯帝國　500—

回教建立　—

凡爾登條約　—

神聖羅馬帝國建立
1000—

十字軍東征　—

蒙古第一次西征　—

英法百年戰爭開始　—

哥倫布發現新大陸
1500—

英國大破無敵艦隊

發明蒸汽機

美國獨立
拿破崙稱帝

美國南北戰爭開始

第一次世界大戰
第二次世界大戰

2000—

年人生。

　　德川家茂去世，南紀派的井伊直弼被暗殺，這讓一橋派的一橋慶喜重新回到了政治的舞臺，成為德川幕府的最後一任將軍。不過這個時候的幕府已經處於風雨飄搖之中，聲望和權威嚴重衰退，尊王攘夷運動也風起雲湧。德川慶喜就任後，大刀闊斧地實施了很多改革，其中不少內容和之後明治維新所主張的改革非常類似。幕府的末期和中國的清末很像，制度已經千瘡百孔，不是短時期就可以改革完善，尊王攘夷的維新派也不樂見幕府改革成功。維新派一邊祕密策劃出兵討伐幕府，一邊提出苛刻的「大政奉還」要求，讓幕府把政權交還給朝廷。德川慶喜意識到自己和幕府已經無能為力，隨即答應了要求，延續了兩百六十多年的德川政權從此正式終結。「大政奉還」之後維新派和舊幕府之間還有一些瓜葛，江戶擁護幕府的民眾自動組織「彰義隊」反抗維新政府軍，擁護幕府的人們還在北海道建立「蝦夷共和國」。列強中也有國家仍然視幕府為日本的唯一合法政權，法國大使還曾主動提出願意提供援助。假如德川慶喜選擇執意抵抗，還可以跟維新政府軍進行一戰。即使江戶不保，還可以退向日本東北部建立割據政權。不過若真的如此，日本將要進行內戰，帶來的只有血流漂櫓、生靈塗炭。德川慶喜最終因為國家而選擇了遠離政治，每天在馬術、蹴鞠、捕魚、攝影、能樂、箭術、圍棋等愛好中度過，因為生活十分健康，一直活到了77歲。

德川十五代將軍一覽

代	名字	肖像	在位時間	享年
1	德川家康		1603—1605	75
2	德川秀忠		1605—1623	54
3	德川家光		1623—1651	48
4	德川家綱		1651—1680	40
5	德川綱吉		1680—1709	64

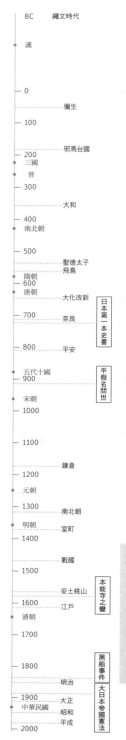

代	名字	肖像	在位時間	享年
6	德川家宣		1709—1712	51
7	德川家繼		1713—1716	8
8	德川吉宗		1716—1745	68
9	德川家重		1745—1760	51
10	德川家治		1760—1786	50

代	名字	肖像	在位時間	享年
11	德川家齊		1787—1837	69
12	德川家慶		1837—1853	61
13	德川家定		1853—1858	35
14	德川家茂		1858—1866	21
15	德川慶喜		1867—1868	77

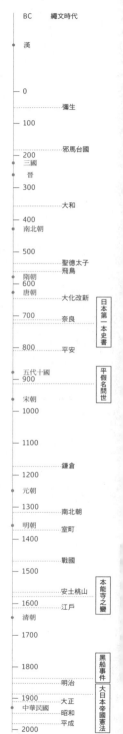

幕府的末日餘暉

　　在江戶時代的中期，也就是在18世紀，德川幕府的財政狀況開始惡化，支出連年增加，但收入卻漸漸減少，每年只夠勉勉強強地發放武將和文官的俸祿。到了1716年，自從德川家康以來就任將軍之位的德川宗家的血脈斷絕了，作為御三家之一的紀州藩藩王的兒子德川吉宗成為第8代將軍。德川吉宗在就任將軍的29年裡，實行了各種各樣的新政來配合幕府的改革，史稱「享保改革」。經過改革後，幕府直轄地的石高大約增加到了440萬石，創造了江戶時期的最高紀錄。德川吉宗還廢除了自第5代將軍德川綱吉以來的側用人政治制度，開始重視譜代大名，並且錄用有才能的人。

　　「享保改革」確實改善了幕府的財政狀況，但對於底層的農民來說卻並無太大益處，由於課稅加重，農民的生活變得越發困難。這時，另一個重要的人物出現了，那就是身為老中的田沼意次。田沼意次在經營了十多年的政治後從實質上掌握了幕府的權力，隨後採取了極度的強權政治。他認為僅僅依靠年貢的收入對於幕府來說是有極限的，而且增加年貢勢必要從農民身上進行剝削，所以他把目標放在了此時已經蓬勃發展的商人身上。他以政府的身分向商人發放從業許可證，承認他們對商品的進貨以及販賣的獨佔權。作為回報，商人則需要上交一定的營業稅。為了市場的繁榮，田沼意次還鑄造了新的貨幣。在當時，江戶主要使用

的是金幣，大阪使用的則是銀幣，貨幣的價值因行情的不同而變化。田沼意次使用上等品質的銀子鑄造了被稱為「南鐐二朱銀」的貨幣，並將這種銀幣的價值進行了固定，8枚「南鐐二朱銀」等於金幣的「小判」一兩，這樣的銀幣很快在江戶和大阪兩地都進行了普及，讓貨幣的流通變得活躍起來。接下來田沼意次的目光轉向位於長崎出島的海外貿易，他加大了商品出口的數量。這時的日本國內，原本的礦物開始漸漸出口殆盡，出口的貨品漸漸集中到了從蝦夷地轉運而來的乾製鮑魚和魚翅等海產品。透過海產品的出口換來金子和銀子的內流，再次利用貨幣促進經濟增長。

　　田沼意次的政策雖然活絡了經濟，但是在另一方面，為了得到特權和地位的商人以及武士開始進行公然的賄賂，使得政策的公平性受到了極大的損害。1783年時，潛間山火山發生了大爆發，火山灰的大量沉積讓農民受到了非常大的損失，大飢荒因此降臨日本，這時日本的年號叫做天明，因此這一次飢荒史稱「天明大飢饉」。在飢荒中，以東北地方為中心，出現了許多餓死的人，大概全日本有100萬人死於這一事件。吃不飽飯的人開始起事，襲擊官家的米倉。田沼意次在這次因天災而造成的社會動盪中逐漸失去勢力，他的政策也陸續被終止。

　　「天明大飢饉」一直持續了好多年，日本全國的主要都市都接連發生了頻繁的搶劫事件。在江戶城中，室町中的米店被襲擊，這讓德川幕府受到了強烈衝擊。這時，被提升為老中的白河藩主松平定信否定了田沼意次的政策，想要回歸到曾經「享保改革」的路子上，他的改革史稱「寬政改革」。為了財政的再建，他發出了「儉約令」，要求從大名到市町人乃至百姓都嚴格儉約。當時在江戶有著大量從關東地區的農村流浪而來的貧苦農民，他們過著乞討的生活。松平定信給予他們旅費和補助金，勸

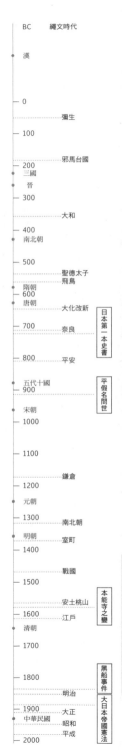

他們回到農村重新進行務農，以此來保障全國的務農人口。他還建立了專門收容無業遊民的收容所，然後在裡面教授各種技能，轉化社會上的閒置人力。對於庶民，他禁止了很多被認為會導致風俗混亂的浮世繪和書籍。重視學問的松平定信在日本還開創了用測試手段來錄用官吏的先河。這樣的改革雖然聽起來很不錯，但由於實行得過於嚴格，不僅僅在民眾中，甚至在幕府的內部也有很大的反對聲音，沒過幾年，松平定信就只能黯然退位。

德川幕府的齒輪在18世紀的後期雖然有些生銹，但整臺國家機器還算能正常運轉，不過當時間進入19世紀後，已經運行了約200年的幕府統治開始出現越來越多的問題。

從大約14世紀開始擴張領土的俄國在17世紀時已經把自己的勢力擴張到了鄂霍次克海，之後便要求和日本進行通商。在1804年，俄國使節雷薩諾夫乘坐著使船來到了長崎港，他帶來了俄國皇帝的親筆信，要求與日本進行通商。但是德川幕府卻讓雷薩諾夫在長崎等了半年，別說協商通商，甚至連俄國皇帝的親筆信都不受領。當時的幕府認為，只要一直用無禮的態度拒絕雷薩諾夫，就會使他生氣，然後回去俄國，再不來第二回。雷薩諾夫果然被日本方面這樣的態度激怒了，他的部下私自決定開始襲擊日本的設施。這讓日本非常意外，作為報復，日本扣留了艦長格羅寧等人。俄國方面又因為日本扣留艦長，採取了報復行動，在北方襲擊了航海中的日本商船，並且抓走了船上的一名叫做高田屋嘉兵衛的商人，而抓走他的正是格羅寧所在的那首軍艦的副艦長里戈爾德。這麼一來，俄國和日本之間的關係就變得非常緊張。不過這一國際事件卻因為高田屋嘉兵衛的努力而得到了平息。高田屋嘉兵衛被抓之後，他和里戈爾德一起起居生活，並且很努力地開始學習俄語。在漸漸能夠交流之後，他總算是明白了自己被

耶穌基督出生　0

君士坦丁統一羅馬

羅馬帝國分成兩部

波斯帝國　500

回教建立

凡爾登條約

神聖羅馬帝國建立
1000

十字軍東征

蒙古第一次西征

英法百年戰爭開始

哥倫布發現新大陸
1500

英國大破無敵艦隊

發明蒸汽機

美國獨立
拿破崙稱帝

美國南北戰爭開始

第一次世界大戰
第二次世界大戰

2000

抓是因為格羅寧艦長依舊被日本扣押著。之前的衝突中格羅寧的軍艦首先進攻了日本，這被日本認為是俄國國家層面的命令。

但高田屋嘉兵衛逐漸意識到這其實是格羅寧自己衝動而發生的衝突，俄國方面對他的這種行為也感到十分的不滿。高田屋嘉兵衛認為若是把這一資訊傳達給幕府，幕府應該會釋放格羅寧，於是他就提出了讓自己去進行交涉的建議。由於里戈爾德對他已經產生了充分的信任，便將他放回了日本。高田屋嘉兵衛獲釋後也真的就去幕府上報了事情的原委，格羅寧隨即被釋放，俄國也取消了為奪回格羅寧而派遣軍艦的計畫。

除了俄國，其他國家的船也接二連三來到了日本。1808年，英國的軍艦費頓號為了尋找交戰國荷蘭的商船而未經許可進入了長崎港，不但抓捕荷蘭人，還要求日本提供木材、飲水和食物。因此感到憂心的幕府在1825年頒布了《異國船驅逐令》。到了1837年，美國的商船莫里森號出現在了浦賀港的外海，這次日本對商船實行了炮擊。而莫里森號的出現並非是因為僅僅想進行貿易，船上還有在海上救助的日本遇難者。面對炮擊，莫里森號只好倉皇撤離。

日本的問題不僅僅停留在他們的海面上，陸地上也不太平。1833年，日本發生了「天保大饑荒」，全國餓死了很多人。農村再次變得荒廢，都市也因為糧食困難和物價上漲而變得凋敝。由於幕府賑災不力，人民的怒火爆發了，全國各地都發生暴動。整個日本的財政和治安都開始惡化。

面對著內憂外患，老中水野忠邦認為幕府到了不得不改革的時刻，於是開始著手進行「天保改革」。「天保改革」的內容和之前的「寬政改革」十分類似，要說區別，就是比「寬政改革」實行了更加嚴格的「儉約令」。為了復興農村，幕府將從各地農

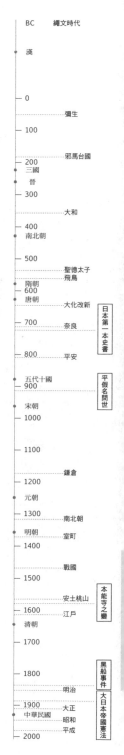

BC

耶穌基督出生　0—

君士坦丁統一羅馬

羅馬帝國分成兩部

波斯帝國　500—

回教建立

凡爾登條約

神聖羅馬帝國建立
1000—

十字軍東征

蒙古第一次西征

英法百年戰爭開始

哥倫布發現新大陸
1500—

英國大破無敵艦隊

發明蒸汽機

美國獨立
拿破崙稱帝

美國南北戰爭開始

第一次世界大戰
第二次世界大戰

2000—

村來到江戶的人強制遣返。為了抑制物價上漲，幕府解散了之前各地的商社，甚至連路邊的小攤小販都被迫關停。並且，水野忠邦以幕府財政再建的名義沒收了江戶和大阪周邊的大名的領地，作為幕府的直轄土地。這個時候，曾經被認為是天朝上國的中國在鴉片戰爭中輸給了英國，這讓水野忠邦認識到之前的《異國船驅逐令》有點不自量力，於是在1842年撤回了這項命令。不過水野忠邦的命運和松平定信一樣，由於實行過於嚴苛的命令，使得太多的人利益受到損害，最終在留下一攤子混亂之後黯然下臺。

　　幕府的財政不濟，加上天災的肆虐，各地的大名也遇到了財政問題，也紛紛實行了自己領地的改革。不像幕府所在的江戶，在眾多大名中，有部分大名摸索出了成功的改革模式。比如主導了長州藩改革的村田清風，他將大額負債的返還日期定為37年，隨後在下關設立名叫「越荷方」的藩營機關，給途經這裡的商船做貨物倉庫，並且開啟了委託販賣的生意模式。「越荷方」經營模式獲得了極大成功，僅僅4年的時間便償還了三分之一的負債。就這樣，長州藩的經濟獲得了重振。再比如薩摩藩的調所廣鄉，他發出了單方面的通告，耍無賴說大額的借款將在250年後進行無息償還，一下子甩掉了負債的包袱。在產業方面則強化了特產黑砂糖的專賣制度，並且透過琉球和中國進行祕密的海上貿易，以此獲利。

　　除此之外還有引領佐賀藩藩政改革的鍋島直正，他實行了陶瓷器的專賣，並且把陶瓷器出口到歐洲。當時佐賀產的伊萬里燒在歐洲被當做中國產的瓷器廣受歡迎。在經濟復甦後，鍋島直正開始著手軍事裝備的強化，並且成功鑄造了日本第一臺鐵製大炮。這些成功進行了藩政改革的具有實力的藩領被稱作「雄藩」，對之後幕府末期的政局產生了極大的影響。

第四章

西學之夢，明治之光

（1869年－1914年）

美國的黑船來航終於打開了日本緊閉的國門，德川幕府第十五代將軍實行了「大政奉還」，讓權於天皇，明治時代就此拉開序幕。封建制度分崩離析，憲法、選舉、民權等種子開始在這片土地上發芽成長。然而在這熱熱鬧鬧的民主之風背後，「薩長土肥」四藩成為此時向西方學習的日本背後真正掌權者。在西方制度和科學的武裝之下，日本在甲午戰爭中擊敗了清朝，隨後又在日俄戰爭中打敗了俄國。戰爭的勝利讓日本成為亞洲王者，躋身於世界列強之林，但卻也為之後的軍國主義埋下了暴虐的種子。

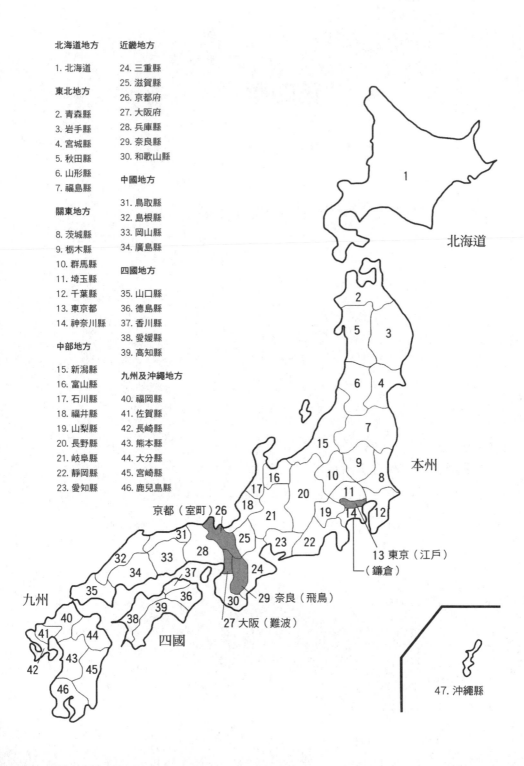

北海道地方

1. 北海道

東北地方

2. 青森縣
3. 岩手縣
4. 宮城縣
5. 秋田縣
6. 山形縣
7. 福島縣

關東地方

8. 茨城縣
9. 栃木縣
10. 群馬縣
11. 埼玉縣
12. 千葉縣
13. 東京都
14. 神奈川縣

中部地方

15. 新潟縣
16. 富山縣
17. 石川縣
18. 福井縣
19. 山梨縣
20. 長野縣
21. 岐阜縣
22. 靜岡縣
23. 愛知縣

近畿地方

24. 三重縣
25. 滋賀縣
26. 京都府
27. 大阪府
28. 兵庫縣
29. 奈良縣
30. 和歌山縣

中國地方

31. 鳥取縣
32. 島根縣
33. 岡山縣
34. 廣島縣

四國地方

35. 山口縣
36. 德島縣
37. 香川縣
38. 愛媛縣
39. 高知縣

九州及沖繩地方

40. 福岡縣
41. 佐賀縣
42. 長崎縣
43. 熊本縣
44. 大分縣
45. 宮崎縣
46. 鹿兒島縣

北海道

本州

九州

四國

京都（室町）26

13 東京（江戶）
（鎌倉）

29 奈良（飛鳥）

27 大阪（難波）

47. 沖繩縣

黑船來航

敲開日本國門的國家是在太平洋另一側的美國。1846年，美國海軍准將貝特爾首先率領三艘美國軍艦來到日本要求開國，但被德川幕府拒絕了。到了1852年，位於長崎出島的荷蘭商館館長聽說美國再次派遣軍艦來日本，立即把這件事情告訴了德川幕府，但冥頑不靈的幕府依舊不為所動。次年6月，美國東印度艦隊司令佩里率領著密西西比號巡洋艦、薩斯喀那號巡洋艦、薩拉托加號炮艦和普利茅斯號炮艦，並且帶著當時美國總統的國書來到了日本。這些軍艦由於在船體上塗了防止生銹的黑色柏油，而被日本人稱之為「黑船」。黑船的出現，帶來極大的騷動。雖然佩里乘坐著軍艦而來，但美國方面的目的並非是戰爭，而是做生意。

從18世紀左右開始急速發展的美國開拓了大陸西部，將領土擴大到大陸的西海岸，並且橫跨了太平洋，計畫與以中國為首的東亞之間進行貿易。在佩里所攜帶的國書中，美國提出希望能夠在日本得到來往船隻的燃料補給，以及希望在緊急時刻可以在日本的港口避難。除此之外，美國另一個重要的目標是日本所開採的優質石炭。作為船隻燃料的石炭是美國得以往來本土與東亞進行貿易不可或缺的物資。當時美國要和東亞進行貿易得從東海岸出發，繞過非洲的好望角，然後再穿過印度洋才能來到東亞。這樣繞行半個地球的時間差不多需要4個月。若是日本實行了開國政

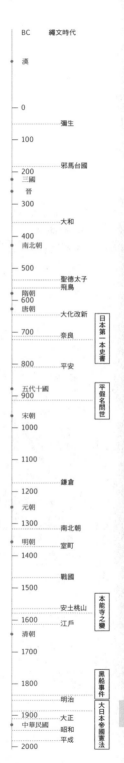

策，這樣美國就可以從西海岸，直接橫穿日本，然後通過日本海來到東亞進行貿易。所以日本開國與否，在當時整個世界上都是非常受關注的問題。

　　日本人第一次見到如此巨大的軍艦，江戶的市町很快就陷入巨大的混亂。由於佩里的態度很強硬，幕府被迫接受了美國的國書。佩里與幕府約定在一年後聽取幕府對於開國等要求的回答，隨後乘著軍艦離開日本。但要如何回覆佩里的要求呢？是開國，

還是繼續閉關鎖國？陷入兩難境地的德川幕府對大名、武士，甚

至平民公開了美國的國書，徵求關於開國的意見。這對於實施獨裁政治的幕府來說是頭一遭。各地大名的意見被送到幕府中，其

中建議積極通商的只有3.7%，允許通商的則有25.9%，繼續閉關鎖國的意見則達到了48.1%，甚至有14.8%的大名認為可以跟美

國開戰。就在這樣沒有得出結論的狀態下，約定的一年時間悄然

過去。1854年，江戶灣再次出現了佩里所率領的美國軍艦。佩里再次對日本提出要求，在經過一個半月的談判之後，幕府做出了

不接受通商但開放港口的結論，佩里也接受了這個答覆。在3月

份，日本和美國就此簽訂了《日美和親條約》，這是日本首次與外國締結的條約。在條約中規定，日本將對美國的遇難船隻提供

保護；對美國的船隻提供燃料和食物；開放了下田和箱館兩處港口。以此為契機，幕府與英國、俄國、荷蘭等國也締結了類似的

條約。就此，日本江戶時代持續了200多年的閉關鎖國就此宣告

終結。

　　自佩里來航後，作為初代美國總領事在下田上任的是一個叫

做哈里斯的人。哈里斯為了促使美國與日本的自由貿易，要求締

結通商條約。幕府這時把這一要求奏請天皇，但是朝廷卻拒絕了

這一要求，因為朝廷的主張是排除外國勢力。相比之下，清朝在

第二次鴉片戰爭中再次失敗了，被迫支付了賠償金，並且承認了基督教的傳教自由。

　　在來自歐美的壓力下，當時作為幕府最高職位大老的井伊直弼在沒有取得天皇許可的情況下簽署了〈日美修好通商條約〉。其中除了進行自由通商，還規定了日本對於關稅沒有任何決定權，並且承認美國的領事裁判權。在同一年，日本又先後與荷蘭、俄國、英國和法國簽訂了內容類似的條約。就這樣，日本開始了歷史上第一次與外國的正式貿易。

　　當日本和西方國家開始自由通商之後，由於日本沒有關稅的制定權，整個國內經濟很快就受到了致命的衝擊。由於西方的棉花比日本本土的棉花便宜許多，棉花的大量湧入就使得日本的棉花產業幾乎停滯。而日本的生絲大受西方的喜歡，但因為供給量有限，生絲的價格開始屢創新高。與生絲一起上漲的還有人們賴以生存的糧食，這樣一來全國的經濟變得更加混亂，人民手中的錢開始大量貶值，以至於沒過多久全國各地又開始爆發起事。

　　由於井伊直弼擅自和西方簽署條約，幕府的對外政策受到了嚴厲的責難。第121代天皇孝明天皇向地方藩主發出了要剷除井伊直弼的密敕「戊午密敕」。井伊直弼派系的人為了剷除回應密敕者，和清除對井伊執政不滿的人，進行了激烈鎮壓行動，100餘人受到了牽連，史稱「安政大獄」。然而朝野上下以此為契機對幕府專制的批評聲卻越來越響亮。在那之中，以天皇為中心將國家整合起來的尊王論以及排除外國人的攘夷論逐漸被人所推崇。到了1860年3月，在大雪中朝江戶城行進的井伊直弼在接近櫻田門附近的時候，一人手持訴狀，偽裝成攔轎喊冤的樣子迅速接近井伊直弼的隊伍。這人並非是申冤的人，而是以水戶藩浪士為主的暗殺集團中的一分子。他和井伊直弼的護衛糾纏在一起，此時另一

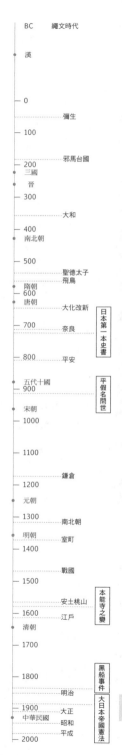

耶穌基督出生 0—

君士坦丁統一羅馬

羅馬帝國分成兩部

波斯帝國 500—

回教建立

凡爾登條約

神聖羅馬帝國建立
1000—

十字軍東征

蒙古第一次西征

英法百年戰爭開始

哥倫布發現新大陸
1500—

英國大破無敵艦隊

發明蒸汽機

美國獨立
拿破崙稱帝

美國南北戰爭開始

第一次世界大戰
第二次世界大戰

2000—

個刺客出現了，他用手槍向井伊直弼的轎子開槍，子彈貫穿了轎子，射中了井伊直弼的腰部與大腿。這幾聲槍響成為暗殺集團發動總攻擊的暗號，四面埋伏的刺客紛紛跳出展開了突襲。雖然井伊直弼的護衛在人數上佔有優勢，但還是因為措手不及一時招架不住。最後，薩摩藩浪士有村次左衛門成功擊倒轎旁的護衛，一把將井伊直弼由轎中拖出斬首，突圍之後，在若年寄遠藤但馬守的宅邸前切腹自盡。這一事件史稱「櫻田門外之變」。

　　幕府實際掌權人井伊直弼被暗殺後，幕府的權威隨即墜地，從此之後要進行獨裁統治就變得非常困難。在井伊直弼之後，掌握幕府政治實權的是老中安藤信正。他希望藉由與朝廷的融合而恢復幕府的權威，於是在這一背景下，德川幕府將軍德川家茂迎娶了孝明天皇的妹妹和宮。試圖讓公家的朝廷和武家的幕府聯手安定政治。但是，誰都可以看出這是幕府為了操縱朝廷而實行的政治婚姻，這一行為反而更加刺激了尊皇攘夷派。主導者安藤信正因此成為他們的新目標。1862年2月13日，類似的一幕出現了。當安藤信正正接近坂下門時，刺客裝成陳情的樣子迅速接近安藤信正的行列，然後向他的轎子開槍。其他5名刺客以槍聲為暗號加入攻擊，其中一人趁亂將刀刺入轎子。不過安藤信正比井伊直弼要命大，只是背部受到輕傷，並且成功逃入城內。6名刺客則全數死於暗殺行動。這一事件之後，安藤信正就從老中的位置上退了下來。由於接連發生對最高權力者的襲擊事件，幕府的權威加速崩塌，而尊皇攘夷派則漸漸成了氣候。西南方向的長州藩就是尊皇攘夷派的主要支持者，他們開始對朝廷下功夫，以迫使幕府實行攘夷政策。在1863年，長州藩對在下關同行的外國船隻進行炮擊，並且封鎖海峽。次年，對於這一事件，英國、法國、美國和荷蘭組織了聯合艦隊攻擊並佔領了長州藩的炮臺。由於感受到歐

美軍事實力的威脅，長州藩的木戶孝允和高杉晉作產生了要推翻幕府，創造一個能夠對抗歐美列強的統一國家的想法。

西南方向的另一個「雄藩」薩摩藩一開始是站在幕府的一邊，但在1862年時，一件事情改變了這一狀況。在1862年9月14日，4個英國人在生麥村的東海道上騎馬行走，碰到了向幕府傳達朝廷攘夷旨意的薩摩藩藩主監護人島津久光的儀帳隊伍。按照日本的慣例，平民如遇到大名的隊伍則須下跪及退讓，可是這4個英國人無論如何也不肯下跪。於是雙方發生了衝突，其中1名英國人被砍死，2名被砍傷（因事件發生在生麥村而被稱為生麥事件）。之後，英國為了促使薩摩藩出面解決「生麥事件」，便派遣軍艦攻擊了鹿兒島灣。這一事件之後，薩摩藩中掌握了實權的西鄉隆盛和大久保利通等人，感受到日本的幕藩體制已經無法適應當前的社會。

由於長州藩的木戶孝允和高杉晉作展開了倒幕運動，幕府決定在1865年征討長州。幕府動員各藩，打算組成大軍前去討伐，但是薩摩藩拒絕出兵。其實長州藩和薩摩藩此時已經祕密結成同盟，而結成這一同盟的主要契機是因為一個在如今的日本社會依舊有著極高人氣的人——坂本龍馬。沒有得到薩摩藩協助的幕府在與長州藩的戰爭中接連戰敗。從此，幕府以武力支配全國的威懾力也大幅度下降。

在同一年，日本還有兩件大事，第一件是德川慶喜成為新一代的幕府將軍；第二件則是在幕府統治變得困難的時刻，原本支持幕府的孝明天皇駕崩了，年僅16歲的第122代天皇明治天皇即位。1867年，坂本龍馬與後藤象二郎乘藩船「夕顏丸」，由長崎出發，共記下了八條政治主張，一起完成了著名的「船中八策」。後藤象二郎將「船中八策」交於德川慶喜。德川慶喜知道

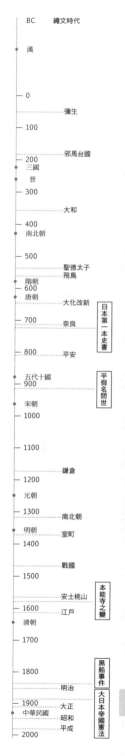

幕府已經到了最後的時刻，坂本龍馬主張的「大政奉還」可以用最小的損失來渡過目前的難關。同年10月，德川慶喜接受了「大政奉還」，持續大約260年的江戶幕府從名義上落幕了。

　　雖然江戶幕府宣告結束，但德川慶喜的打算並不是放棄自己的權力。即使實現了「大政奉還」，他卻依舊打算掌握政治的主導權。他先是表明將政權返還給朝廷，然後搶先與倒幕派代替沒有政治經驗的朝廷，掌握了新政治體制的實權。對德川慶喜這樣的行為，以武力推進排除德川勢力的西鄉隆盛和岩倉具視發動了政變，阻止建立以德川為中心的政府。在「大政奉還」實行大約2個月後，岩倉具視在自宅召集薩摩、土佐、安藝、尾張、越前等藩重臣，宣言斷然實行「王政復古」。他認為「王政復古」是挽回國家威信的基礎，宣佈樹立以天皇為中心的新政府。隨後，天皇在京都御所內學問所發佈了「王政復古的大號令」。當天，在京都御所內的小御所進行了第一次會議，要求德川慶喜辭去內大臣官職並削封德川家領地。

　　不過各地大名並不完全認同薩摩等藩的強硬主張，而德川氏則堅決反對辭官納地。德川氏以謁見天皇為名帶著一萬五千人從大阪向京都進軍，薩摩藩和長州藩也集結重兵，雙方在京都南郊的鳥羽、伏見發生了戰爭。雖然舊幕府的軍隊3倍於政府軍，但是在政府軍的新式武器下，舊幕府軍隊大敗。德川慶喜放棄大阪城，由海路逃往江戶，失去指揮官的幕府軍則四處潰散。隨後朝廷發佈討伐德川慶喜的命令，西鄉隆盛擔任總參謀從京都出發前往江戶討伐。幕府中主戰派要求決一死戰，但幕府重臣勝海舟看到了民心向背的嚴重形勢，勸說德川慶喜投降。最後，德川慶喜同意投降，交出江戶城，改封於靜岡。從此，江戶幕府正式從日本的歷史中隱退，一個新政府在日本成立了，那就是明治政府。

維新學步下的奮進

　　1868年3月，剛開始起步的明治政府發表了「五條御誓文」，明治天皇親率文武百官在京都御所的正殿紫宸殿向天地、人民宣誓，發佈國事方針，提出了使國民團結和國家繁榮昌盛的政策，正式拉開了明治維新的序幕。在同年4月，明治政府發佈了關於新型政治體制的說明，國家的最高行政機關為太政官，太政官以下分行政、立法和司法三塊。明治政府在從舊幕府沒收的領土中，把東京（1868年，江戶改名東京）、京都、大阪等大都市設為府，其他的地方設為縣，另一方面，藩依舊保持著之前的狀態。但是這種府—藩—縣的三治制度極度不利於形成一個中央集權的國家。到了1869年1月，為了解決這一狀況，新政府要求薩摩、長州、土佐和肥前四藩藩主交出自己的領土和戶籍，並闡明如今所有的土地和人民都屬於天皇，絕不允許私自佔用。四藩藩主同意了政府的要求，這是因為在明治政府中這四藩的藩士其實已經主導了其中重要的職位。名義上政府是以天皇為首，太政大臣宣政的親政公議政權，但真正的實權則是由「薩長土肥」四藩藩士們所掌握。四藩帶頭之後，日本其餘的260個藩如雪崩一般如數上交了領土與戶籍。之後，藩主們被政府任命為知藩事，成為地方行政官。

　　削藩的舉措大大增強了新政府的行政能力，但是稅務徵收權和軍事力量還在各藩的手中。明治政府並沒有就此止步，政府的

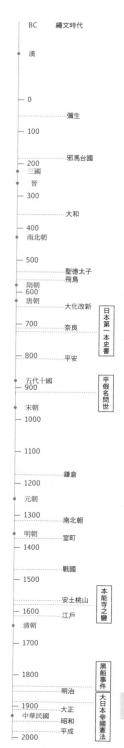

君士坦丁統一羅馬

羅馬帝國分成兩部

波斯帝國　500—

回教建立

凡爾登條約

神聖羅馬帝國建立
　　　　　1000—

十字軍東征

蒙古第一次西征

英法百年戰爭開始

哥倫布發現新大陸
　　　　　1500—

英國大破無敵艦隊

發明蒸汽機

美國獨立
拿破崙稱帝

美國南北戰爭開始

第一次世界大戰
第二次世界大戰

　　　　　2000—

下一步動作就是廢除所有的藩，實行廢藩置縣。1871年7月，天皇召集了所有的知藩事來到東京，單方面宣佈了廢除藩並且罷免所有的知藩事。原本的藩經過合理的合併之後，變成72個縣，政府再重新任命知事和縣令。至此，明治政府終於將全國都納入了直接統治，並把軍事和稅收徵收權都掌握在手中。

　　撤藩之後，藩主與藩士之間的主從關係也隨即解除，明治政府趁機將江戶時代的身分制度也一應廢除。在政府中任職的從前朝臣和大名被歸為華族，一般的武士被歸為士族，農民和町人則被歸為平民。為了建設以天皇為中心的中央集權國家，除了皇族之外，這三種身分的人擁有平等的地位。平民也可以通報自己的姓氏，也可以和華族以及士族通婚，居住和職業的限制也被廢止。因此，士族從此不再擁有身分上的特權。不過這個時候士族還擁有經濟上的一些特權。政府對於因為撤藩而失去職位的士族給予家族俸祿，而對其中尊皇有功的士族還會給予賞典祿。這兩項加起來在當時被稱之為「秩祿」。這份「秩祿」占了國家30%以上的開支，成為政府巨大的負擔。因此在實施一段時間後政府打算逐步停止「秩祿」的支付。為此明治政府想出了發行金祿公債證書這一招數，本金以每年抽籤的方式分30年進行償還，利息則是5%～7%。這樣一來士族就成了擁有國家公債的普通人，連經濟上的特權也被取消了。對於一個普通的士族來說，僅靠公債的利息是不能維持生活的。由於公債根本無法滿足生計所需，士族們被迫賤賣公債。也有不少士族嘗試做生意，但是由於不通為商之道，大多血本無歸。不過由於公債被商人所收購，沒了生計的士族也只好放下身段去工廠工作，這倒是對日本資本主義的初期發展提供了動力。

　　對於士族的改造還不止於此，1876年3月28日明治政府又頒

布了〈廢刀令〉，規定除了皇室成員、軍人和警察外，其他人士禁止帶刀。這讓士族失去了作為昔日光輝的最後代表物——武士刀。原本佩戴武士刀的武士需要為了保護自己的藩主和土地進行戰鬥，但明治政府隨後制定了一個奪走武士工作的制度。以建設近代化軍隊為目標，明治政府以全部國民都必須為國效勞為由公佈了徵兵令。從此，無論是士族還是平民，滿20歲的所有男性都必須服3年兵役。這讓原本為了戰鬥而生的士族十分憤怒，從前不曾需要接觸戰鬥的平民也同樣憤怒，一時間日本各地都爆發了叛亂。但這些叛亂都被明治政府鎮壓，其中最為有名的是1877年由維新元勳西鄉隆盛發動的叛亂，史稱「西南戰爭」。之前西鄉隆盛因為和明治政府在觀念上有衝突而下野，在1874年回到薩摩，並在當地建立了「私學校」以傳揚武士道精神。1877年，明治政府要將薩摩軍火遷到大阪，薩摩的士族得知後開始攻擊鹿兒島的政府軍火庫，揭開「西南戰爭」序幕。當時西鄉隆盛並不在鹿兒島，聽到了這個消息後長歎一聲，但還是回到鹿兒島統率士族們，揮軍北上。最終西鄉隆盛不敵政府軍，在重傷後撤回鹿兒島，請別府晉介擔任介錯，斬下了自己的頭顱。「西南戰爭」是日本至今最後一次內戰。在西鄉隆盛的叛亂被鎮壓之後，各地的反叛也逐漸平息下來。明治政府這種全民皆兵的制度也漸漸被國民所接受。

在明治政府的領導之下，日本還進行了教育制度的改革。在江戶時代，日本各藩實施各不相同的教育制度，通常以私塾為主，各藩之間的教育水準和教學內容也有很大差異。明治政府廢除了私塾教育，取而代之的是從小學到大學的學校制度。所有6歲以上的男女均有平等接受教育的權利。政府的目標是進行全民教育，在全國興建了2萬多所小學。在這一學制公佈的時候，日本僅

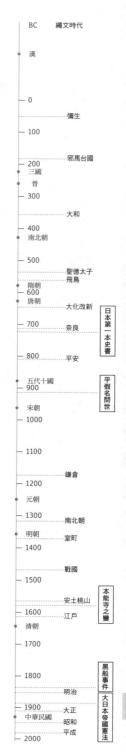

BC

耶穌基督出生　0—

君士坦丁統一羅馬

羅馬帝國分成兩部

波斯帝國　500—

回教建立

凡爾登條約

神聖羅馬帝國建立
　　　　1000—

十字軍東征

蒙古第一次西征

英法百年戰爭開始

哥倫布發現新大陸
　　　　1500—

英國大破無敵艦隊

發明蒸汽機

美國獨立
拿破崙稱帝

美國南北戰爭開始

第一次世界大戰
第二次世界大戰
　　　　2000—

有30%的入學率，但是在之後這個數字就不斷上升，在35年間達到了100%。明治政府還成立了「岩倉使節團」，由日本政府派遣至美國及歐洲諸國訪察，其中不僅包含了政府官員，還有留學生。

「岩倉使節團」在國外的見聞和經歷，決定了明治政府初期一件很重要的事情。在1868年和1872年的時候，日本曾兩度派遣使者去朝鮮，希望能夠建立友好外交，但是均被對方拒絕了。因此，日本國內不時有人發出要前去征討朝鮮的言論。但是這一主張被「岩倉使節團」為首的歸國派否定，歸國派認為日本國力尚不足以出兵，可能會引發與清朝的戰爭，現在主要的事情就是埋頭發展。到了1873年，歸國派終於說服了明治天皇頒發旨意，反對征討朝鮮，這使得主戰陣營中的600多名軍人及官員離開了政府。下野的人士被分成了兩派，其中一派以暴力士族抗爭為主要手段，其中就包括了之前所提到的西鄉隆盛，最終被政府成功鎮壓。另一派則主張以溫和方式爭取參政，他們則在下野後的第二年對政府提出了「民撰議院設立建白書」，對掌握了政府實權的薩摩和長州出生的官僚進行批判，要求成立國會來議政。這份白皮書在報紙《日新真事誌》上刊登，產生了巨大的反響。

1874年，這一批民權派中的首要人物板垣退助，在故鄉高知市組建了自己的政治社團，叫做「立志社」，然後創辦學校，將自由和權利這類思想教授給前來聽課的民眾。民權派的勢力在日本全國範圍內增長十分迅速，各地都結成了政治性的社團，比如在次年，全國性質的聯合組織「愛國社」就宣告成立。「西南戰爭」的失敗讓民權派意識到武力抗爭是一條沒有勝算的途徑，於是他們的策略轉為爭取言論為主的自由民權運動。板垣退助等民權派積極地巡迴日本舉辦演講，用簡單易懂的話把自由和權利的種子灑向每一片土壤。在持續進行演講的推動下，日本全國的

民權社團一度超過了2000個。明治政府意識到民權派的威脅，採取了彈壓政策，並且頒布了〈新聞紙條例〉，規定新聞和報紙在發行前必須先得到政府的許可，政府還有權禁止新聞和報紙的發行。明治政府更是制定了〈集會條例〉，將關於政治的演講列入許可制，在演講時必須有警察旁聽，若是內容違反限制，警察有權終止和解散集會。由於政府的彈壓，板垣退助等人的演講變得困難重重，在一次演講之後，他遭遇刺客的行刺，重傷時他大喊道：「板垣雖死，自由不滅。」這一事件傳開後，自由一詞開始更加深入人心。

　　明治政府並非是一個冥頑不靈的老古董，它的成立原本就是改革的產物，身上自然也留著改革的基因。就在自由民權運動如火如荼的時候，明治政府的內部也有支持開設國會的人，不過也有採取保守意見的派別，雙方因此而產生了對立。其中肥前出生的大隈重信主張國家立即組建國會；而長州出生的伊藤博文則認為應該再給國家一些時間準備後再開設國會。這樣的對立最終因為1881年的「開拓使共有物轉讓事件」而引發成一場政變。

　　所謂「開拓使」指的是明治政府為了開發北海道而設置的役所。明治政府對北海道第一期的開拓預算大約為1000萬日元，之後又追加了400萬日元。至1881年即將期滿，開拓使長官黑田清隆根據出售官產方針，決定將所辦官營工廠等以優惠條件出售給同為薩摩藩出身的五代友厚所主持的關西貿易商會。在明治政府內部，薩摩藩與長州藩出身的參議表示贊成，但出身肥前佐賀藩的大隈重信則加以反對。當年7月，出售事宜仍獲得了天皇的許可，消息一傳出，輿論紛紛指責薩摩和長州的藩閥勾結政商，民間開始風傳大隈重信將與福澤諭吉合謀打倒藩閥政府。這一事件剛好被伊藤博文所利用，以大隈重信和民權派聯手為由將他從政府中

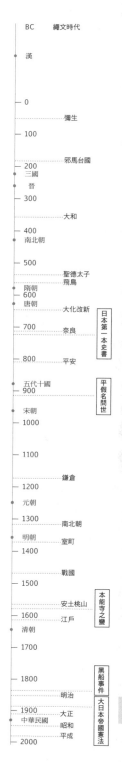

放逐出去。

　　在這之後，伊藤博文為了避開對政府的批評，藉明治天皇頒下「國會開設敕諭」，承諾在10年後開設國會。他打算利用10年的時間來平息當時的社會狀態，以期當國會開設時不會全部落入民權派的掌控之中。

　　既然已經決定了開設國會，那麼下一步就應該是來創立政黨了。1881年，民權派以板垣退助為首創立了自由黨；1882年，被政府放逐的大隈重信創立了立憲改進黨；政府也結成了以福地源一郎為首的立憲帝政黨，不過僅僅過了一年便宣告解散。一時間，風向將主張民權運動的自由黨推向了優勢地位。按照這樣的軌跡，民權運動只要順利發展，在國會開設時應該可以占到主導權。然而事情並沒有如此發展，如火如荼的民權運動在占到了先機的情況下竟然慢慢地衰退了。

　　之前由於「西南戰爭」的需要，明治政府發行了大量的紙幣，導致之後紙幣的大量貶值，物價隨即急劇上漲。處理這一經濟問題的人是明治政府的大藏卿松方正義。他大力推行地稅改革，殖產興業，整頓紙幣，大力削減政府開支，把新建工廠賣給私人經營，贖回以前紙幣，創辦有權發行可兌換鈔票的日本銀行，實行所謂松方財政，創設日本銀行及兌換制度。不出3年，通貨膨脹得到控制，政府的財政狀況有所好轉，但是社會依舊深陷在不景氣的狀態。由於大米和生絲之類的農產品的價格下跌太快，農村經濟受到了極大的打擊，很多農民慘賠。地方上的自由黨和農民結合到一起發起了反對運動，其中最出名的叫做「秩父事件」。

　　位於埼玉縣秩父地區的舊吉田町是耕地稀少的山間市町，當初幾乎都是養蠶農家，由於生絲的價格暴跌，農民只好靠著從高

利貸借錢才能生存下去。因為無力償還高利貸，當地的自由黨和農民一起結成了「秩父困民黨」，希望能將欠款在10年內分40次逐步償還，並且為了減少學費而休校3年，以及減少國稅和村子的經費。不過他們的要求並沒有得到政府和高利貸者的答應，於是3000多名農民衝入了市町，砸搶並佔領了數家高利貸辦事處和警察局等政府機關，並且縱火燒毀各種檔案。聞訊趕來的警察和軍隊對這些暴民進行了鎮壓，最終在暴動者中有7名被判死刑，289名重罪，448名輕罪，另有2600餘名被罰款，困民黨也隨即解散。類似的事件在當時時有發生，其中不乏自由黨的身影。由於無法阻止黨內激進派的過激行為，自由黨在1885年宣告解散，民權運動也因此陷入了低迷。

　　民權運動雖然陷入了低迷，但是開設國會的進程並沒有因此而終止，因為這畢竟是整個世界的大勢所趨。開設國會的前期工作中，制定憲法成為非常重要的一環。在18世紀末期的世界各國中，美國制定了合眾國憲法。緊接著，歐洲的各國也制定了憲法。到了19世紀，以制定憲法來表現國家體制成為近代國家的證明。

　　1882年，明治政府的實權人物伊藤博文帶隊，為了研究近代國家的法律而前往歐洲，他們的最大目的是前往近代化的典範國家德國進行考察。但是在德國，伊藤博文目睹了立憲政治推進的困難。當時促使德意志民族完成近代化蛻變的中心人物俾斯麥宰相正受到來自議會的各種反對，政治上的推進變得舉步維艱。看到了德國的混亂之後，伊藤博文前往奧地利的維也納。因為維也納大學的國家學者史丹因精通近代各個國家的組織構造和制度，伊藤博文便在這裡花費了一個多月的時間，來學習他的立憲政治學說。他瞭解到，若是把一個國家比作一個人的話，那麼頭部就

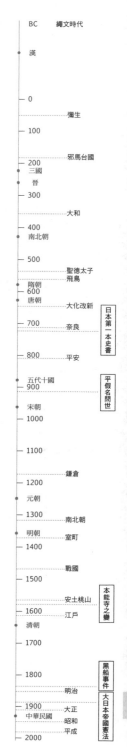

是君主，兩肩就是上議院和下議院，軀幹則是政府的各級機關。像人體一樣，國家也是透過各級機關發揮自己的作用來達到健全的狀態。在目睹了德國立憲政治的困境和歐洲各國立憲制的結構後，伊藤博文認為不管議會制定出怎樣出色的憲法，若是政治運營不足的話便毫無意義，為了追求良好的政治運營，穩固政府的組織架構是最重要的基礎。簡單地說就是想要推行立憲政治，僅僅制定憲法是不行的，更重要的是對國家系統進行整頓。

耶穌基督出生 0—

君士坦丁統一羅馬

羅馬帝國分成兩部

波斯帝國 500—

回教建立

凡爾登條約

神聖羅馬帝國建立 1000—

十字軍東征

蒙古第一次西征

英法百年戰爭開始

哥倫布發現新大陸 1500—

英國大破無敵艦隊

發明蒸汽機

美國獨立 拿破崙稱帝

美國南北戰爭開始

第一次世界大戰 第二次世界大戰 2000—

回到了日本後的伊藤博文便從制度建設開始著手，他首先發佈了〈華族令〉，將日本的華族分為公爵、侯爵、伯爵、子爵、男爵五個爵位。公家按照家格授爵，藩主、諸侯等則以曾經的石高數授予爵位。此外，對國家有功勳之人也會授予爵位。在議會開設後他們將自動成為議員，但這一制度廢除了華族的傳承制，不再世襲。1885年，伊藤博文又廢止了太政官制度，自己就任內閣總理大臣。在整頓好了制度之後，明治政府就開始制定憲法。2年之後，伊藤博文和負責憲法草案制定的井上毅完成了憲法的最終草案。

1889年2月11日，日本近代憲法正式頒布。憲法規定大日本帝國由萬世一系的天皇所統治，天皇是國家元首，擁有統治權，並且詳細規定了天皇可以實行的權力，比如召集和解散議會，海陸軍統帥的任免等。在天皇的統治下，立法、行政和司法三權分立。其中負責立法的帝國議會是由貴族院和選舉出來的眾議院所組成的二院制，進行對立法和預算草案的批准。國民的義務和權利也明確寫明了，國民負有納稅、服兵役等義務，而信教、言論、結社、居住、搬遷等自由權利也會得到保障。日本在明治維新開始20年後終於確立了國家體制。《大日本帝國憲法》雖然和現在的日本憲法比起來在一些場合還並不是很民主，但是就當時

來說，這部憲法的內容並不次於其他的先進國家。

在憲法制定的同時，日本也公佈了眾議院的議員選舉法，於是第一屆眾議院議員總選舉拉開了帷幕。有權參選者需要年滿25歲，並且直接繳納15日元作為選舉費，1.1%的國民參加了這一屆的選舉。選舉的結果是立憲改進黨、立憲自由黨和民黨取得了壓倒性的勝利，政府系的政黨獲得了眾議院中超過一半的席位。到了1890年11月，第一屆帝國議會召開了，山縣有朋領導的內閣強調軍備擴張，但民黨則主張要減少稅收，兩方圍繞著預算展開激烈的對立，議會陷入大混亂。議會的期限被迫延長，雙方在進行了磋商和妥協之後總算通過預算，避免了議會的解散。

在幕府的末期，日本政府和美國簽訂了〈日美修好通商條約〉，隨後又和荷蘭、俄國、英國和法國簽訂了類似的條約。這些條約中有著很多不公平的條款，其中最重要的有三項。第一項是領事裁判權，在日本境內犯罪的外國人，日本無法用自己的法律來對其進行制裁。第二項是無關稅自主權，日本無法自主決定進口商品的稅率。第三項是片面最惠國待遇，一旦日本和其他某一國家締結的條約內容中比其他國家有利，則其他國家也同時被授予相同的權利。在明治政府所領導下的日本覺得自己已經不再是幕府末期那個腐朽和無能的國家，於是針對這些不平等條約的修改開始了奔走。

在1871年11月，以岩倉具視、木戶孝允和大久保利通為主的明治政府最高核心權力擁有者組團一起前往歐美，目的是去調查能讓日本成為近代國家的西方文明與制度，以及交涉有關修正不平等條約的事項。他們一行人向美國、英國等國傳達了修正條約的想法，不過並沒有得到理想的結果。在這之後，他們在2年的時間內對12個國家進行了訪問，瞭解到歐美具有壓倒性實力的國

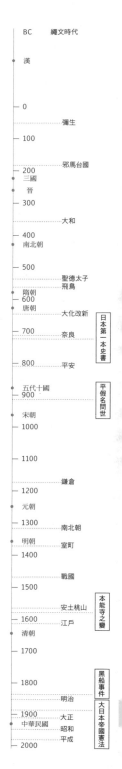

BC

耶穌基督出生　0—

君士坦丁統一羅馬

羅馬帝國分成兩部

波斯帝國　500—

回教建立

凡爾登條約

神聖羅馬帝國建立
　　　1000—

十字軍東征

蒙古第一次西征

英法百年戰爭開始

哥倫布發現新大陸
　　　1500—

英國大破無敵艦隊

發明蒸汽機

美國獨立
拿破崙稱帝

美國南北戰爭開始

第一次世界大戰
第二次世界大戰

　　　2000—

力，以及日本不能企及的近代法律制度。到了1879年，當時的外務卿井上馨將各國的外使召集到東京，召開條約修正會議。在那之前，為了宣傳日本的現代化，日本大力地引入了歐美的各項制度、風俗習慣和生活方式，從而增加自己修正條約的籌碼。

　　到了1886年，東京再次舉辦了修正不平等條約的會議，日本首先謀求的是撤銷領事裁判權以及恢復部分關稅的自主權。在會議上，英國自始至終採取了反對的態度，不過日本多少也得到一些進展。領事裁判權雖然沒有被撤銷，但是各國同意在審判外國人的案件中，在進行裁決時判決者的人數裡有一半以上是外國人即可。這時，位於紀伊半島的海面上發生了一件事情，英國的一艘貨船沉沒，英國的船長帶著英國船員利用小船脫了險，但是在貨船上的日本人卻沒能上逃生船。這位英國船長在位於神戶的英國領事館接受判決，結果卻是無罪。對於這次判決，日本民眾群情激憤，對於領事裁判權的抵制也愈演愈烈。原本進行的條約修正會議只好無限期延期，井上馨也因此辭職。接下來和各國過招的人物是外務大臣大隈重信，他不再把所有人都召集在一起，而是改用個別交涉的方針。在日本憲法發佈後的第9天，美國同意簽訂修正條約，隨後德國和俄國也簽訂了修正條約，不過在修正條約中日本依舊有著一定的讓步。當修正條約發佈後，民眾並沒有買帳，依舊對其中的不公平性發出劇烈的抗議，可憐的大隈重信被反對派投擲的爆炸物擊中而受了重傷，於是條約修正的交涉只好再次被延期。

　　因為部分妥協式的條約修正不被民眾接受，日本只好開始選擇對不平等條約堅決說不。這時，歐美之間的形勢發生了微妙的變化。當時圍繞著阿富汗，英國和俄國在亞洲地區展開了激烈的權力之爭。此外，俄國鋪設了西伯利亞鐵路，更多地參與到東亞

地區的各種事件。作為已經成為近代國家的日本，成為各方在亞洲都願意拉攏的夥伴。原本在條約修正上最大的反對力量英國在這時開始對日本做出了讓步。大隈重信的繼任者青木周藏投入到與英國的交涉中。到了1890年，英國同意了日本提出的新的修正案，不過這時又發生了一件事情。

　　1891年4月，23歲的俄國皇太子尼古拉訪問日本，受到日本政府的盛大歡迎，但是到了名為大津的地方時，一名叫做津田三藏的警察用劍襲擊了皇太子，致其頭部受傷，史稱「大津事件」。伊藤博文聽聞消息後立即與幾位握有實權的內閣大臣商議對策，當時對津田三藏的判決有兩種選擇，一是按照皇室罪處罰，另一種則是按照謀殺罪處罰。由於對方是俄國的皇太子，眾人商量後認為還是應該按照皇室罪處罰。出人意料的是，大審院院長兒島惟謙公開對此表示反對，認為內閣的意見違背了憲法所主張的三權分立，按照正規法律判決，津田三藏所犯的是謀殺未遂。政府一再施壓，兒島惟謙堅絕不屈從於政治壓力。日本國民從各地為皇太子帶去了慰問信和慰問品，還向俄國沙皇致電表示深切的遺憾，明治天皇也趕到旅館看望皇太子，並陪同他回到俄國軍艦。最終津田三藏以謀殺未遂罪處以終身苦役，日俄之間也沒有因此而發生爭端。事情雖然得到解決，但是負責修正案的青木周藏則因此而辭職，於是不平等條約的交涉再次延期。

　　青木周藏的後繼者是陸奧宗光，他上任後繼續和英國進行交涉。到了1894年7月16日，雙方終於在倫敦簽署了新條約，叫做《日英通商航海條約》。透過這個條約，日本獲得了自己裁判外國犯人的權力，這離當初岩倉具視等人的考察團出航已經過去了22年。又過了17年後，日本和美國也簽署了新的條約，關稅自主權才得以恢復。

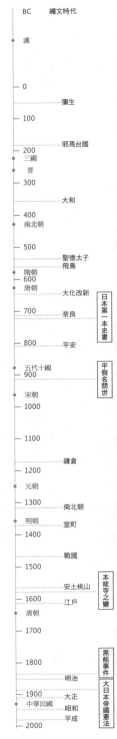

北國和南島

BC

耶穌基督出生　0—

君士坦丁統一羅馬

羅馬帝國分成兩部

波斯帝國　500—

回教建立

凡爾登條約

神聖羅馬帝國建立
1000—

十字軍東征

蒙古第一次西征

英法百年戰爭開始

哥倫布發現新大陸
1500—

英國大破無敵艦隊

發明蒸汽機

美國獨立
拿破崙稱帝

美國南北戰爭開始

第一次世界大戰
第二次世界大戰

2000—

　　如今的北海道是日本最北端的一級行政區，亦是日本現時唯一以「道」取名的行政區，不過在歷史上這塊廣闊的土地並不是日本的正統管轄地。自古，北海道這塊土地上居住著的是阿伊努人，在明治維新之前這片土地的名字則叫「蝦夷地」。在「蝦夷地」的阿伊努人形成了名叫「古丹」的村落，他們擁有自己的語言和獨特的文化，時常與日本人在邊界處進行貿易。阿伊努人用當地多產的鮭魚、海帶和皮毛來換取日本本土多產的大米。

　　阿伊努人和日本人（和人）之間的相處並非一帆風順，在歷史上有著三次激烈的衝突。第一次衝突發生在1457年，起因為阿伊努人向和人訂製小刀，但取刀的阿伊努少年因對小刀的品質與價格不滿而引起了爭端，結果阿伊努少年遭到刺殺。這讓對和人久積不滿的阿伊努人胡奢麻尹開始率領民眾進攻當地和人的居住地，最終這次動亂被武田信廣平定，阿伊努人敗北。德川幕府成立後，在位於雙方交易地的松前藩，和人對阿伊努人進行了殘酷的剝削與壓榨，實施了無端殺害反抗者的暴行。

　　到了1669年，阿伊努人終於又與和人動武了，戰事初期，阿伊努人佔據著上風，但隨著戰爭的進行，阿伊努人的軍隊被分隔切斷。松前藩隨後得到了幕府的大力支援，尤其是大量的火槍被運到前線，戰爭的局勢發生逆轉。佔據了優勢後的松前藩提出了和談要求，但其實這次和談只是一個幌子，被騙到和談桌上的阿

伊努人領袖被當場殺害，戰爭最終以一邊倒的形式收尾。第三次衝突則發生在1789年，當時由於文化上的爭端，阿伊努人在國後島襲擊了和人，導致70多個和人被殺，事後日本逮捕了37個被認定有份參與的阿伊努人。

從「蝦夷地」到「北海道」轉變的契機可以追溯到18世紀末，那時圍繞「蝦夷地」，日本和俄國之間開始有了一些紛爭。隨著俄國的領土擴張至遠東地區，「蝦夷地」近海海域亦開始時有俄國船舶出現。幕府為此派出了一批人到北海道、庫頁島和千島群島地區探險。1799年，幕府將「東蝦夷地」改為幕府直轄地。1807年，幕府又將「西蝦夷地」改為幕府直轄地。

倒幕結束後，原德川幕府海軍將領榎本武揚率八艘艦隻和新選組等幕府主戰派勢力北上北海道，建立了蝦夷共和國。到了1855年，門戶開放的日本和俄國簽訂了〈日俄和親通好條約〉，在這個條約中雙方劃定了國界，國界定於千島群島的擇捉島和得撫島之間。不過原本屬於清朝的庫頁島此時由於實際上已被俄國所佔據，其中也居住著不少的日本人，所以在條約中庫頁島並沒有確定國界，成為日本人和俄國人的混居地。日後，圍繞著未確定的庫頁島，日俄的紛爭一直在繼續。1869年，日本新政府軍攻入北海道，蝦夷共和國滅亡。此後，日本政府創建了開拓使，北海道開始進入大規模開發時代。

隨著拓荒的進行，北海道的人口開始急劇增長，從1870年的只有6萬人增長到了1912年的170萬人，但是這段時間裡阿伊努人的人口卻絲毫沒有增加。由於明治政府促使阿伊努人從事農業，禁止他們狩獵和打魚，使得他們失去了原本的生活文化。1899年，明治政府頒布了〈北海道舊土人保護法〉，阿伊努人被迫學習日語，須採用日本名字，責令停止宗教習俗，禁止結成部落生

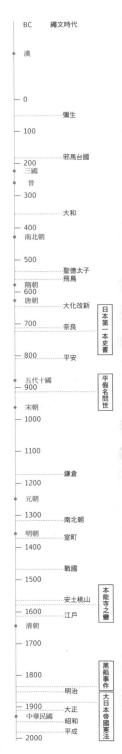

BC　繩文時代

漢

0

　　　彌生
100

　　　邪馬台國
200
三國
　晉
300

　　　大和
400
南北朝

500

　　　聖德太子
　　　飛鳥
隋朝
600
唐朝
　　　大化改新
700
　　　奈良

800
　　　平安

五代十國
900

宋朝
1000

1100

　　　鎌倉
1200
元朝

1300
　　　南北朝
明朝　室町
1400

　　　戰國
1500

　　　安土桃山
1600
清朝　江戶

1700

1800
　　　明治
1900　大正
中華民國　昭和
　　　平成
2000

日本第一本史書

平假名問世

本能寺之變

黑船事件

大日本帝國憲法

活。直到2008年6月6日，日本才首次承認阿伊努人為原住民。

　　在1609年，日本薩摩藩在德川幕府的許可下，入侵琉球；尚寧王被擄至日本被迫簽訂「掟十五條」：琉球國向薩摩藩稱臣，割奄美群島予薩摩。不過對於琉球人民來說，與中國之間的貿易是不可或缺的。以至於在琉球的皇宮中一側建造了迎接中國使者的北殿，又在另一側建造了與薩摩藩往來的南殿。

　　隨著時代由江戶變成了明治，明治政府和清朝簽訂了〈日清修好條約〉。隨後在1872年，日本設立了琉球藩，琉球在行政上便歸屬日本了，但是清朝並不承認日本這樣的單邊行為。而琉球人民在當時也不希望成為日本人。到了1879年，日本天皇政府推行「廢藩置縣」，在琉球強行推行「琉球處分」，把琉球一分為二：北為日本領土，改為沖繩縣，南面為清朝領土。明治政府還命令琉球國王尚泰移住東京，並在沖繩部署軍隊和警察，推行日本法律，琉球國實質上滅亡。清朝政府對日本兼併琉球提出了多次交涉，但隨著中日甲午戰爭戰敗，被迫割讓臺灣、澎湖，清朝政府也失去了對琉球的發言權。目前日本有效統治著琉球群島全境，行政上分屬於沖繩縣和鹿兒島縣。

BC

耶穌基督出生　0—

君士坦丁統一羅馬

羅馬帝國分成兩部

波斯帝國　500—

回教建立

凡爾登條約

神聖羅馬帝國建立
1000—

十字軍東征

蒙古第一次西征

英法百年戰爭開始

哥倫布發現新大陸
1500—

英國大破無敵艦隊

發明蒸汽機

美國獨立
拿破崙稱帝

美國南北戰爭開始

第一次世界大戰
第二次世界大戰

2000—

甲午風雲

　　日本走上現代化國家的道路後，在1871年時便向清朝派遣了使者，並且和清朝簽訂了〈中日通商章程〉。協定規定雙方互相開放港口，承認領事裁判權。這份條約是日本和外國簽訂的第一份對等條約。和清朝打好了關係之後，日本下一個目標是朝鮮，但是朝鮮對日本交涉時的態度感到並不滿意，以至於談判最後破裂。由於當時朝鮮是中國的附屬國，並且清朝實施的是閉關鎖國政策，所以朝鮮不僅僅針對日本，對於法國和美國所提出的通商要求也都一律拒絕。

　　1873年，以西鄉隆盛和板垣退助為首的國家掌權者想要採取強硬的方式讓朝鮮屈服，「征韓論」也開始在日本蔓延。不過這時剛剛考察完歐美後回國的大久保利通則認為日本此時應該注重自己的發展，不要挑起戰端。由於明治六年政變的發生，最後明治天皇拍板決定暫時緩征朝鮮。

　　1874年，日本藉琉球漂民在臺灣遇害，聲稱琉球國係日本屬邦，派西鄉從道率3600人進犯臺灣，雖然失利，卻讓清朝賠款50萬兩白銀。經過這一事件，日本察覺到清朝的實力有限，便再次打起了侵略朝鮮的念頭。

　　1875年，日本軍艦「雲揚」號停泊在朝鮮江華島沿海附近，號稱進行海域測量，在傍晚時以補充淡水為由，未經申請，也未通知朝鮮守軍便企圖靠岸登陸。江華島炮臺的朝鮮守軍發炮攻

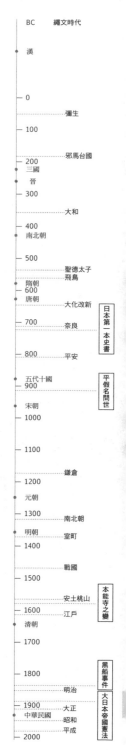

BC　繩文時代

漢

0

彌生　100

邪馬台國　200
三國
晉　300

大和
400
南北朝

500
聖德太子
飛鳥
隋朝　600
唐朝
大化改新
700
奈良

800　平安

五代十國
900
宋朝　1000

1100

鎌倉　1200
元朝
1300
南北朝
明朝　室町
1400

戰國
1500
安土桃山
1600　江戶
清朝
1700

1800
明治
1900　大正
中華民國　昭和
平成
2000

日本第一本史書

平假名問世

本能寺之變

黑船事件

大日本帝國憲法

擊，「雲揚」號全力反擊，摧毀了江華島炮臺並攻陷永宗城，並對城中百姓進行燒殺搶掠。以此為契機，日本政府採取強硬態度向朝鮮施壓，在第二年和朝鮮簽訂了〈朝日修好條約〉。條約內容是朝鮮要承認日本的領事裁判權，並且對日本免除關稅，均是對朝鮮單方面不利的不平等條約，朝鮮被迫打開國門。

　　這一條約的簽訂，讓主張擁有朝鮮主導權的清朝和否定清朝主導權的日本之間圍繞朝鮮問題產生了對立。與此同時，朝鮮國內支持清朝的勢力和支持日本的勢力之間也產生了對立。到了1884年，因為得到了日本的支持，朝鮮國內發生了大變革。金玉均集團發動了武裝政變，這一事件被稱為「甲申政變」。奪取了政權的開化黨宣佈改革，內容有朝鮮獨立，廢除向清朝進貢，改革內政、改革稅制，廢除門閥制度，等等。但是事變後第三日，袁世凱、吳兆有、張光前等率領清軍突入朝鮮王宮，擊敗開化黨人和日軍。

　　1885年，日本為了修復和清朝之間的關係，派遣伊藤博文去清朝與李鴻章簽訂了〈天津條約〉。根據條約，日清兩國從朝鮮撤兵，之後在向朝鮮發兵之時必須告知對方。日本當時執著於朝鮮的原因很大一部分是由於俄國想要進軍東亞。俄國建造了西伯利亞鐵路，鐵路的終點是海參崴（現稱符拉迪沃斯托克），地處朝鮮半島的北面，距離朝鮮十分近。這樣一來，朝鮮也就處於俄國的勢力範圍之內，這對於一海之隔的日本就是一種不言而喻的危險。

　　因此，日本政府認為不僅僅要嚴守國境線以保衛國民安全，在海外的朝鮮也需要增加自己的影響力。因此，日本主張朝鮮不應該是清朝的附屬國，而是應該成為日本的一個橋頭堡。

　　1894年，朝鮮南部的農民軍隊在全羅道舉行起事，史稱「東

學農民運動」。所謂東學黨是由崔濟愚創立的一種宗教團體，主張對抗基督教以及傳入朝鮮的西方文化。朝鮮高宗恐慌，向北京告急。清朝按照〈天津條約〉的規定電告日本，隨後出兵朝鮮。由於民軍也反對日本，所以日本也派了軍隊來到朝鮮。民軍很快就被鎮壓，袁世凱認為叛亂已平，要求日本和清朝同時從朝鮮撤兵。但是日本則希望雙方都留兵於朝鮮，並且一同改革朝鮮的內政，清朝對此表示拒絕。最終，中日雙方由於朝鮮的內政原因而產生了激烈的對峙，戰爭一觸即發。

1894年7月25日，日軍不宣而戰。28日，日本陸軍進攻位於牙山的清軍，發生了激戰，清軍不敵只好退向平壤。8月1日，清朝下宣戰詔書，明治天皇也發佈宣戰詔書。當時相當多的西方人認為清朝經過數十年的洋務運動，在軍事對抗中不會像鴉片戰爭中那樣一擊即潰，所以認為這一仗清軍將獲勝。

甲午戰爭打響後，日本的各個政黨暫時從之前對政府的激烈批評轉為支持政府的對外戰爭，以至於在議會上對於戰爭相關的預算和法案都給予高票通過。國民的興論也一致傾向於發動戰爭。日軍海軍聯合艦隊也來到了黃海的西部，企圖尋機與清朝的北洋艦隊進行決戰。此時的北洋艦隊則執行「保船制敵」的命

北洋水師的定遠艦

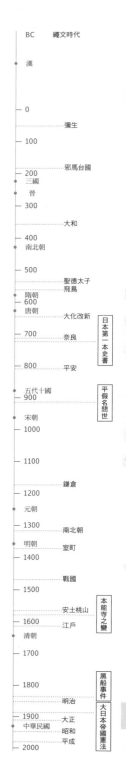

令，不和日軍進行正面對抗，主要巡弋在威海、旅順之間。這樣就把黃海的制海權讓給了日本海軍。到了9月上旬，清朝認為平壤將有大戰，擬由海路迅速運兵赴援，北洋艦隊奉命護航。護航任務完畢，北洋水師正準備返航，突然撞見了日本聯合艦隊，隨即爆發了黃海海戰。5小時後，北洋艦隊沉沒5艦，傷4艦，日本聯合艦隊傷5艦。隨後，日軍佔領了遼東半島，其間僅用1天時間攻陷了經營10餘年、耗費白銀數千萬兩、駐守兵力達14700人的旅順。

日軍攻佔旅順後開始進攻威海衛，目標是消滅北洋艦隊。威海衛的劉公島是北洋水師提督衙門所在，被視為清朝海軍的根本。日軍成立了由約25000人組成的「山東作戰軍」，由大山巖指揮。日軍先發動佯攻，在1895年1月18、19兩日炮擊威海衛以西的登州，但「山東作戰軍」則在威海衛以東50公里的榮成灣龍鬚島登陸，包抄威海衛的後路。1月30日，日軍分3路進攻，威海衛的

耶穌基督出生　0—

君士坦丁統一羅馬
羅馬帝國分成兩部

波斯帝國　500—

回教建立

凡爾登條約

神聖羅馬帝國建立
　　　　　1000—

十字軍東征

蒙古第一次西征

英法百年戰爭開始

哥倫布發現新大陸
　　　　　1500—

英國大破無敵艦隊

發明蒸汽機

美國獨立
拿破崙稱帝
美國南北戰爭開始

第一次世界大戰
第二次世界大戰
　　　　　2000—

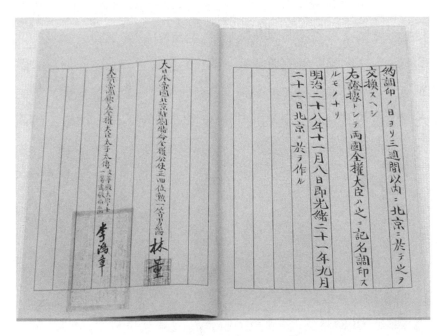

馬關條約李鴻章和日本外交大臣林董的簽名

南岸炮臺失守。2月1日，北岸炮臺淪陷，守將戴宗騫退至劉公島上後自盡。2月2日，威海衛城失守。之後日軍對依託劉公島的北洋水師進行水陸夾攻。11日，北洋水師提督丁汝昌親自寫下向伊東祐亨投降書，然後服鴉片自殺，次日死亡。

開戰半年後，日本和清朝在如今的山口縣下關市進行了停戰交涉。日本全權代理為總理大臣伊藤博文和外務大臣陸奧宗光，清朝的全權代理則是李鴻章、李經方。在1895年的4月，日本與清朝政府簽訂了〈馬關條約〉。條約的內容是清朝承認朝鮮為獨立國家；割讓遼東半島、臺灣、澎湖列島給日本；支付2億兩白銀作為賠償金；開放沙市、重慶、蘇州和杭州為新港口。清朝的敗北使得東亞傳統的華夷秩序發生了崩塌，朝鮮成為獨立的國家，並在1897年更名為大韓帝國。

2億兩白銀的賠償金在當時相當於日本2年的國家收入，拿到了賠償金的日本把這筆錢中超過80%再次投入到軍備擴張之中。這樣使用賠償金的最主要原因是在〈馬關條約〉簽訂後的僅僅6天，俄國就進軍中國東北，並且聯合德國、法國要求日本返還遼東半島。迫於三國的壓力，再考慮到日本的國力，日本政府接受了這一要求。之後，日本從政府到民間對抗俄國的情緒高漲，為了提高軍事能力而大量進行投入。

在那之前，日本的鐵主要依賴從英國等地的進口，但是為了對抗三國的干涉而擴充軍備，沒有自己的重工業是不行的。日本用賠償金建設了官營八幡製鐵廠，從德國引進了技術，在15年的時間內將鐵的產量增加了80%。在經濟上，以賠償金為基礎，日本也進行了貨幣制度的改革，之前一直使用的銀本位制被廢除，和其他先進國家一樣確認了金本位制，日本的經濟也開始飛速發展。

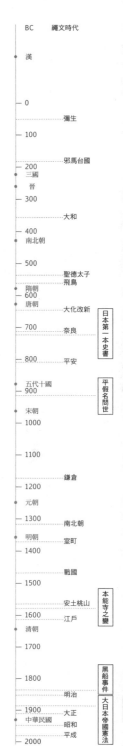

雖然比較無奈，但是中日甲午戰爭是一場日本對清朝取得壓倒性勝利的戰爭。所簽訂的〈馬關條約〉是自第一次鴉片戰爭後簽訂〈南京條約〉以來對清朝危害最大的不平等條約。清朝由於戰爭的失敗和北洋水師的覆滅，國際地位也隨之一落千丈，日本則暫時成為亞洲近代化國家的領頭羊。

BC

耶穌基督出生　0—

君士坦丁統一羅馬

羅馬帝國分成兩部

波斯帝國　500—

回教建立

凡爾登條約

神聖羅馬帝國建立
　　　　　1000—

十字軍東征

蒙古第一次西征

英法百年戰爭開始

哥倫布發現新大陸
　　　　　1500—

英國大破無敵艦隊

發明蒸汽機

美國獨立
拿破崙稱帝

美國南北戰爭開始

第一次世界大戰
第二次世界大戰

　　　　　2000—

日俄戰爭

19世紀，美國和歐洲各國向亞洲和非洲進軍，在各地構築殖民地和勢力圈。由於甲午中日戰爭中清朝敗北，衰弱的中國只能任由列強侵入。英國、俄國、法國、德國等國家通過資金的借貸、鐵路建設、礦產開發等方法獲得了很多特權。「扶清滅洋」成為中國人民心中最重要的想法，以此為核心思想，義和團運動爆發了。1900年，義和團包圍了北京的各國大使館，而八國聯軍則佔領了北京，對義和團進行了鎮壓。八國聯軍侵華之後，沙皇尼古拉二世以保護俄國修築的中東鐵路為名，出動18萬軍隊，從璦琿、滿洲里、琿春、三江口、旅順等地，分六路進入東北，從事實上將滿洲置於自己的佔領之下。擁有朝鮮半島權力的日本此時感到十分緊張，當時朝鮮國內的親日派政權已倒臺，掌握國家政治的是親俄派政權。在八國聯軍侵華之前，日本的公使和軍人襲擊了朝鮮的王宮，殺害了作為親俄勢力的閔妃。這導致了朝鮮境內反日輿論高漲，日俄之間因為朝鮮積累了不少的問題。

1902年，日本和英國結成了同盟。英國對於俄國進入亞洲也抱有警惕，但是由於這時英國正深陷在南非的波耳戰爭之中，無暇東顧，為了牽制俄國，只好利用日本的力量。俄國侵吞滿洲的企圖，使得日本、英國、德國等國意識到自己在中國的利益會受到損害，美國和法國也表示反對，均出面干涉要求俄國從東北撤軍。由於列強干涉，在1902年4月，俄清訂立〈交收東三省條

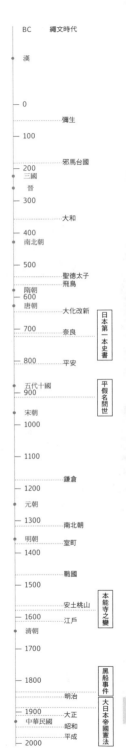

約〉，條約中確定俄軍將分三個階段撤兵東北，以六個月為一階段。然而，俄國只在第一階段履行約定撤兵，之後便違約，甚至要求其他列強不能進入滿洲，並且滿洲的行政管理將由俄方參與。俄國沙皇更是設置了「亞東大都督」來統治滿洲。之後日本與俄國進行交涉，要求俄軍撤退，但遭到了俄方的拒絕。於是在日英同盟結成後2年，日本下決心要將俄國的勢力趕出朝鮮半島。1904年2月6日，日本向俄國發出最後通牒，並宣佈斷絕日俄外交關係。1904年2月9日，俄國對日宣戰。2月10日，日本政府亦正式對俄國政府宣戰，日俄戰爭爆發。

　　戰爭一開始，日俄雙方的海陸軍就同時進入了戰鬥。俄國的戰爭計畫是想爭取時間在遼陽、海城地區集結和展開軍隊，阻止日軍的進攻並且逐步向北撤退，重點是守住旅順口要塞。因為旅順口不但是進出海的咽喉，還是天然不凍港，佔領它便能控制遼東半島大部。俄國海軍的任務是奪取制海權和阻止日軍登陸，並且在總攻時提供在日本諸島登陸的能力。日本這邊的戰爭計畫是用突然襲擊的策略消滅俄國的太平洋艦隊，奪取制海權，確保陸軍實力的安全補給。然後迅速將陸軍調往陸上，奪取旅順口，同時奪取庫頁島，爾後攻佔滿洲、烏蘇里和濱海邊疆區。

　　在日本宣戰之前，日本聯合艦隊在2月8日突襲了旅順港的俄國太平洋分艦隊，2月9日，在仁川港外日軍遭遇兩艘俄羅斯巡洋艦，成功擊退對方並讓對方自沉。宣戰之後，日軍打算把俄國的太平洋艦隊封鎖在旅順港內，故意在旅順港的出入口炸沉幾艘廢棄的商船與軍艦以封鎖港口，但並沒有成功達到預定目標。到了5月，日本聯合艦隊下了狠心，派遣12艘運輸船，衝入旅順港的進出口進行自爆沉沒。加上之後在旅順港的水雷部署，總算在一定程度上封鎖了旅順港，取得了制海權。到了6月，日軍從陸上包圍

1905年9月5日，日俄兩國簽定〈樸資茅斯和約〉

旅順，俄國太平洋分艦隊繼續留在旅順有全軍覆滅的危險，於是決心突破旅順口外日本艦隊的封鎖，撤往海參崴。然而俄國太平洋分艦隊的突圍行動並沒有成功，大部分艦隊退回了旅順港，艦隊司令馬卡羅夫則不幸遇難，史稱「黃海海戰」。另一方面，位於海參崴的俄國海軍基地在開戰後一直干擾著日方海上的運輸。在「黃海海戰」後僅4天，海參崴的多艘俄國軍艦也被日軍擊沉，喪失了繼續干擾日本補給線的能力。

　　在陸軍方面，由黑木為楨大將率領的日本陸軍第一軍按照原定計劃登陸朝鮮半島後，在丹東市近郊的鴨綠江邊擊敗了俄軍。之後由奧保鞏大將率領的第二軍也按原定計劃在遼東半島的鹽大澳登陸，並攻陷了位於旅順半島南山地區的俄軍陣地。5月底，由乃木希典大將率領的第3軍從大連灣登陸，進逼旅順。由野津道貫陸軍大將率領的第4軍，在遼東半島大孤山登陸，進佔海城。日軍原本計畫等第3軍攻下旅順之後，所有陸軍匯集到一起和俄軍進行遼陽會戰，但是沒想到第3軍和旅順的俄國守軍一仗下來，日軍

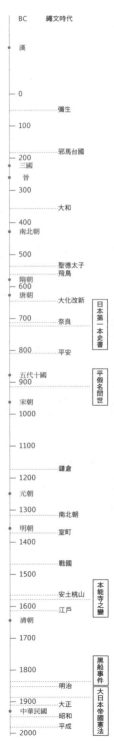

BC

耶穌基督出生　0

君士坦丁統一羅馬
羅馬帝國分成兩部

波斯帝國　　500

回教建立

凡爾登條約

神聖羅馬帝國建立
　　　　　1000

十字軍東征

蒙古第一次西征

英法百年戰爭開始

哥倫布發現新大陸
　　　　　1500

英國大破無敵艦隊

發明蒸汽機

美國獨立
拿破崙稱帝

美國南北戰爭開始

第一次世界大戰
第二次世界大戰

　　　　　2000

死傷超過了15000人，而且還沒能拿下旅順。這樣一來，只好由第1、2、4三個軍的兵力攻佔遼陽。日本三個軍團從左右兩側向俄軍進行攻擊，但俄軍進行了有效的抵抗，並取得局部勝利。不過俄滿洲軍司令卻下達了撤退的命令。最終日軍在損失了24000人後成功攻佔了遼陽。雖然贏得了勝利，但由於傷亡十分慘重，東京方面沒有大張旗鼓地慶祝。

日軍佔領遼陽後，下一個目標就是久攻不下的旅順，只有儘快攻佔旅順，才能騰出圍困旅順的軍隊與俄軍進行決戰。第3軍分別於9月19日和10月26日分兩階段發動第二次總攻擊，但並未完全達到作戰目標。11月26日，第三次總攻開始，日俄雙方都戰死了超過5000人。戰爭一直從1904年打到1905年，旅順要塞司令官斯特塞爾出降，躲藏在港口內的俄國旅順艦隊全部失去戰鬥力，日軍在此戰役中共投入了13萬人，傷亡約6萬人，第3軍司令官乃木希典的兩個兒子均戰死。

佔領旅順後，第3軍得以出兵向北到奉天（瀋陽）附近，以支援日軍的陣線，準備下一次進攻。俄軍集中了30多萬人，企圖在日軍第3軍由旅順抵達沙河之前，將日軍擊敗。但在1月25日到28日「黑溝臺戰役」中，俄軍未能取勝，日軍渡過了一次大危機。隨著第3軍的加入，日軍突破沙河防線，實現了包圍奉天的計畫。2月21日，「奉天會戰」打響，日軍右翼開始對俄軍攻擊。3月1日，日軍的第2軍和第3軍從側面迂迴到俄軍背後，準備包圍奉天。這時俄軍打算與日軍決一死戰，向乃木希典指揮的第3軍發起了猛攻，幾乎把第3軍摧毀。第3軍拚死抗爭，成功切斷哈爾濱與奉天間的鐵道聯絡，對俄軍造成決定性的打擊。俄軍眼看處於被圍殲的危險中，主帥決定放棄奉天，向鐵嶺撤退。日軍於是在3月10日佔領奉天。

俄軍最後的希望是波羅的海的第二太平洋艦隊。在經歷7個月的航行後，艦隊終於在1905年5月來到日本近海。5月27日，第二太平洋艦隊和日本聯合艦隊在對馬海峽發生衝突，日本聯合艦隊以壓倒性的優勢擊敗了俄軍艦隊，俄軍全軍覆沒，司令官被日軍俘虜。

事到如今，俄國政府開始面對現實，準備開始與日本進行停戰談判。反觀日本這一邊，無論軍事還是財政都達到了極限，戰死者已經超過了8萬人，戰爭費用也已高達17億日元，相當於當時日本4年的財政收入，國家財政陷入危機。和談成為俄國和日本共同的選擇，英美也擔心日本過於強大，放縱侵略對己不利，於是美國作為中間人協調交涉後，日俄雙方於8月10日在美國的樸資茅斯附近開始停戰談判，並在9月5日達成和平協議，簽訂了〈樸資茅斯和約〉。

在〈樸資茅斯和約〉中，俄國承認日本對於韓國的管轄權。旅順、大連的租借權和長春以南的鐵路附屬權利在得到清朝的同意後轉讓給日本。北緯50度以南的庫頁島也轉讓給日本。不過在條約中日本並沒有拿到任何戰爭賠款，這讓日本民眾十分不滿。在東京的日比谷公園，民眾召開了反對和談的國民大會，民眾一面要求撕毀條約，一面進行打砸搶燒。明治政府不得不發佈戒嚴令和出動軍隊才維持了秩序。

〈樸資茅斯和約〉簽訂之後，日本正式開始全面管轄韓國。1905年，〈第2次日韓條約〉簽訂之後，日本掌握了韓國的外交權，並在韓國的首都設立了韓國監統府，作為日本政府的代表機構，伊藤博文任第一任統監。

1907年，日本跟韓國又簽訂了〈第3次日韓條約〉，由日本的統監府全盤掌控韓國的內政並解散軍隊。對此，韓國國民展開

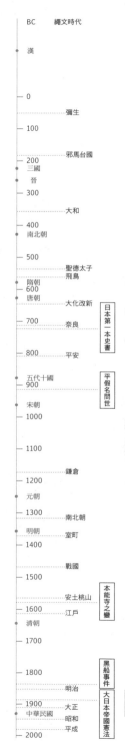

了激烈的對抗，平民揭竿而起，爆發了「義兵運動」。義兵搗毀日軍設施，清除親日賣國賊，使許多地區的日本殖民統治機構陷於癱瘓。到了1909年，伊藤博文赴哈爾濱與俄羅斯財政大臣科科夫佐夫會談，韓國民族運動領導者安重根在得到消息後潛往哈爾濱。10月26日，伊藤博文在哈爾濱火車站剛下車，就被從人群中衝出的安重根連續打中三槍，當日不治身亡。次年，日本根據〈日韓合併條約〉正式吞併了韓國。

另一方面，日本在滿洲根據〈樸資茅斯和約〉獲得了俄國所擁有的一部分特權。以原本俄國所有的鐵路為母體，日本設立了半官半民性質的南滿洲鐵道株式會社，簡稱滿鐵。滿鐵的建設不僅包括鐵路本身，還包括了沿線地區的礦山開發和鋼鐵廠的經營，以及城市的建設。這成了日本在滿洲經營的中心，日本的勢力也相當程度地滲入了中國。

大正時期的民主春風

　　1912年7月30日，明治天皇因糖尿病去世，享年59歲，第123代天皇大正天皇登基。日本跨入大正時代。從明治時代到大正時代的過渡時期，日本的政治被9個稱為「元老」的權威人士所控制。這9個人都是倒幕運動之中有功績的人，並且在之後一直指導明治政府的運作。這9人是山縣有朋、井上馨、松方正義、西鄉從道、大山巖、西園寺公望、桂太郎、黑田清隆、伊藤博文。這9個人中除了西園寺公望，都來自作為倒幕中心的薩摩藩或長州藩。黑田清隆、伊藤博文和西鄉從道已經去世，其他的人依舊把持著政治。比如大正時代一開始的內閣總理大臣是陸軍大將桂太郎，他的身後是支持他的元老山縣有朋。山縣有朋形成了由貴族院、官僚、軍部藩閥組成的利益集團，在天皇的名義下，讓同藩閥的人物就任首相，而首相也指名自己人來形成內閣，這讓整個政治漸漸變成了一言堂。

　　能和藩閥進行對抗的最強大力量是尾崎行雄所領導的立憲政友會。尾崎行雄和國民黨的犬養毅為了改革逐漸僵化的政治，主張進行守護憲法的運動。他們互相協助組成了憲政擁護會，然後打出了「擁護憲政」和「打破閥族」的口號，開始「憲政擁護運動」。他們的目的不僅僅是針對藩閥，而是想要由政黨來主導政治。「憲政擁護運動」得到了平民激烈的回應，每次集會時都擠滿了平民。

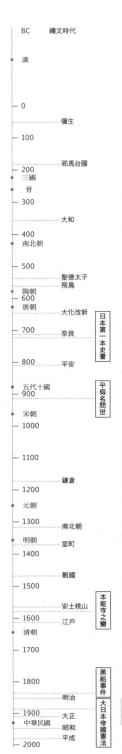

BC

耶穌基督出生　0—

君士坦丁統一羅馬

羅馬帝國分成兩部

波斯帝國　　500—

回教建立

凡爾登條約

神聖羅馬帝國建立
　　　　　1000—

十字軍東征

蒙古第一次西征

英法百年戰爭開始

哥倫布發現新大陸
　　　　　1500—

英國大破無敵艦隊

發明蒸汽機

美國獨立
拿破崙稱帝

美國南北戰爭開始

第一次世界大戰
第二次世界大戰

　　　　　2000—

1913年2月5日，立憲政友會與國民黨在議會內提出對桂太郎內閣的不信任動議。但是桂太郎和山縣有朋則利用天皇的詔書強行停止了議會的召開，這是由於在憲法中規定了：「天皇擁有對議會召集或停止，甚至解散的權力。」面對桂太郎這種利用特權進行逃避的做法，尾崎行雄怒斥道：「他們經常開口說忠愛，說得好像忠君愛國是自己的特權一樣，可是看到他們的所作所為，就是經常隱藏在玉座的陰影下狙擊政敵。他們不就是以玉座為牆壁、以詔敕為子彈打擊政敵嗎？」

桂太郎的做法引起了公憤，數萬名市民包圍了眾議院，和警察起了衝突，甚至有市民為此襲擊了擁護桂太郎的議員，但是桂太郎繼續用天皇的詔書來對尾崎行雄施壓。尾崎行雄沒有辦法，只好撤回了不信任動議。民眾的憤怒變得更加激烈，他們開始襲擊國民新聞社和警察，並且這一趨勢開始從東京蔓延到外地。面對全國範圍內的大騷動，桂太郎內閣在2月11日被迫集體辭職。這是日本明治維新以來第一次內閣因為國民的政治運動而被迫請辭。但是之後的政府依舊是由薩摩藩出身的海軍大將山本權兵衛所領導，藩閥政治的形式並沒有改變。

「憲政擁護運動」過去沒多久，全球發生了一件極為重要的事情，那就是第一次世界大戰。1914年6月，奧匈帝國皇儲斐迪南及其妻子索菲亞被塞爾維亞激進青年普林西普刺殺身亡。隨後奧匈帝國對塞爾維亞發出最後通牒，並列出一些違反塞爾維亞憲法，干涉其主權的要求。儘管塞爾維亞表示，除了兩條違反憲法及影響主權的要求，將接受其他的要求，但是奧匈帝國在德國的支持下執意開戰。1914年7月28日，奧匈帝國出兵塞爾維亞，第一次世界大戰正式拉開序幕。英國、法國、德國和俄羅斯接連參戰，日本也基於日英同盟參戰，派兵去了中國。

第一次世界大戰不同於以往歐洲的戰爭，這次戰爭的長期化使得作為主戰場的歐洲各國由於短期內將儲備物資用盡，戰爭的勝敗變成國內生產力之間的較量，整個國家的資源和勞動力都被捲入戰爭。因此，女性也一改從前的習俗，需要開始工作，因此國民也開始追求民主主義，世界範圍內發生了許多社會改革。比如在英國，女性獲得了參政的權利；在俄國，由於革命，誕生了蘇聯。這些改變對於日本也產生了很大的影響。比如日本本土各地結成了各種各樣的團體，並展開社會運動。在這些運動中有著重要影響力的人物是東京大學的教授吉野作造。他在所提倡的民本主義理論中寫道：「一定要實行無論是誰主政，都給一般民眾幸福的政權。」許多雜誌在日本創刊，使得民本主義的思想被推廣。吉野作造還提倡改變日本的選舉模式，成為普通選舉。當時日本選舉制度是有限選舉，參選者要求必須是25歲以上的男性，並且要繳納10日元作為選舉費用。

這時的日本出於對俄國革命的恐慌，和美國以及英國一起向西伯利亞派出軍隊。對外用兵的舉措在日本國內造成了對物資緊缺的恐慌，人們考慮到大米作為軍隊的補給，市場上的儲有量會越來越少，於是人們開始大量屯米，以至於大米的價格很快就漲了3倍。1918年7月23日，富山縣魚津附近的小漁村中，因為米價上漲以至於生活困難的主婦們聚集在一起向米商抗議。這次抗議活動透過媒體的報導而影響到了全國，以至於在城市地區也爆發了要求工資上漲和租金下調的各種暴動。當時的日本首相是長州藩出身的陸軍大將寺內正毅，他背後的支持者依舊是元老山縣有朋。對因米價所引起的騷動，寺內正毅向全國派遣了10萬軍隊進行鎮壓，在鎮壓中軍隊使用了武器，造成了10餘人死亡，並且在全國範圍內逮捕了25000人，其中8200人被以不同的罪名判刑，輕

則罰款，重則死刑。這讓人們的怒火全部開始集中針對政府的暴行，全國範圍內有超過200萬人展開了對政府的抗議。政府內部也產生了讓寺內正毅下臺以平息民憤的要求，最終內閣集體辭職。

這一次，下一位上臺的首相不再是薩摩藩和長州藩出身的藩閥，而是記者出身，作為立憲政友會創會會員的原敬。原敬的組閣打破了薩長藩閥政治，成功組織日本第一屆政黨內閣，因此國民將原敬稱之為「平民宰相」。

原敬內閣為了在政治上反映民意，接連不斷地實施了很多政策。為了解決米價上漲帶來的騷動，實行了緊急進口大米等一系列米價對策。政府還進行產業獎勵，並對高等教育機關進行擴充，還實行了大規模鋪設鐵路的計畫，進行交通網的梳理。但是在另一方面，原敬認為在此時的日本實行普通選舉還為時尚早。這位「平民宰相」雖然深得民心，但在1921年11月4日於東京站被右翼青年中岡艮一襲擊身亡，終年65歲。

耶穌基督出生　0—

君士坦丁統一羅馬
羅馬帝國分成兩部

波斯帝國　500—

回教建立

凡爾登條約

神聖羅馬帝國建立
　　　　1000—

十字軍東征

蒙古第一次西征

英法百年戰爭開始

哥倫布發現新大陸
　　　　1500—

英國大破無敵艦隊

發明蒸汽機

美國獨立
拿破崙稱帝

美國南北戰爭開始

第一次世界大戰
第二次世界大戰

　　　　2000—

主義的呼聲

黑船來航為日本帶來的不僅僅是先進的政治制度和武器裝備，一同輸入日本的還有西方的各種文化。資本主義和工業主義的興起對日本經濟產生了巨大的影響，在這種影響下，日本社會發生了巨大變化。西方個人主義和自由主義思想被漸漸採納並反映在日本文學上。

在明治時期前期，日本開始大量地引進和翻譯西方的著作。一開始在日本流行的出版物充滿了實用主義色彩，比如堅定引進西方文明，鼓吹脫亞入歐的福澤諭吉所寫的《勸學篇》和從英國留學回來的中村正直所著的《西國立志編》。關於文藝創作，進入明治時代之後，原本江戶時代的文藝活動依舊持續了一段時間，其中戲作文學是最主要的潮流。明治時代前期的戲作文學繼承了江戶時代後期的戲作流派，多為通俗娛樂小說，不過也漸漸開始結合文明開化後的新風俗。假名垣魯文是橫跨江戶末期和明治前期的戲作小說家，擅長撰寫滑稽幽默的故事，代表作有《西洋道中膝栗毛》、《安愚樂鍋》和《高橋阿傳夜叉談》。

之後由於日本社會進入了以國粹主義為主流的政治環境，以尾崎紅葉和幸田露伴為代表的作家嘗試用擬古文體來創作帶有日本古典風味的作品。其中最有名的是尾崎紅葉的《金色夜叉》，不過可惜的是作者未連載完此作就過世了。

直到1885年，評論家坪內逍遙首次在日本出版了有系統講

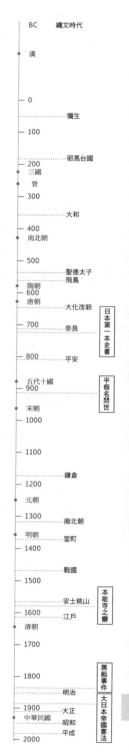

述文學原理和小說技巧的《小說神髓》，這一著作的發表標誌著日本近代文學正式拉開了序幕。《小說神髓》所主張的是寫實主義，認為小說主要是要表達人情和世態風俗，主要特徵在於傳奇性，在於對社會風俗的描寫、對人生事件的展開。基於這樣的理論，二葉亭四迷創作了寫實主義小說的開山之作——《浮雲》，通過講述一個年輕人被政府機構排擠、被情人鄙棄，藉以批評日本的社會變化。

緊隨著寫實主義出現的是尋求開放的自由浪漫主義文學。森鷗外本來是古典主義作家，但他以自己的實際創作打開了日本浪漫主義文學之門。1884年，森鷗外赴德國留學，與一位德國女子之間發生了一段悲戀，回國之後寫出了小說《舞姬》。據說《舞姬》中女主角艾莉絲在森鷗外歸國後曾千里迢迢追至日本，但森鷗外避不見面，最後她只能傷心地回國。除了森鷗外，這一時期的一眾浪漫主義作家大多是在少年時期便受到了啟蒙思想的薰陶，憧憬政治自由和海外文明，並且受到了從西方引進的愛默生、雪萊、席勒和拜倫等人作品的影響。

到了1900年之後，日本社會矛盾的深化開始表現在文學之上，在法國自然主義作家左拉的影響之下，日本也誕生了屬於自己的自然主義文學，開始主張徹底探知事物因果關係，赤裸裸地描寫出人生原本姿態。在1906年，島崎藤村的《破戒》應運出版。島崎藤村原本是浪漫主義作家中的先驅人物，但在1894年，他的友人，也是浪漫主義作家的北村透谷自殺身亡，這對他產生了很大的影響，從此改變了他的創作風格。在創作《破戒》的過程中，島崎藤村的三個孩子陸續因疾病而死亡，更加深化了他筆觸下對於人生殘酷的描寫。

與島崎藤村同期的日本作家中有一位至今依舊深刻影響著

耶穌基督出生　0

君士坦丁統一羅馬

羅馬帝國分成兩部

波斯帝國　500

回教建立

凡爾登條約

神聖羅馬帝國建立
1000

十字軍東征

蒙古第一次西征

英法百年戰爭開始

哥倫布發現新大陸
1500

英國大破無敵艦隊

發明蒸汽機

美國獨立
拿破崙稱帝

美國南北戰爭開始

第一次世界大戰
第二次世界大戰

2000

日本文壇的人物，那就是夏目漱石。作為批判現實主義的領袖，夏目漱石在日本文壇的地位就如同魯迅在中國文壇的地位。魯迅曾評價過他：「夏目漱石的著作以想像豐富、文辭精美見稱。早年所登在俳諧雜誌《子規》上的〈哥兒〉、〈我是貓〉諸篇，輕快灑脫，富於機智，是明治文壇上新江戶藝術的主流，當世無與匹者。」不過與魯迅不同的是，夏目漱石從1905年發表第一篇作品〈我是貓〉到1916年離世，僅在文壇中存在了短短12載。較之明治時期的其他作者不同，夏目漱石的小說更有庶民氣息，這從〈我是貓〉的發表上就可以看出，這部小說使得刊載它的雜誌銷量提升了十倍以上。

在1910年，日本發生了「大逆事件」，一個鋸木廠工人攜帶炸彈被查出後，政府以此為藉口開始鎮壓日本的社會主義運動，並禁止出版一切進步書刊，自然主義文學因此受到沉重打擊，一時間文壇中萬馬齊喑。在這樣的氛圍之下，唯美派、白樺派和理知派在大正時代登上了日本文壇的舞臺，並稱為反自然主義的三大陣營。唯美派是對於浪漫主義的繼承和發展，但又注重自然主義的人性自覺、官能享樂和本能感受。唯美派所提倡的是一種純粹的美學追求，游離生活現實，僅為藝術而藝術，想要從精神上逃避當時日本社會的種種問題。曾被7次提名諾貝爾文學獎的谷崎潤一郎便是其中的代表。白樺派所追求的則是對於「善」的表現，較之之前的自然主義要正能量得多，推崇自我追求和努力實現夢想。這一派的作家往往是學院出身，衣食無憂的成長經歷和改造國家的內心抱負讓他們筆下的作品中充滿了人道主義和民主主義。武者小路實篤和志賀直哉是白樺派的兩大代表人物。理知派的出現略晚於唯美派和白樺派，並從兩派之中吸取了精華，既不像唯美派那麼虛無，也不像白樺派那般熱血，理知派作家的作

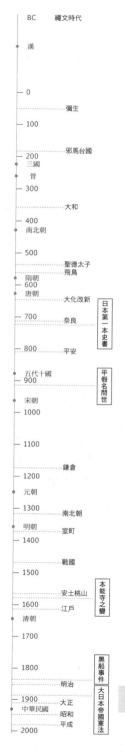

BC　繩文時代
漢
0
彌生　　100
邪馬台國　200
三國
晉　　300
大和　400
南北朝
500
聖德太子
飛鳥
隋朝　600
唐朝
大化改新
奈良　700
800
平安
五代十國　900
宋朝
1000
1100
鐮倉　1200
元朝
1300
南北朝
明朝　室町　1400
戰國　1500
安土桃山　1600
江戶
清朝
1700
1800
明治　1900
大正
中華民國　昭和
平成
2000

日本第一本史書
平假名問世
本能寺之變
黑船事件
大日本帝國憲法

品中常常描寫隱藏於善後的惡。其中最有影響力的人物便是寫了《羅生門》的芥川龍之介。

芥川龍之介的一生可以說是十分悲慘。芥川龍之介出生後不久母親就精神失常，整個童年均與瘋母相伴。成人之後，他和初戀之間的感情遭到養父母的反對。由於父親和養父的事業雙雙失敗，生活重擔使他一生為胃腸病、痔瘡、精神衰弱和失眠症所苦。過量服用安眠藥，又使他患上了幻想症。在1927年，芥川龍之介的姐夫臥軌自殺，他只好為二姐一家的債務四處奔走。在7月24日，他最終選擇飲藥自殺，年僅35歲。按照後人的評價，芥川龍之介的自殺與當時日本社會文化樣態或狀況密切相關，是由於時代的不安與虛空讓他選擇了自殺，用他自己的話來說是感受到了「恍惚的不安」。

BC

耶穌基督出生　0—

君士坦丁統一羅馬

羅馬帝國分成兩部

波斯帝國　500—

回教建立

凡爾登條約

神聖羅馬帝國建立
1000—

十字軍東征

蒙古第一次西征

英法百年戰爭開始

哥倫布發現新大陸
1500—

英國大破無敵艦隊

發明蒸汽機

美國獨立
拿破崙稱帝

美國南北戰爭開始

第一次世界大戰
第二次世界大戰

2000—

第五章

向死而生

（1915至今）

第一次世界大戰中日本的勝利猶如一顆甜蜜的毒藥，使它癡迷於武力，在帝都不祥事件之後，日本便如同一臺失控的機器一般，奔向了軍國主義的深淵。「三月亡華論」使得日本陷入了中日戰爭的泥淖，太平洋戰爭的爆發更使得它成為眾矢之的。中國的反攻、中途島的失敗、本土的轟炸使得日本成為強弩之末。最後，兩顆原子彈在日本本土爆炸，使得這架戰爭機器終於停止了瘋狂的轟鳴。二戰後的日本在美國的扶持下從零開始重建，曾一度成為世界上經濟發展的明星，數十年後重新回歸了發達國家之列。然而經濟崩潰後的餘波依舊影響著現今的日本，它的未來將走向何處？

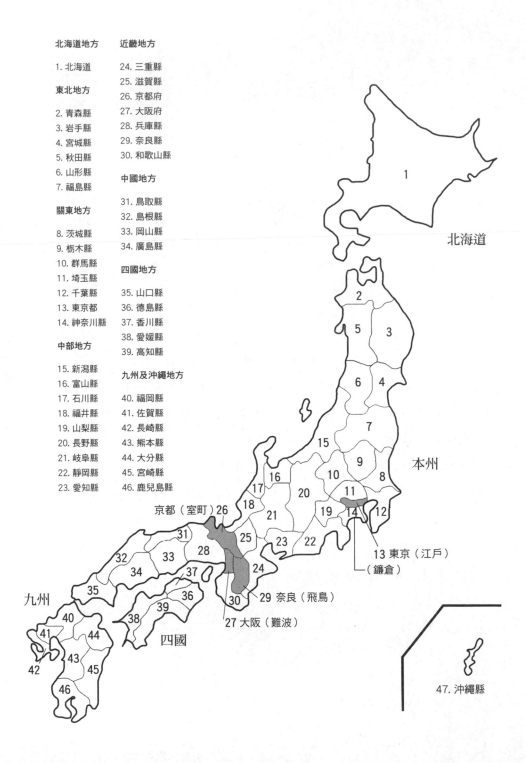

北海道地方　　近畿地方

1. 北海道　　24. 三重縣
　　　　　　　25. 滋賀縣
東北地方　　26. 京都府
　　　　　　　27. 大阪府
2. 青森縣　　28. 兵庫縣
3. 岩手縣　　29. 奈良縣
4. 宮城縣　　30. 和歌山縣
5. 秋田縣
6. 山形縣　　中國地方
7. 福島縣
　　　　　　　31. 鳥取縣
關東地方　　32. 島根縣
　　　　　　　33. 岡山縣
8. 茨城縣　　34. 廣島縣
9. 栃木縣
10. 群馬縣　四國地方
11. 埼玉縣
12. 千葉縣　35. 山口縣
13. 東京都　36. 德島縣
14. 神奈川縣 37. 香川縣
　　　　　　　38. 愛媛縣
中部地方　　39. 高知縣

15. 新潟縣　九州及沖繩地方
16. 富山縣
17. 石川縣　40. 福岡縣
18. 福井縣　41. 佐賀縣
19. 山梨縣　42. 長崎縣
20. 長野縣　43. 熊本縣
21. 岐阜縣　44. 大分縣
22. 靜岡縣　45. 宮崎縣
23. 愛知縣　46. 鹿兒島縣

北海道

本州

京都（室町）26

13 東京（江戶）

（鎌倉）

29 奈良（飛鳥）

27 大阪（難波）

九州

四國

47. 沖繩縣

一戰的蜜糖

第一次世界大戰開戰後，日本按照日英同盟的協議，作為三大協約國的盟友身分也參與其中。1914年8月14日，日本向德國下了最後通牒，由於沒有得到回覆，9日後日本正式對德國宣戰，其後2日日本對奧匈帝國也正式宣戰。

第一次世界大戰的主戰場在歐洲，日本由於地處東亞，距離主場戰太遠，並沒有直接遠赴歐洲參戰，它的目標是德國在遠東的租借地，其中最重要的目標就是德國在中國青島的定居點。1914年9月2日，日軍在山東省登陸，並包圍了位於青島的德國人定居點。9月28日凌晨，日軍開始進行偷襲，但遭到了德軍的猛烈還擊，經過了2天的激戰之後，日軍掃清了駐青島德軍的週邊防線，得以推進到當時青島市區的範圍內。不過德軍守城的最後一道防線有著五個大堡壘，並且在此布下重兵。日軍沒有辦法突破德軍的防線，雙方就這樣僵持到11月。到了11月7日的凌晨，日軍的機會來了，這時日軍的突襲部隊剛剛迂迴包抄了中央堡壘的後方，竟然發現後方只有1名德軍的監視哨兵在值勤。這名哨兵顯然沒有做好心理準備，不知從哪裡冒出來的日軍讓他一下子六神無主，以至於忘記拉響警報。日軍見狀迅速地衝了上去解決了哨兵，隨後包圍了中央堡壘。日軍士兵佔據了中央堡壘後方後開始向堡壘內的德軍喊話勸降，最終德軍的指揮官決定放下武器投降。中央堡壘淪陷以後，四方的德軍集中全部炮火開始轟擊中

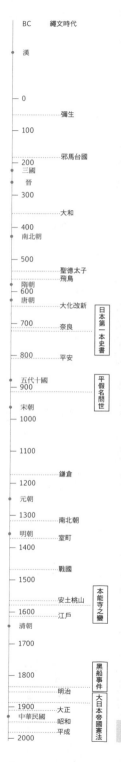

央堡壘，並且組織軍隊進行反攻，企圖奪回中央堡壘，但並未取得成功。日軍乘勢分成多隊開始進攻各堡壘，先後攻陷湛山、臺東鎮等堡壘。德軍的各個炮臺也接連失守。至此，最後一道防線全線崩潰，德軍只好懸掛白旗投降。這就是在第一次世界大戰中的「青島戰役」，經過此戰，日本取代德國成為青島的殖民統治者。

　　1915年2月2日，日本趁歐洲各國忙著第一次世界大戰無暇東顧，日本繞過北洋政府外交部部長陸徵祥，以「回任所拜見大總統」為由，與當時中國的國民大總統袁世凱密談，並提出了「二十一條」的無理要求。袁世凱一邊讓外交部與日本談判，一邊暗中將條約的內容向報界洩露，希望獲得國際輿論的支持來抗衡日本。美、英、法三國駐日大使知道了這一事件後向日本政府提出了質詢，日本一開始只承認了第1、2號的內容，後來又承認了3、4號的存在，最後瞞不過才又承認有第5號，不過辯稱這僅僅只是日本的希望，並非對中國的要求。雖然國際社會進行了一定的干涉，但是由於大家都忙著打仗，沒有辦法來正式調解。袁世凱只好一邊利用國內反日的氛圍，一邊和日本在具體條款上談判。5月7日，日本政府惱羞成怒，向袁世凱政府發出最後通牒，限其5月9日下午6點前答覆，否則就兵戎相見。這時英國駐華公使和美國駐華公使都勸告袁世凱，如今西方國家無力前來干預，只能暫時接受日本的無理要求。到了5月9日23時，北洋政府以「國力未充，難以兵戎相見」為由，對外宣佈接受「二十一條」中1至4號的部分要求，簽署了〈中日民四條約〉。

　　〈中日民四條約〉簽署消息一出，舉國震怒。全國掀起了大規模的反日運動，學生罷課，商人罷市，留日學生回國以示抗議，甚至戰前動員等。袁世凱下令要求每年5月9日為國恥紀念

君士坦丁統一羅馬

羅馬帝國分成兩部

波斯帝國　500—

回教建立

凡爾登條約

神聖羅馬帝國建立
　　　　1000—

十字軍東征

蒙古第一次西征

英法百年戰爭開始

哥倫布發現新大陸
　　　　1500—

英國大破無敵艦隊

發明蒸汽機

美國獨立
拿破崙稱帝

美國南北戰爭開始

第一次世界大戰
第二次世界大戰
　　　　2000—

日，稱為「五九國恥」。

到了1916年底，英國海軍部請求日本進行海軍支援，日本因此派了2艘巡洋艦去了南非的開普敦，17艘驅逐艦、3艘巡洋艦、2艘單桅帆船和1艘工作艦去了地中海的馬爾他。日本海軍的主要任務是進行護航並從事反潛艇活動，在第一次世界大戰期間共為788艘船進行了護航。

在1918年，隨著俄國「十月革命」的爆發，日本與美國派出軍隊到西伯利亞支持主要由沙皇的保皇黨和自由主義者等反布爾什維克勢力組成的俄國白軍對抗布爾什維克黨的紅軍。日本陸軍原本計畫派出7萬人以上的部隊來佔領西伯利亞向西直到貝加爾湖的地區，但這一行動計畫由於美國的反對而被大幅縮減。

1918年11月11日德軍向法國求和，與法國簽訂〈康邊停戰協定〉，第一次世界大戰結束。1919年1月18日在巴黎凡爾賽宮召開了「巴黎和會」。日本代表西園寺公望坐在了英國、美國、義大利和法國的代表身邊，在國際聯盟協調會上得到了一個永久席位。「巴黎和會」批准了德國在山東的權力被轉讓給日本，屬北太平洋島嶼也由日本託管。日本在國際政治中無疑已上升為一個舉足輕重的大國。另一方面，作為協約國一員參加議和會議的中國主張返還山東省的權益，但是中國的要求沒有被承認，因此中國拒絕在「凡爾賽條約」上簽字。

在「巴黎和會」中中國政府的外交失利，直接引發了中國民眾的強烈不滿。次年的5月4日，北京大學等十三所院校三千餘名學生匯集天安門，舉行了聲勢浩大的示威活動。提出了「外爭國權，內懲國賊」「取消二十一條」「拒絕和約簽字」等口號，史稱「五四運動」。「五四運動」之後發展成為反日以及反對帝國主義列強和反對政府的運動。

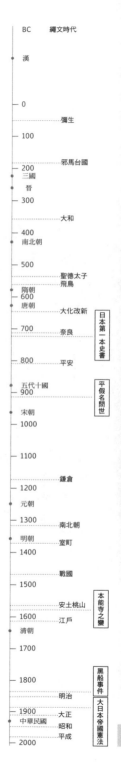

在日本殖民支配下的韓國也掀起了獨立運動的高潮。1919年3月1日，學生們在如今的首爾發佈了「獨立宣言書」，向世界宣佈韓國的獨立，引發京城和其他多地民眾的大規模反日遊行示威。之後獨立運動的浪潮開始向朝鮮全境擴散開來，有200萬以上群眾參加了上千起反日示威和武裝起事，史稱「三一運動」。

至此，日本在東亞太平洋地區的勢力擴大了，以至於歐洲和美國認為有必要抑制日本的擴張。1921年，由美國提議，關於海軍軍備縮減與亞太地區問題審議的國際會議在華盛頓召開。美國的目的是為了終結美國、英國和日本的軍艦建造競爭，在減輕軍費開支的同時抑制日本的勢力在東亞擴張。在會議上，美國、英國、法國和日本四國首先簽署了關於維持太平洋地區現狀的〈四國公約〉，基於此公約，日本和英國廢止了日英同盟。到1922年，四國加上義大利、荷蘭、比利時、葡萄牙與中國簽署了《九國公約》。公約的核心是肯定美國提出的在華實行「門戶開放，機會均等」的原則，並賦予它國際協定的性質，限制了日本獨佔中國的野心。中國和日本還在華盛頓簽訂了〈解決山東問題懸案條約〉及其附約。附約中規定了日本人和外國僑民的許多特殊權利，但是中國透過該條約收回了山東半島主權和膠濟鐵路權益。另外，日本、美國、英國、法國和義大利這5個國家簽訂了〈華盛頓海軍條約〉，條約規定了各簽約國的戰艦、巡洋艦總噸位比率，同時對主力艦的建造、輪替、噸位和武器加以嚴格的限制。這一系列的國際協定為的是防止戰爭再次爆發，並且以此為基礎建立亞太地區的新國際秩序，這一秩序被簡稱為「凡爾賽—華盛頓體系」。雖然「凡爾賽—華盛頓體系」是一個以制約日本擴張為基礎的國際體系，但是日本還是積極地參與其中。1924年加藤高明出任首相，在外務大臣幣原喜重郎的主導下展開了協調外

交，開始減少對中國明顯的干涉。由於「凡爾賽—華盛頓體系」的建立，日本也得以從軍費投入的無底洞中掙扎出來。在1921年時，政府預算的一半都用於軍備的擴張，但在5年之後，這個比例就下降到3成以下。

在日本國內，大正民主運動依舊欣欣向榮。勞動者為了提高地位而積極地參與各種運動，聲勢也不斷壯大。1920年，主張爭取勞動者利益的團體在5月1日發動了「May Day」運動。「May Day」是8小時工作制的運動勝利的紀念日，起源於1884年在芝加哥所召開的會議，會議決議以每年5月1日為期，舉行以一日工作8小時制度實行為目的的示威運動。另外，日本的男性為了獲得普通選舉權也展開了運動，並且造成很大的社會輿論。加藤高明所領導的內閣在1925年通過在大正民主運動中國民所強烈要求的普通選舉法。由此，但凡滿25歲的日本男性都獲得了眾議院的選舉權，這讓有選舉權的人一下子增加了4倍。

這一時期，日本和蘇聯之間也建立了外交關係。1922年，作為國際共產主義組織支部的日本共產黨悄悄成立。為了防止共產主義思想在日本擴散並且導致革命，取締以學生為中心擴展共產主義思想的〈治安維持法〉在1925年頒布了。由此，日本全國發生了大量檢舉共產黨員的事件。3年後，〈治安維持法〉進行了修改，對於共產黨員的最高刑罰可以執行死刑。

1926年12月25日大正天皇因長年體弱多病，醫治無效去世。在大正時代，天皇不像他父親明治天皇一般經常出場，這是因為大正天皇年幼時曾患有腦膜炎，雖然經過治療一度好轉，但身體的狀況依舊不佳。在即位之前，有記錄他曾有過一次全國巡迴視察的經歷。在這次全國巡察中，他的行為和後世對其的評價截然相反。他會見地方官員時，會從自己的口袋中掏出香菸進行分

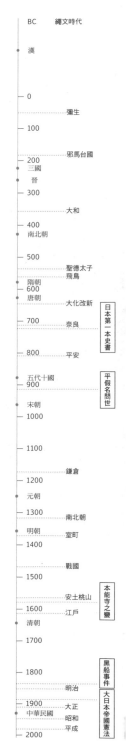

發。他還會走進蕎麥麵館跟老百姓一起吃麵聊天。總而言之是一個十分親民的貴族。在即位之後，大正天皇在前一半任期時間內身體大體上還算可以，但是到了40歲時得了一次腦血栓，之後又轉為精神病。當病情發作時，天皇常常在大庭廣眾之下做出一些可笑的舉止。在一次觀看軍事演習時，大正天皇突然跑下檢閱臺，一邊傻笑，一邊打開士兵的背包亂翻。最著名的莫過於在一次大正天皇出席的議會會議上，他當著全體議員的面拿起一份詔書當望遠鏡玩。政界元老感到不能再讓他出洋相，丟日本人的面子，便於1921年決定由昭和天皇攝政。隨著大正天皇去世，日本也進入了昭和時代，在昭和時代，大正民主這股帶有浪漫氣息的民主風潮將會走到它的尾聲，日本又會變成一個怎樣的國家呢？

BC

耶穌基督出生　0—

君士坦丁統一羅馬

羅馬帝國分成兩部

波斯帝國　500—

回教建立

凡爾登條約

神聖羅馬帝國建立
1000—

十字軍東征

蒙古第一次西征

英法百年戰爭開始

哥倫布發現新大陸
1500—

英國大破無敵艦隊

發明蒸汽機

美國獨立
拿破崙稱帝

美國南北戰爭開始

第一次世界大戰
第二次世界大戰

2000—

恐慌的歲月和失控的軍部

　　在第一次世界大戰中，歐洲打得一塌糊塗，但日本除了在中國和太平洋的島國上有著小規模的軍事行動，基本就是在卯足勁加緊生產物資發戰爭財。但是第一次世界大戰帶來的興旺繁榮並未持續多久，隨著和平降臨，歐洲的各種產業開始復甦，日本的產品變得不再暢銷，日本很快又回到了債務國狀態。

　　第一次世界大戰後不久，日本遭遇到一次巨大的創傷，那就是發生在1923年9月1日的「關東大地震」。這是一次不到10分鐘的地震，但是對東京和橫濱這兩個日本大城市產生了毀滅性的破壞。由於關東大地震發生在中午，許多人正在用火煮飯，以至於許多地方都發生大火，增加了損傷和死亡人數。那一天的日本刮著強風，火勢順著大風快速蔓延，城市的很多地方都陷入火海。許多人因為腳陷在熔化的柏油路裡而遇難。根據災後統計，在關東大地震中死亡的人數超過10萬人，多位皇室成員也在此次地震中死亡。60億日元的財富在這10分鐘的震動中也化為泡影。關東大地震加上第一次世界大戰戰後出口停滯，對日本經濟帶來很大的打擊。

　　3年後，大正天皇去世，由攝政的裕仁親王繼位，以《尚書》中「百姓昭明，協和萬邦」一句改元昭和。同年，若槻禮次郎組閣，想透過緊縮財政來重新恢復日本經濟。但是昭和二年，財務大臣片岡直溫在議會上不小心公佈了當時擁有不良債權的銀行名

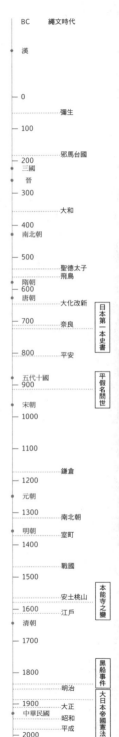

BC

耶穌基督出生　0—

君士坦丁統一羅馬

羅馬帝國分成兩部

波斯帝國　500—

回教建立

凡爾登條約

神聖羅馬帝國建立
1000—

十字軍東征

蒙古第一次西征

英法百年戰爭開始

哥倫布發現新大陸
1500—

英國大破無敵艦隊

發明蒸汽機

美國獨立
拿破崙稱帝

美國南北戰爭開始

第一次世界大戰
第二次世界大戰

2000—

字。比如東京渡邊銀行，是一家主要向經營家族關聯企業提供大額貸款的機關銀行，但戰後的經濟不景氣使其融資無法回收，關東大地震之後經營情況惡化。民眾在得知這一消息後，立即湧向銀行要取出自己的存款，引起恐慌性擠兌。各地的中小型銀行因此被逼停業或者破產。

早在1874年，鈴木岩次郎開設了鈴木商店，主要以洋糖和石油為主開展對外貿易。隨後，鈴木商店取得了臺灣生產的樟腦油的銷售權，又開展了麥酒、酒精、小麥、金屬等業務。在第一次世界大戰前，鈴木商店積極開展化學工業相關業務，開始涉足製鋼、造船等業務。等到第一次世界大戰爆發，鈴木商店下達了「不論品質、不論數量、不論價格」的鋼鐵收購指令，在這場大投機中大賺了一筆。到了1917年，鈴木商店的銷售紀錄達到了當時日本GNP的十分之一，成為日本第一的綜合商社。但是在第一次世界大戰後，由於關東大地震和出口停滯，經營環境急速惡化，鈴木商店在1927年走向了破產。如此大的商社破產，對於普通的日本民眾來說是一個極大的震動。

對事態處理不力的若槻禮次郎內閣被迫下臺，金融危機的風波開始向全國範圍內擴散開來。隨後成立的田中義一內閣發佈了3週緩期支付的延緩令，日本銀行展開巨額的拯救融資，這終於讓由於擠兌而產生的金融危機得到了緩解。

1929年10月29日，美國股市突然崩盤，價格下跌之快連股票行情自動顯示器都跟不上。從10月29日到11月13日短短的兩個星期內，共有300億美元的財富消失，相當於美國在第一次世界大戰中的總開支。但美國股票市場崩潰不過是一場災難深重經濟危機爆發的火山口。全世界各大主要城市全部遭到重創，特別是依賴重工業的地區，導致許多國家無法進行建築工程。農產品價格下

降約60%，重創農業。這一年，立憲民政黨的濱口雄幸組閣，啟用了前日銀總裁井上準之助為財政部長。井上準之助為了促進出口，穩定外匯牌價，在1930年實行了「金解禁」政策，許可了黃金的出口。當天，報紙上的標題寫著：「多年的陰雲如今一掃而光，發展國力的時機已經來臨了！」按照理論來說，雖然「金解禁」可能帶來經濟的不景氣，但這只是一時的苦惱，只要金本位制的自動調節作用能充分發揮，最終會迎來日本經濟的大復甦。但是日本錯誤估計了美國經濟危機在全球範圍內的影響力，「金解禁」後世界經濟危機的影響開始波及日本，再加上黃金解禁所帶來的通貨緊縮，對日本經濟帶來了巨大的打擊。首先是巨額的黃金外流，然後是股價和物價的猛烈下跌，社會陷入了「昭和經濟危機」之中。隨著危機的不斷加深，對金解禁的批判也不斷升級。在野黨政友會開始發難，認為濱口雄幸內閣的緊縮政策、毫無準備的「金解禁」政策及消費節約宣傳運動把日本經濟弄得亂七八糟。面對這些責難，井上準之助並不為所動，隨著蕭條不斷加深，他更進一步加強緊縮政策，以對付經濟危機的影響。

日本國內長達十年的經濟不景氣勢必開始影響其對外政策。中國在辛亥革命之後，中國國民黨與各地軍閥的地方勢力相互對立，爭奪霸權。1927年，在孫中山之後，蔣介石率領的中國國民黨在南京成立了國民政府。為了統一全國，打倒北方軍閥的「北伐」開始了。對此，日本的田中義一內閣決定用實力來維護日本在中國北部滿洲的權益。為了支援滿洲軍閥張作霖與國民黨軍隊進行對抗，日本以保護駐留中國的日本人為名，三度出兵山東。1928年4月以蔣介石為首，加上馮玉祥、閻錫山、李宗仁的四大集團軍的攻擊下，張作霖的奉軍在戰場上失利。張作霖眼見大勢已去，於5月30日宣佈奉軍撤退，自己則在6月3日夜乘火車打算由

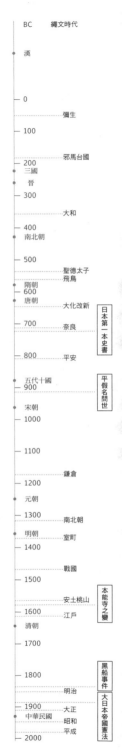

北京返回奉天。在6月4日凌晨5點，列車行駛到皇姑屯站，張作霖被預先埋在這裡的炸藥炸死。這一事件的真相至今還不是特別清楚，通常的說法是，這一暗殺事件是由日本關東軍高級參謀河本大作具體制訂計畫，奉天特務機關長秦真次、土肥原賢二參與了策劃，下命令的是時任關東軍司令官的村岡長太郎中將。但也有國際上的學者認為張作霖的死應該由奉軍中的軍官負責。張作霖被暗殺事件發生後，田中義一為此辭去了首相一職。張作霖死後，中國的局勢向著日本所期待的反方向發展。張作霖的接班人張學良和此前一直對戰的國民黨採取了合作的姿態，歸入了國民軍之中。就這樣，國民黨成功完成了北伐，統一全國基本完成。繼田中義一之後上任的濱口雄幸再次啟用了幣原喜重郎為外務大臣，和中國暫時保持著協調外交。

　　但是日本的政局中開始有了另一個不安定因素，那就是軍部。1922年，英國、美國、日本、義大利及法國召開倫敦海軍軍備會議，並且簽署了《限制海軍軍備條約》。條約規定了締約國的主力艦數量進一步縮減，並且繼續凍結主力艦的建造至1936年。對此，海軍的一部分人和國家主義者認為內閣干預了本應屬於天皇的統帥權而大肆攻擊內閣。1930年11月14日，濱口雄幸因需要到岡山參觀陸軍演習而來到東京站，右翼分子佐鄉屋留雄在距離他3公尺的地方向他開槍，下腹部中彈的濱口雄幸被送到東大醫院動手術並長期住院治療。9個月後，濱口雄幸因為這顆子彈而去世。濱口雄幸的遇刺而亡，是日本政治的一個轉捩點。從此以後，日本軍部對國家政治的干涉越來越明顯，軍人政治開始成為這個國家的主流，這自然也就導致了後面一系列的對外瘋狂擴張。

孤獨中的戰火

20世紀20年代的後半期，中國在蔣介石領導的國民政府指揮下開始進行全國的統一，恢復主權的時機也越來越成熟。在這種情況下，佔據中國東北部滿洲的日本感受到自己的各種權益將會被收回。滿洲作為重工業的原料產地和日本農民的移居地，被日本認為是發展不可或缺的要素。所以關東軍參謀石原莞爾一行人為此展開了行動。

1931年9月18日，日本關東軍沿南滿鐵路向南行進到文官屯一帶實行夜間演習。晚上10時20分左右，一個小分隊在奉天北面約7.5公里處的柳條湖南滿鐵路段上引爆小型炸藥，炸毀了一小段鐵路，並將3具身穿奉軍士兵制服的中國人屍體放在現場，作為奉軍破壞鐵路的證據。之後，日本關東軍又將南滿鐵路柳條溝鐵橋炸毀，誣指是中國軍隊所為，開始進攻瀋陽北大營，這就是「九一八事變」。「九一八事變」爆發後，擁兵10萬的張學良向在奉天的軍隊下達避免和日軍衝突的不抵抗命令。這時的蔣介石正在江西攻打共產黨，在得知了「九一八事變」後他急忙由江西前線返回南京。對於蔣介石來說，當時他的精力主要是在剿共，所以也不希望看到東北的事態擴大，因此支持了張學良的不抵抗政策。

然而這樣一件大事其實並不是日本政府所指使，當日本政府聽到「九一八事變」後也非常震驚，當時的若槻禮次郎政府立即

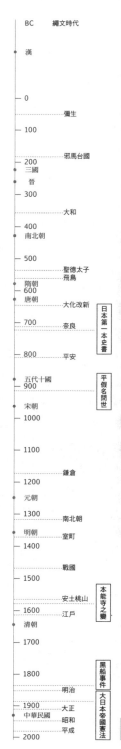

召開臨時內閣會議，確定了不擴大事態的方針。然後透過陸軍大臣，向在滿洲的部隊下達了政府不擴大事態的指示。但是關東軍卻無視這一命令，用了不到5個月的時間就完全佔領了滿洲。之後，由於日本在國際輿論中受到了普遍的譴責，以至於在佔領了滿洲之後並不敢真正地進行吞併，因此考慮建立一個傀儡政權。這時土肥原賢二想起了已經退位的清遜帝溥儀，他表示滿洲本為滿族故土，以復興清朝為條件，說服溥儀回到東北。1932年3月9日，偽滿洲國傀儡政府正式成立，溥儀擔任國家元首。

「九一八事變」對於中國來說，是日本嚴重的侵略行為，國民黨向國際聯盟提出了訴訟。國際聯盟接到訴訟之後派遣了李頓調查團到上海調查中國與日本在滿洲的爭端，以及「九一八事變」的始末。1932年10月2日，李頓調查團發表報告，指出日本明顯是侵略者，報告中否定日本的行為是為了自衛，但也認為中國人民只是在已經淪陷的滿洲煽動反日情緒，提倡滿洲應該獲得自治，但仍為中國控制。1933年2月，國際聯盟總會中以42對1票的結果通過了勸告日本軍隊從滿洲撤退的決議，其中這1票反對也是日本投給自己的。日本隨後斷然拒絕了這一決議，退出了國際聯盟，從此走向了孤立於國際社會的道路。

回教建立

凡爾登條約

神聖羅馬帝國建立
　　　　1000—

十字軍東征

蒙古第一次西征

英法百年戰爭開始

這時的日本和世界上其他列強之間也發生了摩擦。當時英法等列強加強了本土與殖民地之間的聯結，形成封鎖經濟圈。那時的財政大臣高橋是清再次禁止了「金解禁」，然後執行了日元貶值政策，用來刺激生產，擴大出口，增加國際貿易的利潤。受此影響，日本的棉製品出口超過了英國，成為世界第一。對此，英國和法國對於日元貶值政策而導致的商品價格下滑進行了批判，為了保護本土的產業，兩國對於進口的日本商品徵收了高額的懲罰性關稅。

哥倫布發現新大陸
　　　　1500—

英國大破無敵艦隊

發明蒸汽機

美國獨立
拿破崙稱帝

美國南北戰爭開始

第一次世界大戰
第二次世界大戰

　　　　2000—

日本國內的政治由於「昭和經濟危機」和「九一八事變」也悄然開始發生變化。人民對政黨內閣的不滿情緒越來越高漲。暗殺財政界重要人士的恐怖活動成為右翼陸軍青年想要建立軍事政權的一種常用手段。「九一八事變」讓若槻禮次郎的內閣陷入執政危機，最後被迫辭職。重新進行組閣的人是立憲政友會的犬養毅。之前，犬養毅曾一度引退，但是他家鄉的選民卻無法接受他退出政壇，在沒得到他同意的情況下，又把他選成了議員。若槻禮次郎辭職後，元老西園寺公望看到犬養毅有意透過與中國談判解決「九一八事變」問題，便向當時的昭和天皇推薦他成為首相。犬養毅拒絕了軍部要求承認偽滿洲國，而是利用自己的管道和國民黨進行交涉。他希望中國在名義上對東北地區擁有領導權，但日本要在經濟上實質性地支配東三省。這樣的方案也遭到日本激進勢力的大力反對。1932年5月15日，傍晚5時30分左右，十餘名海軍青年將校和陸軍士官見習生強行衝入首相官邸。犬養毅將來人請到接待室，但不久後便聽見裡面傳來了「開槍！」的叫喊。犬養毅在76歲高齡之時被刺殺身亡，而殺害他的凶手們經過軍法會議的審判竟然只處以輕微的刑罰，幾年後又全部被釋放，並來到了偽滿洲國和中國華北擔任軍隊要職。犬養毅的死是日本政治史的一個重要分水嶺，代表著從大正時代開始實行的政黨政治走到了盡頭，軍人開始正式干預整個國家的方向。

犬養毅被刺殺後，海軍的長老齋藤實成為新一任首相，齋藤實在「九一八事變」這一事件上採取了贊同關東軍的做法，支持偽滿洲國獨立，政府正式倒向了軍部這一邊。

這時，日本陸軍的內部也發生了一件不得了的事情。那時日本陸軍分為兩個主要派系：皇道派和統制派。所謂皇道派是以農村出身的青年將校為中心，主張以天皇為中心的革新論擁護者。

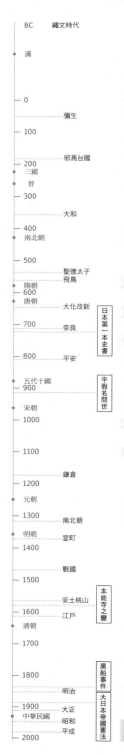

而統制派則是以為了實現軍部統治，增加國家整體戰鬥力為核心，受過良好教育的精英為主體的派別。1936年2月26日，皇道派數位青年軍官率領士兵分別前往東京各地展開刺殺行動，目的是控制皇居和主要行政中心，促使高層進行改革，建立皇道派政權。

早上5點左右，栗原安秀中尉指揮著280人來到了首相府，迅速解除了已經昏昏欲睡的警衛武裝，並使用了重機槍向屋內進行掃射。此時接任齋藤實成為首相的岡田啟介很快就被警鈴的聲音吵醒，他被妹夫松尾傳藏藏在一間儲藏間內。松尾傳藏想要出去探測情況，翻過窗戶走進院內，此時已經進入屋內的士兵錯將松尾傳藏認作岡田啟介，向他開槍射擊。松尾傳藏高呼了一聲「天皇萬歲」後便倒地身亡。躲在儲物間內的岡田啟介被首相祕書迫水久常發現，但是他卻想不出任何辦法來拯救首相。這時剛好一名進入首相府搶救受傷警察的憲兵隊員發現了岡田啟介，他把這一情況彙報給了憲兵曹長小坂慶助。在27日，岡田啟介總算是混在前來弔唁自己的人群之中逃過了這一死劫。

跟岡田啟介比起來，前首相齋藤實就沒那麼幸運了。圍攻齋藤實位於四谷寓所的是坂井直中尉率領的120人。他們將駐守的警察團團圍住，逼迫其投降。然後坂井直帶著四個人進入了寓所，在二樓找到了齋藤實和妻子春子。士兵向齋藤實開火，春子衝到齋藤身上試圖進行保護，被流彈擊傷，而齋藤實則當場死亡。

牧野伸顯是明治維新重臣大久保利通的兒子，此時已經75歲，雖然他已經不在內閣中任職，但被軍部認為是親英美派的代表，所以也成了刺殺的目標。26日5點45分，河野壽大尉指揮的一支7人行刺隊抵達牧野所在的神奈川縣湯河原溫泉旅館。他們在旅館內與駐守的警察發生激烈的槍戰，槍戰中河野胸部中彈，得到

消息的牧野伸顯從旅館後門和外孫女麻生和子一起出逃。士兵則放火燒掉整個旅館，然後繼續追擊。沒過多久牧野伸顯和士兵狹路相逢，麻生和子不顧個人安危，站在外祖父身前。她的行為感動了一名士兵，他對其他同伴說「打中了」，然後說服大家一起離開。

另一隊計畫刺殺西園寺公望的士兵則並沒有如約出發。由於西園寺公望是從明治開始的最後一位長老，雖然他持親歐美的自由主義政治觀點，但是享有極高的聲望，此時已經87歲，許多士兵不願意傷害他，因此取消了行動。

而大藏大臣高橋是清就沒那麼幸運了，當步兵第三聯隊的中橋基明中尉率領120人來到高橋是清的住所時，這位老人還在睡夢之中。士兵們很快控制住了警衛和僕從，一間屋子一間屋子地尋找這位主張削減軍費的大藏大臣。中橋基明找到了高橋是清的房間，拿著手槍衝了進去，掀開了他的被子，大喊道：「天誅！」這時高橋是清醒了過來，怒目盯著中橋基明，大聲呵斥道：「白癡！」中橋基明扣動了扳機，把彈匣中的全部子彈打進了面前這位老人的身體中。這時另外一名士兵衝進屋內，用軍刀砍向已經死去的高橋是清的身體，直接把他的右臂整條砍下來，然後又向他的腹部狠狠地捅了幾刀。聽到聲音的高橋夫人從一旁的臥室中衝了出來，臨睡前還活著的丈夫現在已經倒在血泊之中，一條胳膊還被肢解，肚子中的腸子也流了出來。中橋基明帶著士兵離開了一片哭聲的現場，臨走時向那些被嚇得目瞪口呆的僕人說道：「對不起，打擾大家了。」

刺殺教育總監渡邊錠太郎的則是高橋太郎少尉和安田優少尉以及20名士兵。27日早上7點，高橋太郎和安田優一行人乘卡車抵達渡邊錠太郎在東京荻窪的寓所，士兵與駐守的憲兵展開了激

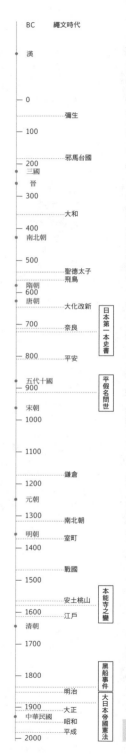

烈交火，士兵從後門直接進入屋內，在二樓的寢室內找到了渡邊錠太郎一家人。渡邊錠太郎的妻子試圖用身體護住丈夫，但被士兵一把拉開，渡邊錠太郎用棉被將自己罩住，拿著手槍向士兵反擊。一名士兵隨即使用輕機槍向渡邊進行掃射，站在一旁的高橋太郎拔出軍刀將渡邊錠太郎一刀砍死。渡邊錠太郎的妻子和9歲的女兒在一旁目睹了整個過程。

君士坦丁統一羅馬

羅馬帝國分成兩部

波斯帝國　500—

回教建立

凡爾登條約

神聖羅馬帝國建立
　　　1000—

十字軍東征

蒙古第一次西征

英法百年戰爭開始

哥倫布發現新大陸
　　　1500—

英國大破無敵艦隊

發明蒸汽機

美國獨立
拿破崙稱帝

美國南北戰爭開始

第一次世界大戰
第二次世界大戰

　　　2000—

　　　另一隊進攻侍從長官邸的是安藤輝三大尉率領的150名士兵。就在幾小時以前，侍從長鈴木貫太郎還在美國大使館看電影，士兵衝進來的時候他已經熟睡。一名女僕立即叫醒了他，鈴木貫太郎下意識地起床伸手摸自己的佩劍，但卻沒能找到。他此時已經聽到走廊上的腳步聲，於是躲到臥室的壁櫥中。但他又隨即想到，若是死在壁櫥裡的話實在是太丟臉了，於是他從壁櫥裡走了出來，看著站在自己面前的幾十名叛軍。其中一名叛軍走上前來問道：「請問您是鈴木閣下嗎？」鈴木貫太郎點點頭，然後向士兵們質問道：「你們這樣做到底是為什麼？」叛軍們面面相覷，沒有人回答，在一陣沉默之後一名叛軍開口，他說：「沒有時間了，我們要開槍了。」鈴木貫太郎環視了他們一圈，然後挺起了胸膛說：「那就沒辦法了，開槍吧。」叛軍們扣動了扳機，子彈打在了鈴木貫太郎的胸部、腹部、肩部和頭部，他隨即倒在地上。幾名叛軍向前想要繼續補槍，但卻被安藤輝三制止了。安藤輝三曾經和鈴木貫太郎有過一面之緣，對鈴木貫太郎十分欽佩。此時他認為鈴木貫太郎必死無疑，不應該再用子彈摧殘他的身體，所以命令手下向鈴木貫太郎敬禮，然後轉身對他的夫人說：「我聽人說起過您，我為此感到特別遺憾。我們對鈴木閣下沒有惡感，但對如何在日本實現改革的觀點與鈴木閣下不同。所以，我們不得不這樣做。」不過讓安藤輝三沒有想到的是，身負重傷

的鈴木貫太郎竟然在搶救下活了下來，並且還活過了第二次世界大戰，在1945年4月日本即將失敗時出任了首相。

對於皇道派和統制派彼此之間的紛爭，天皇一直沒有干涉，但是這次的政變再一次激怒了這名平常沉默少言的天皇。他聽了報告之後並沒有立即發怒，而是克制地說：「不管其精神如何，這次叛亂始終是非常遺憾，我以為此次行動有損我國體精華。」不過陸軍部的將領沒有完全貫徹天皇的意見，認為行動部隊軍官的行為雖然是不能許可的，但其精神乃是一心為了君國，不一定要責難他們。這時天皇終於忍不住自己的怒火，憤慨地回答：「殺戮朕之股肱老臣，如此凶暴軍官等，其精神有何可恕！朕當親率近衛師團鎮壓之！」天皇的強硬態度迫使陸軍終於在2月28日發出了命令，士兵必須撤離佔領區域，回到各自部隊。同時疏散居民，一旦叛軍在次日早晨8時還不撤離，就做好開火準備。遭遇刺殺的岡田啟介、齋藤實和鈴木貫太郎都是前海軍大將，這讓海軍方面十分懊惱。早在26日，海軍聯合艦隊第一艦隊就已經開進了東京灣，主炮整齊一致地對準了被士兵佔領的國會議事堂。時任海軍軍務局局長的豐田副武表示，如果陸軍沒有鎮壓叛亂的能力，那麼海軍可以代而為之，他們還打算把天皇接到艦上，以免受陸軍士兵的挾持。最終，以海軍和陸軍中的統制派為中心展開了鎮壓，歷時4天的政變宣告失敗，這一事件史稱「帝都不祥事件」。

對於帝都不祥事件，國民的輿論一邊倒地譴責陸軍。這也許是陸軍以天皇名義被打上了叛軍烙印的緣故，同情完全集中到這次事件中殉職的警官身上。事件發生後，國民立刻透過各地警察署、報社，或者直接透過警視廳對殉職警官捐獻了大量撫恤金。陸軍在這次事件中也付出了非常慘重的代價，陸軍的12位大將中

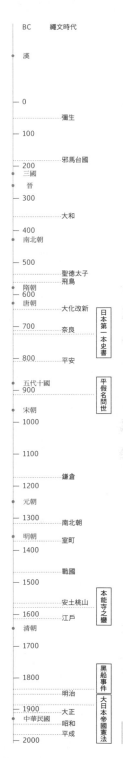

有9人於1936年4月底退出現役，其中就包括皇道派核心人物荒木貞夫、真崎甚三郎、川島義之和本莊繁。此後，皇道派作為一支政治力量完全退出了歷史舞臺，日本陸軍被統制派徹底控制。

被統制派控制的日本加速走上了軍國主義的道路。以統制派為主的陸軍中央整肅了激烈反對南進戰略的皇道派，轉而謀求與海軍在對外戰略上的妥協，確定了南北並進的「帝國國防方針」。8月7日，廣田弘毅內閣召開五相會議制定「國策基準」，確定了鑑於帝國內外形勢，帝國應確立的根本國策是依靠外交和國防確保帝國在東亞大陸上的地位，同時向南方海洋擴張發展。日本經濟隨即轉向國家統制，頒布了《汽車製造法》，以貸款方式將龐大的國家資金投入汽車製造業，抵制外國汽車。日本還成立石油聯合專賣公司，實行軍事統制，頒發輸入石油和精煉加工許可證，將輸入石油的半數作為戰略儲備。當年10月，軍部在一次座談會上公開表示日本已經完成了「準戰時經濟體制」。

大戰即將開始。

深陷泥沼的掙扎

　　面對日本的步步緊逼，中國社會上反日的呼聲也越來越清晰。在中日關係驟然緊張的重要時刻，蔣介石把重心放在圍剿共產黨這一行動上，最終導致了「西安事變」的爆發，國民政府放棄了「攘外必先安內」的基本國策，抗日民族統一戰線在形式上建立。

　　西安事變的發生直接打斷了日本原本逐步侵華的腳步。事件爆發後，日本在華的外交官員們就予以高度的關注，不斷地向東京的外交大臣報告中國方面的輿論和新聞論調。在西安事變還未正式解決時，時任首相廣田弘毅表示：「對西安事變採取不干涉方針。倘若國民黨與張學良以容共為妥協條件，日本則予斷然排擊。」儘管如此，西安事變迅速和平解決的最後結局並不是日本所能夠左右的，這也打破了日本的陰謀。西安事變後日本朝野興起了「對華再認識論」的潮流，並要求調整、修改之前確立的對華政策。1937年2月2日，日本組成了林銑十郎內閣，提出了主要依靠經濟與文化策略手段的柔性對華政策，以緩和中國對日本的敵視，然而林銑十郎在就任首相4個月後便辭職，這些行政策略並未付諸實施，它們還只是停留於作為文書的狀態。

　　1937年6月4日，近衛文麿內閣成立，曾擔任過首相的廣田弘毅再次出任外相，並主張：「日本的對華外交方針，雖然與以往相比並無改變，但並不準備強行採取對華親善；而在當前抗日、

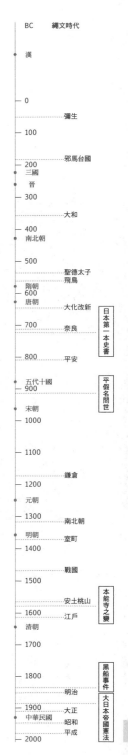

排日的潮流中，即使實現日中親善，也難望有成效。日本方面誠然不能不對此表示不滿，但是，除了毅然推行正確政策之外別無他途。」1個月之後，標誌著全面抗日戰爭爆發的「七七事變」發生了。

　　7月7日下午，日本華北駐屯軍第1聯隊第3大隊第8中隊由大隊長清水節郎率領，荷槍實彈開往緊靠盧溝橋中國守軍駐地的回龍廟到大瓦窯之間的地區。晚上7時30分，日軍開始冒雨演習。10時

40分，突然從城東北方向日軍演習營地傳來十幾聲槍響，宛平城內中國守軍隨即嚴密注意日軍的動態。少頃，金振中接到報告，

據日軍稱：一名新兵在演習時被我城內駐軍捉去，日本軍官要求

率隊進城搜查。金振中立即聯想到「九一八事變」，預感到日軍要故伎重演，便斷然回答：「日方士兵被抓純屬捏造，進城搜查絕對不能允許！」金振中剛剛放下電話，激烈的槍炮聲便響了起

來。炮彈飛越宛平城牆，炸倒營指揮部房屋6間，炸死士兵2人、

傷5人。翌日清晨5時，日軍炮轟宛平城，隨後發生了平津作戰。國民軍第29軍在之後的平津作戰中被迫撤退至保定，平津地區陷

落。近衛文麿雖然表達了不擴大的方針，但是又認同了向中國

派兵。蔣介石為長期作戰，將日軍入侵方向由北向南改為由東向

西，同時也為了引起國際社會關注日本侵華，在上海主動攻擊日軍，抗日戰爭真正升級為全面戰爭。

　　8月13日，淞滬會戰開打，這是抗日戰爭中首場大型會戰，

規模最大、戰鬥之慘烈遠超之前的衝突。中日雙方約有100萬軍

隊投入戰鬥，戰役持續3個月，日軍宣佈死傷4萬多人，後也有

統計死亡約10萬人，國軍統計死傷30萬人。11月12日夜，上海淪

陷，淞滬會戰宣告結束。11月20日，國民政府宣言，絕不簽署城

下之盟，本日起移駐重慶，「以最廣大之規模，從事更持久之戰

鬥」。1937年12月8日晚，日軍全線突破中國軍隊的週邊防線，直逼南京城。12月12日，南京陷落，12月24日，杭州繼之。12月12日下午5點，唐生智下令南京守軍突圍。12月13日南京失守後，日軍遂進行震驚世界之南京大屠殺。日軍進入南京後，大肆劫掠、姦淫、屠殺，被擄官兵、平民婦孺，或遭集體掃射，或被砍死，為期一週。

在華北地區，日軍佔領北平後，計畫進一步佔領華北、山西北部和綏遠，於是沿平綏鐵路北攻南口。1937年8月初，日軍編成關東軍察哈爾派遣兵團，聯合中國駐屯軍一部沿平綏鐵路東段進攻察哈爾，以解除對中國駐屯軍後側及偽滿洲國境的威脅。中國任命傅作義為國民革命軍第7集團軍總司令，負責平綏鐵路東段。8月7日，國民革命軍第13軍進入南口陣地。日軍以相當大兵力主攻南口；察哈爾境內日軍南攻張家口。8月下旬，南口失守，張家口亦陷。日軍隨即攻陷懷來和延慶。9月，日軍攻陷山西大同。9月24日，日軍攻佔重鎮平地泉。10月2日，日軍佔領連雲港外東西島。衛立煌率國民革命軍第14集團軍從河北石家莊轉赴晉北增援，並負責指揮忻口會戰。忻口正面中國守軍與處於日軍後方第18集團軍密切配合，多次重創日軍，使日軍在晉北苦戰。10月26日，日軍左縱隊進抵娘子關側後，中國守軍主力倉促後撤，日軍當日攻破娘子關，並追擊潰退的中國守軍。11月2日，晉東方向日軍佔領昔陽，形成與晉北日軍會攻太原之勢，忻口中國守軍當夜南撤保衛太原。第二戰區前敵總指揮衛立煌命令主力撤至太原以南，以傅作義率領國民革命軍第35軍守太原。日軍改自河北攻晉東。11月9日，日軍佔領太原。另一支日軍在10月攻陷石家莊。11月攻陷河南安陽，並分支路由津浦鐵路南下，攻陷魯南德州。1938年2月，津浦鐵路北段日軍深入魯南，南段日軍越過淮河，企

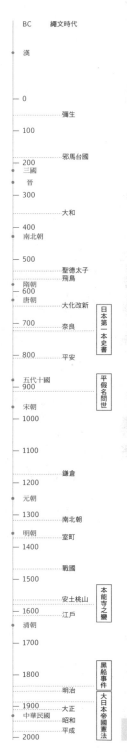

圖合犯徐州。3月，日軍進攻臨沂，徐州東北台兒莊攻守尤為激烈。3月16日至4月15日間的「台兒莊會戰」，中國軍隊約29萬人和日軍約5萬人在徐州台兒莊激戰一個月，中方傷亡5萬餘人，斃傷日軍2萬多人。蔣介石曾3次赴徐州視察督戰，使得在南京失守後低迷的士氣為之重振。日軍不得已改向山東、河南之交與安徽北部進攻，5月，國軍放棄徐州，戰場移於豫東。

　　武漢作為南京撤退後最高統帥部所在地，亦為日本首要的攻擊目標。1938年2月以來，日本空軍不斷轟炸，遭到頑強抵抗。6

月15日，日本海軍溯長江西上攻陷安慶，會同陸軍突破江西馬當要塞。7月25日，九江失守，武漢週邊會戰開始。9月底，日軍主

力第106師團孤軍深入江西九江德安縣萬家嶺地區，國軍第9戰區部隊由薛岳指揮下屬10萬將士，在南潯鐵路戰場與日軍約3萬人激

戰13晝夜，殲敵1.4萬，使日軍遭到前所未遇的重挫。國軍取得萬家嶺大捷，使日軍第106師團幾近覆滅，這是武漢會戰中取得的最

大勝利。10月12日，日軍4萬人登陸大亞灣，10月21日佔領廣州。

日軍在各處的攻擊接連告捷，同時完成包圍武漢的行動。因為廣東的失守讓武漢的戰略地位不再重要，固守亦失去實質意義，為

了保全有生實力，國民政府決定棄守武漢，日軍在10月26日攻佔

武昌及漢口，10月27日攻佔漢陽，日軍完成攻佔武漢三鎮的行動。

　　在這些戰鬥中，中國的軍隊和人民都付出了極為慘痛的犧

牲，但日本也因此被迫進入了苦戰，日本軍方原本打算的「三月

亡華」決戰計畫落空了。之後，在1938年1月，原本在暗地裡和國

民政府進行議和工作的近衛文麿認為和談不再有希望而決定不再

尋求談判，斷送了最後和平解決的機會。隨後在11月，近衛文麿

發表「第二次近衛聲明」，號召建立「大東亞新秩序」，欲樹立

「日滿中三國相互提攜，建立政治、經濟、文化等方面互助連環的關係」，以大日本帝國、東亞及東南亞「共存共榮的新秩序」為目標，這就是之後的「大東亞共榮圈」。另外，日本還把汪精衛從重慶接了出來，在南京建立了偽「南京國民政府」，不過這個政權並沒有得到人民的支持。國民政府和中國共產黨雖然在戰爭初期遭到不小的失敗，但是隨著戰爭的繼續，在美國、英國和蘇聯的支持之下貫徹了抗戰到底的方針，贏得了抗戰的最終勝利。

　　中國慢慢和日本進入了相持階段。戰爭的終結開始變得難以預期，日本不得不面對長期戰爭的境況。

　　1939年後，日本空軍開始對中國後方的西北蘭州、西安，西南之昆明，以及重慶進行轟炸。陸軍則以長江一線逐步朝內陸攻擊，希望借由殲滅四川省周邊省份的戰區兵力，逼使已經遷都重慶的國民政府投降。2月，日軍佔領海南島。3月，日軍進犯南昌，國軍以約20萬兵力迎擊後不敵，南昌陷落。6月，日軍發動了潮汕戰役並佔領了潮安和汕頭。11月，日軍登陸欽州灣，西趨廣西，襲陷省城南寧，並相繼攻佔廣西省重鎮南寧、賓陽。這一階段中第一個被成功保衛沒有被日軍攻陷的主要城市是長沙，在1939年的「第一次長沙戰役」中，國軍成功抵抗了日軍的攻擊。1941年的「第二次長沙戰役」中，雖然長沙一度被日軍佔領，但是日軍撤離後，國軍趁機收復了失地。

　　1941年12月7日，日本偷襲美國珍珠港，太平洋戰爭爆發。8日，美國對日本宣戰。9日，中華民國重慶國民政府正式向日本宣戰，抗日戰爭成為第二次世界大戰的一部分。

　　偷襲珍珠港的次日，日本開始入侵香港。停留在啟德機場的5架軍用機和8架民航機在5分鐘內被日軍炸成了廢鐵。英軍制空

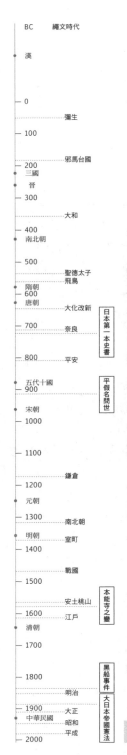

1945年8月14日，日本接受波茨坦宣言

權瞬間喪失殆盡。在轟炸啟德機場的同時，日軍地面部隊兵分兩路進攻新界和九龍。由英國等國組成的英聯邦守軍被打得潰不成軍，整個九龍半島也已落入日軍之手，英軍只得退守香港島。日軍曾設法兩度勸降港督楊慕琦，但均遭嚴詞拒絕。12日，日軍向英軍發出通牒，要英軍投降，遭到拒絕。18日深夜，經過5天的徹底炮擊後，日軍分別在北角、不萊瑪、水牛灣完成了登陸。24日，口軍再次對英軍勸降，但仍被拒絕。25日，日軍飛機及炮兵集中火力對倉庫山峽、灣仔山峽、歌賦山、扯旗山、西高山的英軍陣地狂轟濫炸，迫使英軍放棄抵抗，港督楊慕琦在日軍總司令部半島酒店投降，此日因而被稱為「黑色耶誕節」。26日，日軍舉行了佔領香港的入城式。

　　1941年底到1942年初，「第三次長沙戰役」打響，國軍成功守住了長沙，日方遭受慘重損失而撤退，這是日軍偷襲珍珠港後

盟軍與日軍交戰的首場勝利戰役。1943年11月，中國、美國和英國三國元首在埃及開羅發表新聞公報「開羅宣言」。當月日軍進攻常德並且一度攻佔常德，但在國軍的反擊下最後撤退。為了取得東南亞地區的物資，日本於1944年4月發起豫中會戰，洛陽失守。華中日軍與華南日軍又聯手發起「桂柳戰役」，一路佔領廣西，打通湘桂鐵路，最後打到貴州省獨山。到了1945年3月，日軍發動了「豫西鄂北會戰」並達成作戰目標，控制了老河口空軍基地。然而，這時的日本其實已經是強弩之末，日軍隨後發動的「湘西會戰」在國軍的抵抗之下受到重挫。之後國軍乘勝追擊，一舉收復了南寧、柳州和桂林。

　　1945年7月26日，在波茨坦會議上美國、中國和英國三國發表了「波茨坦宣言」，對日本發出最後通牒，促其宣佈無條件投降，否則將使用三國巨大之陸海軍全部力量，使日本武力及其本土完全毀滅。對此，日本政府表示了沉默，並未給予答覆。8月，美軍在日本廣島和長崎市投下了兩枚原子彈。8月10日，已經無力再戰的日本政府表示願意接受波茨坦宣言之各項規定，無條件投降。8月15日，日本昭和天皇透過廣播發表「終戰詔書」，宣佈無條件投降，抗日戰爭亦宣告結束。

最後的豪賭

　　1939年，德國的希特勒為了擴張領土對波蘭發起了奇襲，與波蘭為同盟國的英國和法國立即對德國宣戰，第二次世界大戰正式爆發。因為日本侵佔了中國南端的海南島，美國對日本在中國的行為增強了戒備。這一年，美國通告廢除《日美通商航海條約》。日本為了保證石油、橡膠、鋁礦等重要資源的供應，開始實行「南進」策略。日本的「南進」戰略把矛頭指向了位於中國南面的東南亞，那時也稱為南洋，即亞洲東南部地區，範圍包括中南半島和馬來群島。

　　東南亞是世界上天然橡膠、油棕、椰子、蕉麻等熱帶經濟作物的最大產地，東南亞的礦產以錫和石油最著名，緬甸、泰國、馬來西亞、印尼處於東南亞的錫礦帶，印尼為東南亞重要的石油輸出國。正因為東南亞的地理位置重要，人力、物力資源豐富，所以這裡早就成為殖民主義、帝國主義國家拚命爭奪的場所。當老牌帝國主義國家基本把東南亞瓜分完畢之後，靠侵略中國起家的日本當然不會甘心。它的野心是把整個東南亞都吞下去。日本自己非常清楚，它要從西方列強手中奪得東南亞，唯一的方法就是訴諸武力。

　　在歐洲，希特勒率領的納粹軍接連佔領了丹麥、荷蘭和挪威。之後，巴黎也陷落了，德國的領土急劇擴張。日本認為佔有東南亞資源地帶的荷蘭和法國在歐洲敗給了德國，這是自己「南

進」的絕好時機。1940年9月，日本加入德國和義大利的聯盟，成立了三國軍事同盟。這一行為讓日本與美國之間的對立進一步加深。美國為了對抗三國同盟，禁止向日本輸出飛機燃油以及鐵材，這項措施的實施確定了日美之間的對立關係。

　　日本其實並不想招惹美國，當時的近衛文麿首相努力與美國之間尋找和談的可能。在1941年，日本透過駐美大使野村吉三郎與美國國務卿赫爾開始了交涉。為了更有利地與美國進行交涉，日本和蘇聯簽訂了《日蘇中立條約》，強調日本與蘇聯之間互不侵犯領土。但是當年的6月，希特勒就和蘇聯之間開戰了，這讓與德國締結了同盟關係的日本處於非常微妙的境地。7月，日本與蘇聯在偽滿洲國的邊境上集結了70萬人的兵力進行對峙。

　　在另一方面，日本在東南亞地區開始有了動靜，軍隊向法屬印度支那的南部開始進軍。這個軍事行動使得美國的態度變得更加強硬，凍結了日本在美國的資產，並且全面禁止向日本輸出石油。幾乎全靠從美國進口石油的日本立刻陷入了絕境。到10月上旬，日、美兩國的談判依舊沒有達成協議的希望，日本國內要求開戰的呼聲變得越來越高漲，當時擔任陸相的東条英機便打算開始採取倒閣行動。他於10月14日的內閣會議上要求做出對美開戰的決定。而近衛文麿則繼續主張進行談判。東条英機提出如果不能按照之前御前會議所通過的《帝國國策實施要領》作出決定，那麼作出這項決定的內閣就應該辭職。由於軍方的巨大壓力，近衛文麿只好於10月16日向天皇提出辭呈。次日，昭和天皇敕命東条英機組閣。

　　東条英機內閣宣告成立後旋即緊鑼密鼓地加快了發動戰爭的步伐。到月底，陸海軍部分別決定了作戰計畫，並為南方作戰達成了陸海軍中央協定。陸軍參謀總長杉山元和海軍軍令部總長

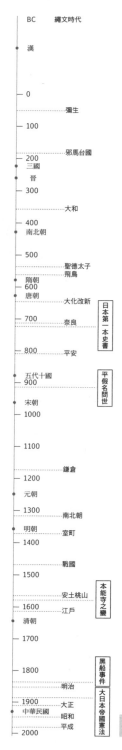

BC　繩文時代
漢
0
彌生
100
邪馬台國
200
三國
晉
300
大和
400
南北朝
500
聖德太子
飛鳥
隋朝
600
唐朝
大化改新
700
奈良
800
平安
五代十國
900
宋朝
1000
1100
鎌倉
1200
元朝
1300
南北朝
明朝
室町
1400
戰國
1500
安土桃山
1600
江戶
清朝
1700
1800
明治
1900
大正
中華民國
昭和
平成
2000

日本第一本史書
平假名問世
本能寺之變
黑船事件
大日本帝國憲法

永野修身在11月初一起將上述計畫上奏天皇，並於11月5日得到天皇批准。在這一計畫中，陸軍以進攻馬來半島南部和新加坡為重點，海軍則以襲擊珍珠港為重點。日軍大本營對完成上述作戰計畫的評估是：作戰開始後，香港大約用20天，馬尼拉大約用50天，新加坡大約用100天，爪哇大約用150天即能攻克。因而判斷，大約用5個月的時間就能按預定計劃完成對南方大部分重要地區的佔領。

11月26日，美國最後提出了一個強硬的和談方案，要求日本從中國領土以及法屬印度支那全面撤兵，並且要在事實上否認三國軍事同盟。12月1日，日本最高領導層舉行開戰之前的最後一次御前會議，內閣閣僚全部出席。天皇聽取了各個有關方面的報告，得知開戰準備一切就緒後，終於做出最後決斷：對美、英、荷開戰，開戰日定為12月8日。

從這一天開始，日本就像一隻巨大的烏賊，把自己的戰爭觸鬚呈扇形伸向了東南亞和西南太平洋，它不僅要吞掉香港、菲律賓、泰國、緬甸、馬來亞、新加坡、婆羅洲、爪哇、蘇門答臘、帝汶島等要地，而且要控制中太平洋的關島、威克島和靠近澳大利亞家門口的新幾內亞島。作為一個國家的作戰計畫，這場戰爭的規模之大在歷史上是空前的。

很多人認為「偷襲珍珠港」是「太平洋戰爭」的開端，其實在「偷襲珍珠港」之前，於1941年12月8日凌晨1時30分，山下奉文所派遣的佗美浩支隊便開始了位於哥打巴魯的搶灘登陸戰。除了哥打巴魯之外，山下奉文還派出另外兩隊人馬登陸了位於泰國的洛坤和北大年。不久，泰國便向日軍妥協，泰國軍隊沒怎麼抵抗就被迫全面停火。

就在「馬來戰役」打響的同時，著名的「偷襲珍珠港」事件

發生了。指揮這一著名事件的人是日本海軍大將山本五十六。在太平洋戰爭之前，山本五十六曾數次赴美，或求學，或考察，或任職，對美國的經濟和軍事潛力有著極為深刻的瞭解。所以最初他竭力反對與美國開戰，成為日本海軍中堅定的反戰派人士，甚至因此幾乎遭到激進少壯派的暗算。而當日本與英美開戰變得無法避免之後，他便竭盡全力策劃對美國的作戰方針，要以突襲手段力求在開戰初期就一舉全殲或重創美國太平洋艦隊，他知道這是日本在這場戰爭中唯一的出路。

　　在山本五十六的計畫中，珍珠港並不是一次偷襲作戰，而是一次明襲。他的作戰計畫中有一個重要內容，就是對美宣戰的最後通牒必須於攻擊前30分鐘遞交。這樣做的目的是，山本五十六深知美國人崇尚面對面的決鬥，利用事先宣戰而打擊美國的士氣，從而把美國逼回到談判桌前，簽訂互不侵犯的協定。可是在襲擊當天最後通牒的送達卻莫名其妙地推遲了一個半小時，使原本名正言順的對美宣戰變成了偷襲。倉促應戰的美軍損失慘重，珍珠港當時停泊的8艘戰列艦中，4艘被擊沉，1艘擱淺，其餘也均受重創。6艘巡洋艦和3艘驅逐艦被擊傷，188架飛機被擊毀，2403名美國官兵陣亡。僅亞利桑那號戰列艦爆炸沉沒時就有上千人死亡。日本只損失了29架飛機，55名飛行員以及幾艘袖珍潛艇。美國太平洋艦隊遭此打擊，完全喪失了元氣，在以後的6個月時間不得不躲入偏海，暫避鋒芒。

　　除了美國之外，英國也是日本重要的作戰對手。太平洋戰爭爆發前，英國政府一直籌畫在遠東太平洋地區派駐一支強大的艦隊，作為遏制日本南下的威懾力量，但因歐洲戰局吃緊，無法抽出主力艦只充實遠東艦隊。1941年8月，面對日本海軍的咄咄逼人之勢，英國皇家海軍部終於決定派出1艘航空母艦和6艘主力艦

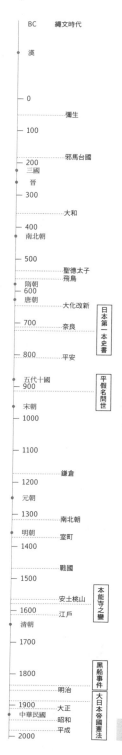

BC　　繩文時代

漢

—0

　　　　彌生

—100

—200　　邪馬台國
三國
—300　　大和

—400
南北朝

—500
　　　　聖德太子
隋朝　　飛鳥
—600
唐朝　　大化改新

—700　　奈良

—800　　平安

五代十國
—900

宋朝
—1000

—1100

—1200　　鎌倉

元朝
—1300
　　　　南北朝
明朝
—1400　　室町

　　　　戰國
—1500

　　　　安土桃山
—1600　　江戶
清朝

—1700

—1800
　　　　明治
—1900　　大正
中華民國　昭和
　　　　平成
—2000

日本第一本史書

平假名問世

本能寺之變

黑船事件

大日本帝國憲法

增援太平洋地區，但出於保衛英吉利海峽的需要，擬議中的調動計畫遲遲未能付諸實施。直到1941年12月2日，就在太平洋戰爭爆發的一星期前，菲力浦斯帶著「威爾斯親王」號、「無敵」號和「反擊」號趕到了新加坡，接管了帝國在南洋的海軍力量，這一艦隊也被稱為Z艦隊。不幸的是，原來派出的載有70多架艦載機的新式航空母艦「無敵」號，途中不慎觸礁，不得不返回基地維修。「威爾斯親王」號和「反擊」號的指揮官叫做菲力浦斯，當他得知日軍已在哥打巴魯等地登陸的消息後決意親率「威爾斯親王」號、「反擊」號以及4艘驅逐艦去襲擊日軍的登陸地域。

就在Z艦隊離開新加坡港北上的時候，日本聯合艦隊的旗艦「長門」號戰列艦正航行在日本四國島以南海面上，處於駛往南太平洋的途中。在「長門」號戰列艦中的會議室裡，一場激烈的會議正在進行著，主導這場會議的人正是發動「偷襲珍珠港」的山本五十六。作為日本海軍聯合艦隊司令官，他在憂慮一件事情，是否能擊敗Z艦隊直接關係到日本能否奪得南太平洋的制海權。山本五十六聽完了各方的意見後認為，戰列艦決定海上作戰勝負的時代已經過去了，現在勝敗的關鍵在於有無制空權。

「偷襲珍珠港」就是這一主張最好的實驗結果。9日晚上8時30分，小澤治三郎派出的偵察機發現了Z艦隊。菲力浦斯也發現自己暴露了，他頓時感到凶多吉少，認為天一亮日本人肯定會派大批飛機來轟炸，原本打算奇襲日軍登陸船隊的計畫已經化為泡影。菲力浦斯立即放棄了原來的作戰企圖，下令返航新加坡。為了擺脫日軍偵察機和潛艇的跟蹤，他命令「特內多斯」號驅逐艦打開戰鬥識別燈以吸引日軍注意力，自己則率艦隊來了個急轉彎，然後熄滅所有燈火，換了另一航路全速撤向新加坡。在撤往新加坡的途中，菲力浦斯接到了電報，知道有股日軍在馬來半

島南部的關丹登陸。菲力浦斯馬上改變決定，讓艦隊迅速轉向東南，以最快速度駛向關丹。然而關丹根本就沒有什麼日軍，而是一頭吃草的水牛踩響了英軍在海岸邊佈設的地雷，引起了一連串爆炸。當地守軍草木皆兵，誤以為是日軍登陸了，慌忙向新加坡英軍總部報告了錯誤情報，而新加坡英軍總部沒有再三核實就把資訊轉發給了菲力浦斯。菲力浦斯收到情報後覺得既然是總部的資訊，一定是有意讓艦隊採取行動，總部到時自然會派出飛機進行空中掩護。然而新加坡總部對菲力浦斯的決定卻絲毫沒有察覺。菲力浦斯緊趕慢趕，終於在10日的一早來到了關丹，他心想這下終於有機會讓日本人嘗嘗大英帝國皇家海軍的厲害了。但是，奉命沿馬來半島東海岸偵察的偵察機卻報告說，沒有發現任何運送登陸日軍的艦隻。菲力浦斯有些不相信，又命令「快速」號驅逐艦到關丹水域的各條航道仔細偵察，結果也沒有發現任何日軍的影子。但是菲力浦斯不死心，他認為總部不會毫無根據地給他發這樣的電報，很可能日軍就在附近某個地方，或者登陸部隊已經上岸。這麼想著，菲力浦斯命令艦隊掉頭向北，繼續擴大搜索範圍。然而這個向北搜索的決定卻把Z艦隊以及菲爾普斯自己推向了萬劫不復的境地。

　　在日軍方面，9架偵察機、34架轟炸機和51架魚雷機從機場起飛，按照日本海軍潛艇提供的情報撲向Z艦隊。不過日軍在預定海域搜索了好幾遍，卻沒有發現目標。日軍不知道Z艦隊已經轉向了東南。日本空軍只好向南搜索，飛到新加坡附近，仍然不見英軍艦隊的蹤影。到10時15分，日軍一架偵察機發出緊急情報：發現敵戰列艦兩艘，地點在關丹東南70英里（1英里約為1.6公里），有驅逐艦護航！收到消息後的日本空軍就向目標撲去。這時的菲力浦斯仍然找不到日軍，他終於死了心，打算集結艦隊再次返回

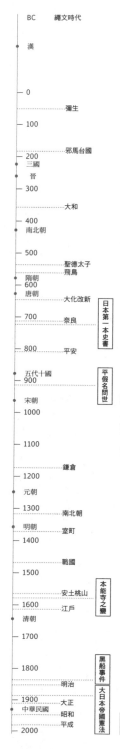

新加坡。然而這時他卻聽到了頭頂傳來了飛機的轟鳴聲。菲力浦斯內心一陣慌亂，立即命令所有的火炮一起開火。在Z艦隊上空的日軍面對猛烈的火炮一點都沒有退縮，它們冒著被擊中的危險，瘋狂發起衝擊。「反擊」號的火炮擊退了第一波的轟炸機和魚雷機，艦長立即給新加坡發送電報，新加坡的英軍立即命令「水牛」式戰鬥機迅速起飛前去支援。但從空軍基地飛抵戰場需要大約一小時的時間。日本空軍沒有給Z艦隊這樣的機會，它們立即發起了新一輪的攻擊。「反擊」號先後被4枚魚雷擊中，發生了連環爆炸，黑煙籠罩著艦體，舷側也逐漸傾斜，艦首翹起來了，艦尾加速下沉，由於傾斜的角度，艦橋指揮塔上已經無法站立，隨後慢慢沉入了海底。在不遠處的「威爾斯親王」號也遭遇了類似的情況，其中一架日本魚雷機被火炮擊中了，飛行員知道自己生還無望，便強行操縱著飛機徑直向「威爾斯親王」號的右舷撞來。這次爆炸讓「威爾斯親王」號的艦面發生了巨大的傾斜，並且完全喪失了動力，成了一個不折不扣的死靶子。3分鐘後，巨艦又中兩枚魚雷，這時的「威爾斯親王」號傷勢更嚴重了，艦身多處被炸，遍體鱗傷，水兵死傷慘重，電源也已經中斷，艙內一片黑暗，洶湧的海水從艦體側面多處巨大的魚雷彈孔中湧進艙內。無法動彈的「威爾斯親王」號在日本空軍的眼中就是演習時的靜止目標，轟炸機根本不用費力就把炸彈投中艦船，一枚重磅炸彈落到旗艦後桅杆上，高聳的桅杆轟然倒下，接著又有幾枚炸彈落在後甲板上，爆炸聲不絕於耳，火焰和濃密的黑煙升騰而起。「威爾斯親王」號再也承受不住這樣的轟炸，開始急速下沉。菲力浦斯也隨著「威爾斯親王」號緩緩沉入海中，Z艦隊就此覆滅。

　　開戰僅僅二三天的時間，位於東南亞的英軍便徹底失去了制空權和制海權，日本的下一個目標是新加坡。由山下奉文將軍率

耶穌基督出生　0—

君士坦丁統一羅馬

羅馬帝國分成兩部

波斯帝國　500—

回教建立

凡爾登條約

神聖羅馬帝國建立
1000—

十字軍東征

蒙古第一次西征

英法百年戰爭開始

哥倫布發現新大陸
1500—

英國大破無敵艦隊

發明蒸汽機

美國獨立
拿破崙稱帝

美國南北戰爭開始

第一次世界大戰
第二次世界大戰

2000—

領的登陸部隊從宋卡、北大年等地登陸，而後向馬來半島西南穿插，然後沿西海岸向南推進。牽制分隊從哥打巴魯登陸，而後從馬來半島東海岸南下。到了1942年1月10日，山下奉文下令全力追擊逃向新加坡的英軍，為了加快追擊的速度，日本步兵騎上了自行車向吉隆玻挺進，1日之後第5師團兵不血刃衝入吉隆玻。1月31日午後2時，第5師團第9旅團衝進了新加坡對岸的柔佛巴魯市內。最後的一批英軍撤退，並炸毀了石橋，潰敗的英軍躲入了最後的堡壘——新加坡。日軍用了55天的時間就攻佔了馬來半島全境，傷亡人數約為4600人，而英方的損失則多達2.5萬餘人。

　　山下奉文在1月31日下達「新加坡攻略計畫」，2月6日開始發動佯攻。佯攻進行了2日，吸引了英軍的主力。2月8日傍晚，日軍之前部署的440門大炮一齊開火，把整個新加坡城炸得地動山搖。1日激戰之後，三路日軍已經迫近了新加坡城。再1日，日軍攻佔了俯瞰新加坡市的武吉知馬山，先鋒部隊已經接近了位於新加坡市郊的跑馬場。11日早晨，山下奉文把29份「對敵軍勸降書」分別放進附有紅白帶子的木盒子裡，讓觀測飛機空投到敵人陣地。山下奉文等到了傍晚，沒有收到任何回音，守衛新加坡的帕西瓦爾將軍拒絕投降。14日，山下奉文下令切斷城市的供水，並且命令一隊日本兵衝進亞歷山大野戰醫院，用刺刀挑死了躺臥在走廊和地板上的所有傷病員，正在進行外科手術的醫生和傷患也遭到日軍的機槍掃射而無一生還。他打算用殘忍的手段來進一步擊垮英軍的心理防線。為了使新加坡城內的英軍和居民也喪失鬥志，山下奉文下令集中炮火轟擊居民區。炮火所到之處，無不是一片片瓦礫與斷肢殘臂，其狀慘不忍睹。山下奉文的手段起了作用，新加坡城內的英軍再也堅持不住，舉起了白旗。15日下午，戰場的前線出現了一輛破舊不堪的小轎車。車頭前面一邊插著一面

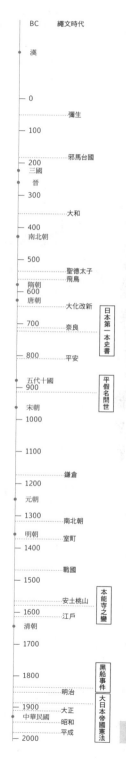

「米」字英國國旗，另一邊插著一面白旗。車子駛到日軍陣地前面停了下來，從車上下來三個扛著白旗的英國人，他們帶著帕西瓦爾的信件，表示向日軍投降。山下奉文踏上馬來大陸土地僅僅只有10週，大英帝國花費鉅資苦心經營的「東方直布羅陀」就這樣落入日本人之手。

　　1942年初，日軍聯合艦隊沉浸在勝利中，因為他們的第一階段的任務已超額完成，他們預計美國1943年夏季才可能進行反攻，而日本完全有時間進一步推進戰線，擴大防禦圈。對於日本海軍來說，控制澳大利亞成了他們下一個戰略目標，因為從太平洋戰場退卻的美軍一定會以澳大利亞為據點進行戰備調整和準備反攻。2月初時，日軍順利佔領了澳大利亞東北的俾斯麥群島的拉包爾基地，3月初則佔領了新幾內亞的萊城和薩拉莫阿。按計劃，日軍隨後應對圖拉吉和新幾內亞東部的莫爾比茲港實施登陸。但此時的日本海軍軍力不夠，美國已經派遣航空母艦來到這一帶，隨後雙方爆發了「珊瑚海海戰」。日本航空母艦「祥鳳」號在海戰中被13枚炸彈和7枚魚雷擊中。這是它第一次也是最後一次實戰，帶著631人沉落海底，成為第二次世界大戰當中第一艘被擊沉的日本航空母艦。美國這邊的「列克星敦」號航空母艦也在戰爭中被擊沉。在日美雙方各沉沒一艘航空母艦的情況下，珊瑚海海戰宣告結束，一同結束的還有日軍勢如破竹的攻勢。

　　日本在珊瑚海海戰之後僅僅一個月就把中途島擬定為下一個攻擊目標。中途島是美國在中太平洋地區的重要軍事基地和交通樞紐，也是美軍在夏威夷的門戶和前哨陣地。中途島一旦失守，美太平洋艦隊的大本營珍珠港也將唇亡齒寒。在珊瑚海海戰剛開始的5月5日，日本奉天皇敕令發佈了「第十八號命令」，正式下達代號為「米號作戰」的中途島作戰計畫。該計畫的目的一是佔

領中途島，二是消滅美國太平洋艦隊。最高指揮官為聯合艦隊司令山本五十六大將。由於日方的密碼被美軍破譯成功，美軍在日軍進攻中途島前就已做好準備。6月4日，南雲忠一部隊開始空襲中途島，然而因為南雲忠一艦隊發生一連串的戰術判斷失誤，讓埋伏在東北海域的美軍特混編隊有機可乘，首先對日艦隊發動攻擊。「赤城」、「飛龍」、「加賀」和「蒼龍」號航空母艦被美軍擊沉。6月5日凌晨，聯合艦隊司令山本五十六終於痛苦地下令：「取消中途島的佔領行動。」這場歷史上規模空前的海空大戰，到此宣告結束。日本付出了慘重的代價，損失了4艘航空母艦和1艘巡洋艦，損失飛機322架，陣亡官兵3507人。如果說珊瑚海海戰阻擋了日軍在太平洋的腳步，那麼中途島之戰後日本在大海上已經顯現出了頹勢。

中途島戰役的失敗阻礙了日軍的推進，但日本海軍仍擁有相當的實力，還有重新獲得主動權的機會。他們制定了「FS作戰」試圖佔領薩摩亞群島和斐濟，以便切斷澳大利亞與美國的聯絡，如此一來便可削弱麥克阿瑟上將和他的美澳聯合部隊所帶來的威脅。於是，山本五十六和他的對手金海軍上將都將注意力轉向瓜島上的機場。美國參謀長聯席會議建議立刻對日軍發動反擊，避免日軍重新掌握主動權。於是，1942年8月美國海軍陸戰隊突襲瓜島並將該處的日軍擊潰，由此引發了一場持續到1943年2月的長期消耗戰，將日本拖得苦不堪言。為避免影響艦隊的士氣，山本五十六並未被免去指揮職務，而是降級以示處分。瓜島被佔據時，日軍正過度擴張，意圖在守衛中太平洋防線的同時攻取新幾內亞，準備「FS作戰」。為了兼顧新幾內亞作戰和瓜島戰役，「FS作戰」被放棄了。山本五十六指揮艦隊實施了幾次遲滯美軍行動的作戰，但造成的損失卻是他難以承擔的。由於陸軍無法順

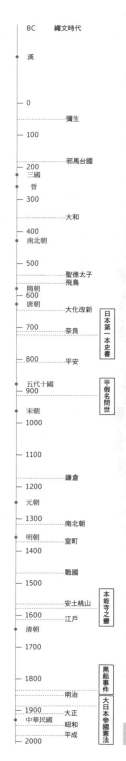

利達成目標，每次作戰計畫都遭到擾亂，日本海軍航空兵的精銳被逐漸消耗殆盡。1943年2月瓜島被美軍完全佔領，日本海軍再無多餘力量在所羅門群島發動大規模行動。

在瓜島戰役失敗後，山本五十六決定前往南太平洋前線視察，以便鼓舞士氣。1943年4月14日，代號「魔術」的美國海軍情報部門截獲並破譯了包含山本五十六行程詳細資訊的電文，以及他即將搭乘的飛機型號等資訊。美國總統羅斯福命令殺掉山本，尼米茲負責執行羅斯福的命令。尼米茲與南太平洋戰區指揮官海爾賽商討後，在4月17日批准了攔截並擊落山本座機的刺殺任務。4月18日早晨，山本五十六不顧當地指揮官關於遭伏擊風險的勸告，搭乘運輸機從拉包爾按時起飛。美軍方面，18架P-38式戰鬥機從瓜島機場起飛，以無線電靜默的超低空飛行到達目標空域。9時43分，雙方編隊相遇，6架護航的「零」式戰鬥機立刻開始與美機纏鬥。山本五十六的座機在戰鬥中被擊中，墜落到叢林中。第二天有一支日軍搜救小隊找到了這個地點，山本五十六的遺體位於飛機殘骸之外的一棵樹下，他仍舊坐在座椅之上，戴著白色手套的雙手拄著他的日本刀。解剖報告顯示山本五十六身上有兩處槍傷：一發子彈自身後穿透他的左肩，另一發子彈從他的下頜左後方射入，從右眼上方穿出。

戰爭的風向已經轉到了不利於日本的一面。1944年1月7日，日軍大本營以「大陸指第1776號」指令下達「烏」號作戰計畫，開啟了關係英屬印度危亡的恩帕爾戰役。戰役從1944年3月開始至同年7月結束，最後以日軍的慘敗收場，以單一作戰計畫損失規模而論，本戰役為日本陸軍在第二次世界大戰期間損傷最慘重的戰役。日本以10萬之眾發起進攻，結果寸土未得，而且丟掉5.3萬條人命和所有坦克火炮。6月時，美軍的中太平洋反攻力量開始向馬

利安納群島發動攻勢。為了佔領這些島嶼，美國一改之前步步為營的戰略，變為蛙跳式戰略，集中強大兵力，佔領群島中最為關鍵和最重要的據點。對塞班島的炮轟在1944年6月13日展開，15艘戰艦在海面對著塞班島的日本基地共發射了165000發炮彈。在沒有補給的情況下，塞班島的戰役對守軍來說是毫無希望的戰鬥。7月7日，日軍決定後撤，第43師團師團長齋藤義次計畫做最後自殺性的玉碎攻擊。日軍衝入美軍的戰線，隨後全軍覆沒。7月9日下午4時15分，美軍正式宣佈佔領塞班島。

由於日本在恩帕爾戰役和塞班島戰役中戰敗，加之日本在同時間的中國戰區衡陽戰役中受到中國軍隊的頑強抵抗，傷亡慘重，日本首相東條英機被迫下臺。日本已經兵敗如山倒，再也沒有哪一條戰線可以守住攻勢。這時，一場慘烈的轟炸發生在東京的上空。1945年2月23日到24日，從塞班島起飛的美軍174架B-29轟炸機在東京拋下大量燃燒彈，把東京約2.56平方公里的地方焚毀。

廣島（左）與長崎（右）原子彈爆炸後所產生的蕈狀雲

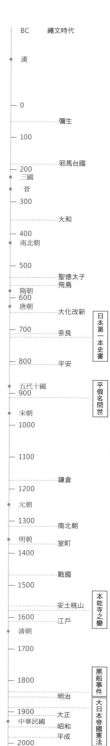

這次轟炸只不過是前奏，隨後在3月9日，美軍執行了「火牛」轟炸行動，派出334架B-29轟炸機再次出發，使用凝固汽油彈對東京進行持續2小時的地毯式轟炸。3月10日，317架B-29轟炸機又夜襲名古屋。13日，300架B-29轟炸機轟炸了日本第二大城市大阪。16日，美軍又轟炸了神戶。超過10萬的市民在轟炸中喪命，僅東京一地就有上百萬人逃往農村，工廠工人的出勤率不到從前的一半，飛機製造中心和造船中心均受到了極大破壞。

轟炸之後，美國擬定了登陸日本的計畫，防止蘇聯登陸日本。日本方面也因為盟軍的進逼，擬定了防禦本土的「本土決戰」和「決號作戰」，大量生產自殺式飛機和輕型武器，並組織國民義勇軍以及從各戰場調回士兵，抵抗盟軍登陸。7月26日。美國、中國和英國三國發表了波茨坦宣言，促其宣佈無條件投降。為了督促日本回覆，美國於8月6日和8月9日分別在廣島市和長崎市投下外號叫做「小男孩」及「胖子」的原子彈。在廣島，超過10萬人因核爆死亡，在長崎，這個數字也超過了6萬。

核彈轟炸後6天，也就是1945年8月15日，日本宣佈投降，並在1945年9月2日簽署「降伏文書」，第二次世界大戰隨著太平洋戰爭的結束終於拉下了帷幕。

從崩潰處重生

　　1945年戰爭結束的兩週後，以美軍為主的聯合國軍來到了日本。作為最高司令官的麥克阿瑟來到日本，並將聯合國最高司令官總司令部GHQ設置在了東京。之後，以GHQ為主體的日本佔領政策便開始了。GHQ並沒有推翻日本政府進行直接統治，而是透過間接的方式向日本政府指示佔領政策。

　　在戰爭結束2個月後，GHQ指示日本政府進行憲法修正。受令之後，日本政府設置了憲法問題調查委員會，開始研究憲法修正案。但是委員會所提出的憲法修正案中僅僅修正了大日本帝國憲法中承認天皇統治權等一小部分內容。GHQ在看了之後十分不滿意，立即將其否決，然後遵照麥克阿瑟的方針開始著手起草修正案。原本在大日本帝國的憲法中，天皇被認為是國家的元首，掌握完整的統治權。GHQ指出天皇從此僅僅在象徵上還擁有權力，但並不賦予其真正的政治性權威。最終，日本新的憲法於1946年11月3日公佈。新憲法明確聲明了主權屬於國民、尊重國民的基本人權和日本放棄戰爭三大原則。

　　美國在日本所推行的佔領政策主要是消除軍國主義和實現民主化，為此頒布了五大改革指令：第一，透過賦予參政權，使得女性的地位得以提高。女性開始參與政治，並在1946年誕生了39名女性議員。第二，保證勞動者的權益，以成立工會的形式為各行業勞動者爭取權益。第三，教育民主化。在美國的要求下，日

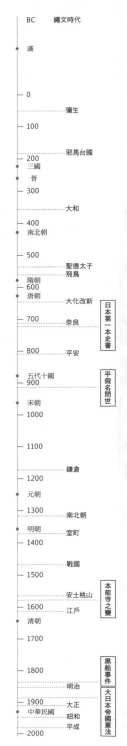

本廢除了曾在戰時充滿軍國主義內容的教材，取而代之的教材中從小開始提倡民主主義。第四，美國廢除了祕密警察等一系列暴力機構組織，人們不再因為思想和政治信條成為政府的階下囚。第五，經濟的民主化。美國認為支配日本經濟的財閥是軍國主義的一大根基，於是針對三井、三菱、住友等大財團，命令他們出售所持股票以減少對社會的控制。

　　雖然改革的步伐很快，但戰後的日本已經成為一片廢墟，工業等產業的生產力處於非常低的水準。城市裡充斥了因為空襲而無家可歸的人，只能生活在防空壕和臨時房屋中，失業者遍佈大街小巷。此外，因為海外的士兵和僑民陸續歸國，物資變得嚴重不足，甚至比戰爭末期的情況還要嚴重，1946年東京物價一年漲了五倍。但這樣的情況很快在有效的產業政策下開始緩解。日本在工業生產上實施傾斜生產方式：在資金、原料、能源嚴重不足的情況下重點發展煤炭業，生產的煤炭重點供應鋼鐵業，增產的鋼鐵反哺煤炭業，以此為槓桿，帶動國民經濟發展。

　　戰爭結束後不久，以美國為中心的西側陣營和以蘇聯為中心的東側陣營開始了對立，史稱「冷戰」。「冷戰」的名稱來自雙方從未正式交戰的特點，因為在「冷戰」期間，美蘇雙方所持有的大量核武器，為兩國帶來相互保證毀滅的能力。「冷戰」可能會引發新的世界大戰。朝鮮半島在日本投降的同時以北緯38度為界限分別被美國和蘇聯所佔領。之後，南部作為大韓民國成立，北部則以朝鮮民主主義人民共和國成立。1950年6月25日，朝鮮以反擊為理由越過38度線，發動了「朝鮮戰爭」。這場戰爭持續了3年之久，中共和美國都參與其中。由於「冷戰」和「朝鮮戰爭」的需要，美國佔領軍轉變了對日本的政策，日本也抓住機會進行工業品的生產，發了一大筆戰爭財，得以從二戰後的窘境中恢復

過來。到了1951年，日本礦工業的生產已經奇蹟般地回覆到了二戰前的水平。

在佔領了日本5年後，美國加速了議和以及日本的獨立進程。對於議和，日本輿論分成兩派，第一派是全面和平派，主張不與美國同盟，目標是成為一個中立的國家，與所有交戰國和受害國一起締結和平條約。另一派則是單獨和平派，注重的是儘早完成獨立，即使只是先與以美國為首的西方國家締結和平條約。在1951年9月，在美國的舊金山召開了關於日本獨立的議和會議，不過這一會議並沒有邀請中共等國家，為此蘇聯提出了抗議，並且拒絕在協約上簽字。日本在這次會議上成功與48個國家簽訂了和平協議。根據〈舊金山和平條約〉，日本承認朝鮮獨立，放棄臺灣、千島群島以及庫頁島的權利，奄美、沖繩和小笠原群島仍歸美國所管轄。由於中共沒有參加準備、擬制和簽訂該和平條約，因此認為該條約是無效的。在舊金山會議結束後的當日下午，日本首相吉田茂又和美國單獨簽署了〈日美安全保障條約〉，由於這個條約，在日本國內的美軍基地可以繼續駐留美國軍隊。另外，根據條約規定，日本成立了自衛隊和防衛廳，在戰後擁有了自己的國防。

在簽署了這些條約之後，吉田茂內閣的政策在國內引起了爭論，不少人認為這樣做過度依賴美國。這些反對勢力漸漸集結在一起，成立了以鳩山一郎為總裁的日本民主黨。鳩山一郎對於吉田茂內閣非常不信任，利用民意把吉田茂逼下了臺，並讓日本民主黨成為執政黨。鳩山一郎為了讓日本擁有軍備變得合法，打算修改憲法的第九條。若是要修改憲法，必須要參眾兩院各通過三分之二的票數。為了滿足這個要求，日本民主黨與保守系政黨進行聯合，想要獲得超過三分之二的議席。但是，不認同修改憲法

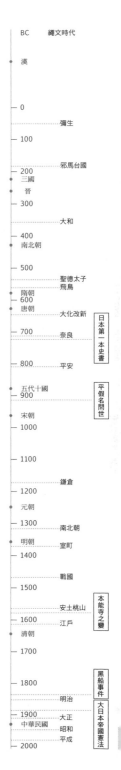

BC

耶穌基督出生　0—

君士坦丁統一羅馬

羅馬帝國分成兩部

波斯帝國　500—

回教建立

凡爾登條約

神聖羅馬帝國建立
　　　　1000—

十字軍東征

蒙古第一次西征

英法百年戰爭開始

哥倫布發現新大陸
　　　　1500—

英國大破無敵艦隊

發明蒸汽機

美國獨立
拿破崙稱帝

美國南北戰爭開始

第一次世界大戰
第二次世界大戰

　　　　2000—

的日本社會黨則團結了原本開始發生分裂的政黨，確保自己議席能超過三分之一。為了對抗社會黨，日本民主黨和自由黨進行了合併，在1955年成立了自由民主黨。不過由於和平運動的巨大聲勢，迫使鳩山一郎遲遲不敢正面提出修憲問題，他一生中三次組閣，但最終也未敢著手修改憲法。

1957年，岸信介內閣成立。岸信介強力地推行了對〈日美安全保障條約〉的修正，締結了新安保條約，極大強化了與美國之間的盟友關係。新安保條約其實就是日美之間相互協助的條約，首先它明確了美國防衛日本的義務。當日本被某國攻擊的時候，將由兩國共同防守。這樣從國家層面倒向美國的行為引發了大規模的反對運動，人們擔心會不會重新被捲入戰爭。不過強硬的岸信介沒有顧及民眾的感受，非常堅決地在條約上簽了字。然後自民黨將社會黨關在門外，在眾議院獨自強行表決，承認了這個條約。這種做法再次引起了民眾強烈的不滿，反對運動變得越來越激烈。按照日本的法律，當法案在眾議院通過之後若沒有撤回，一個月後就會自動生效。為此，幾十萬反對派和民眾包圍了國會，政府則動用了部隊，用暴力的方式開始鎮壓反對者，殺害了東京大學學生領袖樺美智子。到了1960年6月19日，在雙方你來我往的爭鬥之中，新安保條約自動生效。岸信介在之後為了緩和國內的情緒，宣佈隱退。

在岸信介宣佈隱退之後，擔任日本首相的是池田勇人。由於在岸信介領導國家的階段，民眾被政治事件煽動，導致整個社會處於一種不穩定的狀態，池田勇人上臺後提出了「重經輕政」的執政路線，讓民眾把政治先放一邊，努力把經濟提升上去再說。上任當年，池田勇人內閣就宣佈實施「國民收入倍增計畫」，計畫自1961年起，年經濟成長達到11%，用10年的時間讓日本的國

民生產總值增加一倍。計畫實施後，日本取得了奇蹟般的經濟成長。池田勇人內閣推進了對經濟成長不可或缺的道路和鐵道等建設，還進行了集中公共投資，將產業結構改變為以礦工業為中心。此外，還推進了技術革新，強化了國際競爭力。由於這些政策，「國民收入倍增計畫」僅僅用了6年的時間便提前完成。在那之後，經濟增長的趨勢並沒有停止，甚至進入了「伊奘諾景氣」的無敵模式，國民生產總值僅次於美國，成為世界第二。在這一階段中，不少大企業合併，私家車和彩色電視亦快速普及，日本國民收入水準快速提高。在日本的創世神話故事中有著所謂的「三神器」：八咫鏡、天叢雲劍（草薙劍）和八尺瓊勾玉（八阪瓊曲玉）。據說是源自天照大神，並在其後代日本天皇手中代代流傳。在「伊奘諾景氣」時代，彩色電視、空調和汽車在日本被稱為新「三神器」。

依靠著「伊奘諾景氣」，日本進入了20世紀70年代。1973年10月，第四次中東戰爭爆發，石油輸出國組織為了打擊對手以色列及支持以色列的國家，宣佈石油禁運，暫停出口，造成油價上漲。這讓日本經濟陷入了混亂。次年，日本出現了戰後第一次經濟負成長，並且出現嚴重的通貨膨脹，日本高速經濟成長時期宣告結束。日本企業為了增加國際競爭力以擺脫經濟危機，開始大範圍引進和使用電腦與機器人，進行技術革新，想透過生產合理化來降低價格和提高品質。其中最典型的商品就是汽車。就這樣，以汽車為主導的出口量增加很快將日本從石油危機以後的世界經濟危機中解救出來，經濟走上穩定成長的軌道。

隨著蘇聯解體，冷戰結束，日本國內的政治也結束了保守派自民黨和革新派社會黨之間的對立。由於自民黨政權腐化、派系平衡崩潰，最終陷入分裂。1989年參議院改選，自民黨慘敗，失

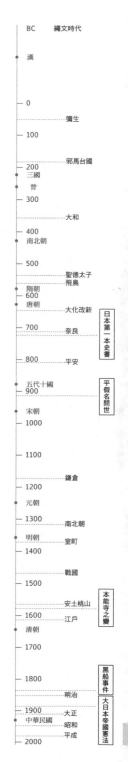

去參議院的多數黨地位。1993年眾議院選舉中，自民黨未能獲得過半數議席，淪為在野黨，結束了連續38年的執政。隨後自民黨正式分裂，誕生了新生黨。2個月後，新生黨和社會黨，以及日本新黨等8個黨派組成了聯立政權。

在20世紀80年代初期，日本眾多低價格和高品質的商品開始進軍世界，大大增加了貿易順差。由於出口的激增，導致了很多國家的本土產業受到了衝擊，貿易摩擦愈演愈烈。為了應對這個情況，美國、日本、英國、法國及西德5個國家的財政部長和央行於1985年在紐約的廣場飯店進行了祕密會晤並簽訂了〈廣場協議〉。聯合干預外匯市場，使美元對日元有秩序性地進行下調，以解決美國巨額貿易赤字，從而導致日元大幅升值。〈廣場協議〉的簽訂讓日本再次陷入了嚴重的經濟蕭條。不過不久後日本又從這個泥沼中脫身而出，它使用的方法是把工廠搬遷到勞動力成本更為低廉的海外，並且擴大日本國內的消費內需。但是，當時為了避免產生更多的貿易摩擦，企業家認為與其把利潤重新投入到產能的增加上，不如更多的用在房地產和股票的購買上，導致日本國內興起了投機熱潮。在當時，東京23個區的地價總和達到了可以購買美國全部國土的水準，而銀行則以不斷升值的土地作擔保物，向債務人大量放款。此外，地價上升也使得土地所有者的帳面財產增加，刺激了消費欲望，從而導致了國內消費需求增長，進一步刺激了經濟發展。這是日本戰後僅次於20世紀60年代後期的經濟高速發展的第二次大發展時期。1989年10月，日本泡沫經濟到達了頂點，三菱地所以8.46億美元的價格購買了洛克菲勒集團51%的股權，從而取得了洛克菲勒中心的控制權，成為日本當年海外投資的經典案例。此後，三菱地所又分批購買了洛克菲勒集團剩下的所有股權。當時這種資金被稱為「日本錢」，在全

君士坦丁統一羅馬

羅馬帝國分成兩部 —

波斯帝國　500—

回教建立 —

凡爾登條約 —

神聖羅馬帝國建立
　　　　　1000—

十字軍東征 —

蒙古第一次西征 —

英法百年戰爭開始 —

哥倫布發現新大陸
　　　　　1500—

英國大破無敵艦隊 —

發明蒸汽機 —

美國獨立
拿破崙稱帝 —

美國南北戰爭開始 —

第一次世界大戰
第二次世界大戰

　　　　　2000—

球範圍內並購和購買企業和公司。

　　1989年12月29日，日經平均股指達到最高38957.44點，此後開始下跌。1991年，日本土地的價格也開始下降，經濟泡沫開始正式破裂。到了1992年，日經平均指數被腰斬，到8月，進一步下跌到14000點。這麼快速的衰退導致了從房屋、土地到股市、融資，都有人或公司大量破產。由於土地與股市的套牢金額通常極大，動輒超過一個人一生所能賺取的金額，導致許多家庭悲劇。

　　和日本經濟的大起大落不同，二戰後日本有一個產業一直保持相當高速的發展，那就是日本獨樹一幟的動漫產業。日本的動漫在二戰之前一直處於萌芽期，由於政治和戰爭的需要，當時的從業人員只能戴著鐐銬起舞。隨著二戰的結束以及電視的全面普及，日本動漫史上的宗師級人物登上了舞臺，那就是手塚治蟲。我們現在熟悉的日式分鏡漫畫便是由這位天才在19歲時創造而成，當時的手塚治蟲還是大阪大學醫學部的一名學生。數年之後，手塚治蟲從漫畫領域跨入了動畫領域，再次開創了日本「漫畫動畫化」的行業模式。在一步步的摸索之下，日本動畫確立了一種延續至今的循環生態，在動畫製作前期先尋找廣告商的贊助，隨後選擇適合改編為動畫的人氣漫畫，再由電視臺買下動畫的播放權。其中收視率不錯的動畫可以出售給其他平臺繼續播放，並且授權各種周邊用於賺取更多的利潤。

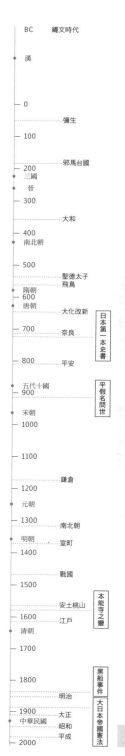

寬鬆世代又如何

BC

耶穌基督出生　0—

君士坦丁統一羅馬

羅馬帝國分成兩部　—

波斯帝國　500—

回教建立

凡爾登條約

神聖羅馬帝國建立
1000—

十字軍東征

蒙古第一次西征

英法百年戰爭開始

哥倫布發現新大陸
1500—

英國大破無敵艦隊

發明蒸汽機

美國獨立
拿破崙稱帝

美國南北戰爭開始

第一次世界大戰
第二次世界大戰

2000—

日本經濟的長期衰退持續影響著民眾的生活水準，讓普通的民眾心中鬱積了很多的不滿，加上鄰國中國開始崛起，日本不得不重新制定自己的戰略目標和計畫。1996年，自民黨再次拿回首相之位，後自民黨時代的第一位首相橋本龍太郎開始奉行「自立」的外交政策，期待日本在世界上成為一個更有話語權的國家。在他的主導下日美兩國再次確認了冷戰後的同盟關係，在國內他致力於日本的醫療保健、社會保障和國家福利的建設。雖然橋本龍太郎的政策在如今看來大多都是正確的，但是他卻樂觀估計了日本在經濟泡沫破裂之後的能力。在橋本龍太郎執政期間，日本國內的經濟狀況又有階段性的惡化，這導致自民黨的支持率不斷下降，最後橋本龍太郎只好引咎辭職，他在辭職演講中說：「失敗的責任在我一身，所有責任全由我一人承擔。失敗是我的能力不足所致。」

橋本龍太郎的繼任小淵惠三在日本經濟和政治局面雙雙下滑的狀態下就任首相，但在上任一年多後便因中風而去世。在小淵惠三的努力下，日本在經濟和外交上均有了不少起色，但是在政治上卻沒能突破困局。日本因此帶著一種前途未明的狀態邁過了千禧年。接任因中風而不能繼續履行首相義務的小淵惠三的是森喜朗，但是由於他頻頻語出驚人，以及政策上遭到了不少民眾的反對，只好提前下臺。接任森喜朗的日本首相是小泉純一郎。小

泉純一郎是1972年以來日本在位時間最長的首相，一共連任了三屆，也是日本戰後民意支持度最高的首相，直到2006年卸任之後依舊有著很高的名望。在日本老百姓的眼中，小泉純一郎是一位改革派先鋒，他為了推動郵政私有化改革，甚至會跟黨內的勢力作爭鬥，不惜以自己的政治生命作賭注。在小泉純一郎的任內，日本制定了《反恐特別措施法》，使得日本派兵參與了第二次波斯灣戰爭，這讓在二戰後所制定的限制日本軍事行動的枷鎖得到了鬆綁。接下來，日本通過了種種的法案，包括《武力攻擊事態法》、《自衛隊法修正法》、《安全保障會議設置法修正法》和《伊拉克重建支援特別措施法》，使得日本派遣超過1000名自衛隊隊員前往伊拉克參與了軍事行動。

　　2006年9月20日，小泉純一郎欽點的接班人、時任內閣官房長官安倍晉三成功當選自民黨總裁，小泉純一郎於9月26日辭去首相一職，由安倍晉三接任。但安倍晉三僅僅上任一年後就在內政上陷入低迷，再加上他本人潰瘍性大腸炎復發，2007年9月12日他突然宣佈辭去首相及自民黨總裁之職。之後福田康夫競選首相大位成功，但不久後他的民意支持度跌破了兩成。2008年9月1日，福田康夫於首相官邸舉行記者會，宣佈辭去首相職務。前外務大臣麻生太郎隨即與其他四位候選人一同角逐自民黨總裁之位，以絕對的優勢勝選，成為新一任日本首相。然而麻生太郎也只當了一年的首相，2009年8月30日民主黨代表鳩山由紀夫在眾議院選舉中取得歷史性的壓倒勝利，終結了自民黨長期的執政。9月16日，鳩山由紀夫出任第93任日本首相，成為第一位民主黨籍首相。但是鳩山由紀夫也沒能逃脫「一年首相」的命運，次年，菅直人當選成為民主黨的第8任代表，隨即就任第94任日本首相。但在2011年時，由於對東日本大地震和福島核災處理失當，菅直人支援率

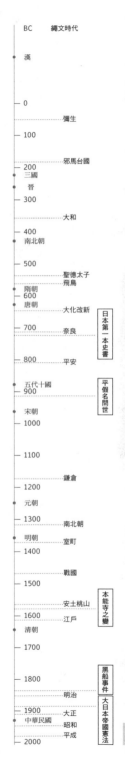

急速下跌，在其執政15個月後，宣佈辭職，日本首相由野田佳彥接任。這是自小泉純一郎卸任以來第一個執政真正超過一年的首相。在這段時間中，日本首相如走馬燈一般更換，導致日本重新陷入政治混亂的局面。

2012年9月26日，安倍晉三再度當選自民黨總裁，12月16日，他領導自民黨在眾議院選舉中取得勝利，奪回政權。再度成為首相後的安倍晉三為了恢復日本經濟而提出了「安倍經濟學」，主張量化寬鬆政策，強勢要求日本央行配合發鈔，達到2%的通膨率，為此不惜撤換現任央行行長。在這樣明確的政策下，日元開始持續貶值，日本商品出口價格下降，出口量隨即大幅上升，股價也應聲上漲。經濟的上行再加上政府高額舉債進行公共基礎設施投入，使得失業率大幅度下降。不得不說「安倍經濟學」在短期內達到了不錯的效果，日本的政壇也再一次進入穩定的階段。在2017年11月，安倍晉三再次連任自民黨總裁，開始了他人生中第四任日本首相之職。他會把日本帶向何方？「安倍經濟學」是否會持續奏效？就讓我們來見證歷史吧。

君士坦丁統一羅馬

羅馬帝國分成兩部

波斯帝國　500—

回教建立

凡爾登條約

神聖羅馬帝國建立
1000—

十字軍東征

蒙古第一次西征

英法百年戰爭開始

如今日本社會的主力人群出生於1989年日本經濟頂點之前，他們這一代人有著一種特殊的身分標籤，叫做「寬鬆世代」。造就他們這一身分是因為日本進行了一次教育改革。在1957年蘇聯發射了第一顆人造衛星之後，許多國家開始仿效蘇聯教育模式，從小學開始就加大數理化科目的難度。日本也不例外，成為這種「填鴨式」教學的一分子。這樣的教育方針造就了日本戰後的「團塊世代」，他們為日本經濟的騰飛作出了不可磨滅的貢獻。然而，當這種教育方式實施了幾十年後，全世界範圍內又開始出現了反思，認為這種模式的教育只能培養出考試的人才，卻不能培養出德智體美勞全面發展的人才。在這種反思浪潮下，「寬鬆

哥倫布發現新大陸
1500—

英國大破無敵艦隊

發明蒸汽機

美國獨立
拿破崙稱帝

美國南北戰爭開始

第一次世界大戰
第二次世界大戰

2000—

教育」應運而生。

第一波「寬鬆教育」實施於1982年，修訂後的《學習指導要領》正式在日本實行，提出了三個改革方針，一是要削減教學內容與課時；二是要以「寬鬆且充實」和「寬鬆且豐富」為口號；三是提倡不上課的「寬鬆時間」開始了。到了1994年，《學習指導要領》又進行了第二次的修訂，相比之前，教學內容再度削減，課時再次減少，導入了新的評價體系，而且小學一、二年級不再設社會和理科兩科目，同時新設科目「生活」。在這之前，日本的學生一週要上六天的課，但隨著第二次「寬鬆教育」改革的實行，不少公立學校開始慢慢地將每月中的其中兩週週六定為停課日。到了2002年，《學習指導要領》進行了第三次的修訂，這一次的力度可謂空前，改革的內容包括將教學內容與課時減少三成；完全貫徹每週五天課的「學校五日制」；導入絕對評價制度；新設「綜合的學習時間」這一概念。這樣的寬鬆教育從某種程度上來說確實減少了學生的負擔，但是也導致接受「寬鬆教育」的學生基礎知識不扎實。這樣的改革所埋下的隱患在如今的日本社會中漸漸顯露了出來。接受「寬鬆教育」的學生在大學畢業時，剛好遇上美國次貸危機所引起的全球性金融危機，這讓這些沒有實質本領的應屆畢業生在尋找工作時處處碰壁。由於接受的教育理念不同，他們和前代人之間也往往有著難以逾越的代溝。

不過「寬鬆世代」究竟是不是失敗的一代呢？人們曾經抱有懷疑和擔憂，但隨著歲月的推進，這些標籤不再是叛逆、軟弱、沒有擔當的代名詞。如今，「寬鬆教育」已經退出了日本的歷史舞臺。在2013年，日本開始啟用全新的《學習指導要領》，到時候新的教育改革下的日本人是不是又會有一個新的標籤呢？

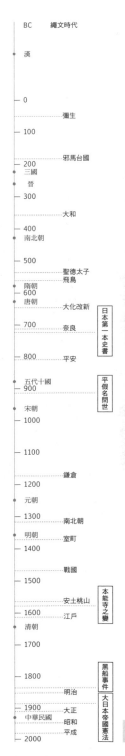

黑暗中砥礪前行

BC

耶穌基督出生　0—

君士坦丁統一羅馬

羅馬帝國分成兩部

波斯帝國　500—

回教建立

凡爾登條約

神聖羅馬帝國建立
　　　　1000—

十字軍東征

蒙古第一次西征

英法百年戰爭開始

哥倫布發現新大陸
　　　　1500—

英國大破無敵艦隊

發明蒸汽機

美國獨立
拿破崙稱帝

美國南北戰爭開始

第一次世界大戰
第二次世界大戰

　　　　2000—

　　從芥川龍之介自殺到昭和時代的前30年間，可以說是日本文學的一個巔峰時刻。從之前的篇章中已經可以看到，這不到四十年的時間裡日本經歷了急速的經濟發展、瘋狂地對外擴張以及戰敗後從零開始。這樣大起大落的國家命運，為藝術創作者提供了巨大的精神之源。

　　這段時期引領日本文壇的是新感覺派。這一派別的領導人是橫光利一。在芥川龍之介還未自殺時，他曾和橫光利一談起過自己在上海的見聞，要橫光利一有機會也去中國看看。芥川龍之介自殺後，橫光利一去了上海，並在1928年以「五卅慘案」為背景寫出了新感覺派集大成之作《上海》。較之橫光利一，新感覺派中還有著一座文學高山，那就是獲得諾貝爾文學獎的川端康成。在20世紀20年代，川端康成還不是那麼有名，僅發表了《伊豆的舞孃》等早期作品。等他開始閃耀文壇時，日本的軍國主義機器已經開動，開始了瘋狂的對外擴張。川端康成的代表作《雪國》開始連載於1934年，當時的日本文人往往只有兩條出路，一是跟著政府的主基調開始為天皇威武國運昌盛歌功頌德，或者是站到人民的這一方，開始在地下以筆為刀進行戰鬥。然而川端康成卻無端地走出了屬於自己的第三條路，那就是根本不管政治時事，僅僅關心文學本身。《雪國》一書的開篇第一句便是：「穿過縣界長長的隧道，便是雪國。夜空底下是一片白茫茫。火車在信號

所前停了下來。」在1968年，川端康成以《雪國》、《千羽鶴》及《古都》等獲得諾貝爾文學獎，他是歷史上第一個獲得此獎項的日本人。但在2年之後，三島由紀夫切腹自殺，川端康成受到很大刺激，對學生表示：「被砍下腦袋的應該是我。」1972年4月16日，川端康成在工作室的公寓打開煤氣開關自殺，究竟為何，至今沒有定論。

在日本戰敗後不久，太宰治在1948年發表了《人間失格》，成為日本無賴派文學的代表之一。這本小說幾乎可以說是他的自傳，書中主人公跟太宰治的人生經歷基本重合。整本書中的文字充斥著頹廢和厭世情緒，因此太宰治是無賴派的文人代表。這裡所謂的無賴並非是指漢語中的地痞混混之流，而是指病態的、陰鬱的、頹廢的文學。其實太宰治的早期小說並沒有那麼頹廢，最終使得其寫出《人間失格》這樣不朽的作品的原因應該歸結於他的4次自殺未遂。在1929年，太宰治吞下了大量的安眠藥自殺，但被友人救起。次年，他又和一個叫田部目津子的酒吧女投河殉情，他被漁夫救起，但酒吧女不幸身亡。到了1935年，太宰治因為無法接受報考新聞記者失敗，前往鐮倉山上吊，又被人救起。1937年，他又和小山初代去谷山溫泉進行第4次自殺，所幸兩人均被救活。然而就在《人間失格》發表的同一年，太宰治嘗試了自己的第5次自殺，這一次他與情婦山崎富榮投水殉情，離開人世。一星期後他的生日當天，屍體才被發現。

在太宰治自殺後的次年，另一個人的成名作誕生了，那就是三島由紀夫的《假面的告白》。從文學上來看，三島由紀夫是一位天才作家，從政治上來看，他是一個軍國主義者。在《假面的告白》中，三島由紀夫寫下了自己青年時代的同性戀經歷，和好友妹妹的戀愛等，看起來似乎是一個荒誕的青年。不過青年時

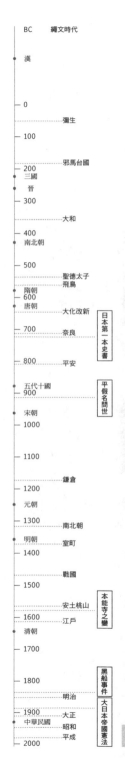

BC

耶穌基督出生　0—

君士坦丁統一羅馬
羅馬帝國分成兩部

波斯帝國　500—

回教建立

凡爾登條約

神聖羅馬帝國建立
　　　　1000—

十字軍東征

蒙古第一次西征

英法百年戰爭開始

哥倫布發現新大陸
　　　　1500—

英國大破無敵艦隊

發明蒸汽機

美國獨立
拿破崙稱帝

美國南北戰爭開始

第一次世界大戰
第二次世界大戰

　　　　2000—

的他還是一個愛國者，他在20歲時接受了徵兵檢查，一年後被徵召入伍，被要求去兵工廠擔任勤勞動員。但由於在準備出發參戰之前罹患嚴重的感冒，被軍醫誤診為肺病，結果被遣送回鄉。隨著日本戰敗，三島由紀夫眼睜睜地看著大日本帝國的美夢化作泡影，之後他僅17歲的妹妹又去世，這些變故組成了他獨特的美學觀念。三島由紀夫的小說風格並不是太統一，時而壓抑，時而極端，時而詭異，時而唯美。其中《潮騷》、《金閣寺》和《鹿鳴館》非常值得一讀。三島由紀夫是武士道精神的信奉者，但是戰敗後的日本只能受制於美國，這讓他非常不滿。此時的日本在麥克阿瑟的監督下已經修改了從前的憲法，在新的憲法中日本放棄了擁有武力。為此，他組建了自己的私人武裝組織——盾會，用於傳承日本傳統的武士道精神並保衛天皇。在1970年11月25日，三島由紀夫完成了自己《豐饒之海》系列的最後一部《天人五衰》，隨後帶領著4名盾會成員來到陸上自衛隊東部總監部綁架了益田兼利陸將。之後他在額際繫上了寫著「七生報國」字樣的頭巾，在總監部的陽臺上向底下的800多名自衛官兵發表演講。然而樓下的自衛官兵並沒有被三島由紀夫感染，反而有人恥笑他如今還有這樣的想法。演講無果後的三島由紀夫退回了室內，切腹自殺。

　　在三島由紀夫之後的昭和歲月中，日本文壇依舊有著不少璀璨之星，比如安部公房、大岡升平、井伏鱒二、渡邊淳一、司馬遼太郎和大江健三郎。其中大江健三郎獲得了1994年的諾貝爾文學獎，成為第二個獲得此殊榮的日本作家。

附錄：大事年表

前12000年—前300年：繩文時代

前300年—300年：彌生時代

57年，倭奴國王遣使來漢，接受漢光武帝所頒「漢倭奴王」金印

239年，邪馬台國女王卑彌呼遣使赴魏，受魏明帝冊封為「親魏倭王」

300年—592年：古墳時代

350年左右，大和朝廷完成統一

391年，出兵支援百濟征戰高句麗

538年（一說552年）左右，佛教傳入日本

593年—709年：飛鳥時代

593年，聖德太子攝政

607年，派遣遣隋使，建造法隆寺

630年，開始派遣遣唐使

645年，蘇我氏滅亡，次年元月大化改新開始，開始使用年號

663年，白江村之戰，日本軍敗於唐朝，從朝鮮半島撤回

694年，遷都藤原京

710年—793年：奈良時代

710年，遷都平城京

712年，《古事記》成書

720年，《日本書紀》成書

752年，東大寺大佛開眼

759年，《萬葉集》成書

794年—1191年：平安時代

794年，遷都平安京

858年，藤原良房行使攝政職務

887年，藤原基經始任關白之職

935年—939年，承平・天慶之亂

1008年，《源氏物語》成書

1016年—1027年，藤原道長任太政大臣，藤原賴為任攝政，藤原氏全盛期

1167年，平清盛任太政大臣，平氏全盛期

1180年—1185年，源平合戰，平家滅亡

1192年—1333年：鎌倉時代

1203年，源賴家被北条時政所殺，北条氏正式掌權

1221年，承久之亂，幕府勝出，流放三上皇

1274年，文永之役，蒙古艦隊第一次進攻日本失敗

1281年，弘安之役，蒙古艦隊第二次進攻日本失敗

1321年，廢除院政，後醍醐天皇親政

1333年，北条高時自殺，鎌倉幕府滅亡，後醍醐天皇返回京都

1334年—1392年：南北朝時代

1334年，建武中興，後醍醐天皇再次親政

1338年，足利尊氏創立室町幕府

1392年，南北朝統一

1393年—1477年：室町時代

1397年，足利義滿營造金閣寺

1404年，與明朝勘合貿易始行

1467年—1477年，應仁之亂，京都化為廢墟

1478年—1575年：戰國時代

1543年，葡萄牙商人在種子島登陸，西式火銃從種子島傳來

1549年，法蘭西斯札比埃爾將基督教教義傳入日本，基督教開始傳播

1568年，織田信長入京

1573年，室町幕府滅亡，織田信長放逐足利將軍，焚毀京都城

1575年，長篠之戰

1576年—1602年：安土桃山時代

1582年，本能寺之變，山崎之戰

1583年，賤岳之戰

1584年，小牧・長久手之戰

1585年，豐臣秀吉平定四國，任關白

1592年，文祿之役，出兵朝鮮

1597年，慶長之役，再度出兵朝鮮

1598年，豐臣秀吉死

1603年—1867年：江戶時代

1603年，德川家康就任征夷大將軍，德川幕府開始

1615年，大坂夏之陣，豐臣氏滅亡。制定《元和一國一城令》《武家諸法度》及《禁中並公家諸法度》

1633年—1639年，德川幕府頒布《隱遁法令》，正式禁止基督教，不准日本人出國旅行，並控制對外貿易

1635年，參觀交代制確立

1641年，鎖國完成

1689年，松尾芭蕉完成《奧之細道》俳句集

1716年，享保改革

1732年—1733年，享保大飢饉，江戶發生暴動

1783年—1788年，天明大飢饉

1825年，發佈《異國船驅逐令》

1833年，天保大飢荒

1853年，黑船來航

1854年，簽署《日美和親條約》

1858年，安政五國條約簽署

1860年，櫻田門外之變

1867年，大政奉還，坂本龍馬被暗殺

1868年—1912年：明治時代

1869年，天皇宣佈接受諸藩「奉還版籍」

1871年，廢藩設縣，簽署〈日清修好條約〉

1879年，宣佈廢除琉球藩，琉球王國尚氏王朝實質上滅亡

1889年，頒布《大日本帝國憲法》

1894年—1895年，甲午戰爭

1900年，提供部隊參與組建國際聯軍，鎮壓中國的義和團運動

1904年—1905年，日俄戰爭

1909年，伊藤博文被刺殺

1910年，〈日韓合併條約〉簽訂，大韓帝國滅亡

1912年，明治天皇去世，大正天皇即位

1913年—1925年：大正時代

1914年—1918年，參加第一次世界大戰

1920年，戰後經濟衰退

1922年，簽訂〈華盛頓海軍條約〉

1923年，關東大地震

1926年—1988年：昭和時代

1926年，大正天皇去世，昭和天皇即位

1931年，策劃實行九一八事變

1932年，建立滿洲國

1936年，帝都不祥事件

1937年，盧溝橋事變，日中全面戰爭爆發

1939年，佔領海南島，日軍南進

1941年，偷襲珍珠港，太平洋戰爭爆發

1942年，中途島海戰

1944年，組建神風特攻隊，萊特灣決戰失敗

1945年，廣島、長崎遭到美國原子彈轟炸，接受波茨坦公告，簽署投降文書

1946年，裕仁天皇發佈《人間宣言》，《和平憲法》公佈

1949年，湯川秀樹獲諾貝爾獎

1951年，〈日美安全保障條約〉簽訂，自衛隊成立

1956年，加入聯合國

1989年至今：平成時代

1989年，裕仁天皇去世，明仁天皇即位

1991年，波斯灣戰爭，首次自衛隊海外派遣；日本泡沫經濟崩壞

1994年，松本沙林毒氣事件

1995年，神戶大地震

2001年，小泉純一郎首相參拜靖國神社

2011年，福島第一核電站發生核洩漏事件

2017年，日本國會通過天皇退位特別法案，賦予明仁天皇生前退位之法

作者	傅力
美術構成	騾賴耙工作室
封面設計	斐類設計工作室
發行人	羅清維
企劃執行	林義傑、張緯倫
責任行政	陳淑貞

企劃出版	海鷹文化
出版登記	行政院新聞局局版北市業字第780號
發行部	台北市信義區林口街54-4號1樓
電話	02-2727-3008
傳真	02-2727-0603
E-mail	seadove.book@msa.hinet.net

汲古閣 01

你一定想看的日本史

總經銷	知遠文化事業有限公司
地址	新北市深坑區北深路三段155巷25號5樓
電話	02-2664-8800
傳真	02-2664-8801

香港總經銷	和平圖書有限公司
地址	香港柴灣嘉業街12號百樂門大廈17樓
電話	（852）2804-6687
傳真	（852）2804-6409

CVS總代理	美璟文化有限公司
電話	02-2723-9968
E-mail	net@uth.com.tw

出版日期	2020年08月01日　一版一刷
	2023年06月01日　一版五刷
定價	350元
郵政劃撥	18989626　戶名：海鴿文化出版圖書有限公司

國家圖書館出版品預行編目（CIP）資料

你一定想看的日本史 ／ 傅力作.
-- 一版. -- 臺北市：海鴿文化，2020.08
面 ； 公分. --（汲古閣；1）
ISBN 978-986-392-322-0（平裝）

1. 日本史

731.1　　　　　　　　　　　　　　109010187